Torne-se quem você é

OSHO

Torne-se quem você é

Reflexões extraordinárias sobre
Assim falou Zaratustra,
de Nietzsche

Tradução de Lauro Henriques Jr.

Copyright © 2014 OSHO International Foundation, Suíça. www.osho.com/copyrights.
Copyright da tradução © 2017 Alaúde Editorial Ltda.

Título original: *In Love with Life - Reflections on Friedrich Nietzsche's Thus Spake Zarathustra*

OSHO é uma marca registrada da Osho International Foundation (www.osho.com/trademarks), utilizada com permissão/licença.

O material que compõe este livro consiste em capítulos selecionados a partir de duas séries de palestras dadas ao vivo por Osho – *Zarathustra: A God That Can Dance*, capítulos 1, 2, 7, 9 e 21; e *Zarathustra: The Laughing Prophet*, capítulos 3, 5, 8, 14 e 23. Todas as palestras de Osho foram publicadas na íntegra em forma de livro e estão disponíveis em gravações originais. As gravações e todos os textos podem ser encontrados no arquivo on-line do site www.osho.com.

Todos os direitos reservados. Nenhuma parte desta edição pode ser utilizada ou reproduzida – em qualquer meio ou forma, seja mecânico ou eletrônico –, nem apropriada ou estocada em sistema de banco de dados sem a expressa autorização da editora.

O texto deste livro foi fixado conforme o acordo ortográfico vigente no Brasil desde 1º de janeiro de 2009.

Revisão: Fernando Wizart
Capa: Amanda Cestaro
Imagem de capa: Magnia (Sol), Elina Li (Montanhas) / ShutterStock.com
Projeto gráfico: Rodrigo Frazão

1ª edição, 2017 (2 reimpressões)
Impresso no Brasil

Dados Internacionais de Catalogação na Publicação (CIP)
(Câmara Brasileira do Livro, SP, Brasil)

Osho, 1931-1990
    Torne-se quem você é: reflexões extraordinárias sobre assim falou Zaratustra, de Nietzsche / Osho; tradução Lauro Henriques Jr.. -- São Paulo: Alaúde Editorial, 2017.

    Título original: In love with life : reflections on Friedrich Nietzsche's thus spake Zarathustra

    ISBN 978-85-7881-489-2

    1. Filosofia 2. Nietzsche, Friedrich Wilhelm, 1844-1900 3. Vida espiritual 4. Zaratustra I. Título.

17-08884   CDD-299.93

Índices para catálogo sistemático:
1. Vida espiritual : Filosofia mística   299.93

2020
Alaúde Editorial Ltda.
Avenida Paulista, 1337
Conjunto 11, Bela Vista
São Paulo, SP, 01311-200
Tel.: (11) 3146-9700
www.alaude.com.br

Sumário

Prefácio   7

1 Buda e Zorba podem se encontrar   11
2 A sabedoria traz a verdadeira liberdade   35
3 O camelo, o leão e a criança   59
4 O amor é a dança da sua vida   85
5 A infinita capacidade de desfrutar   119
6 Conhecimento é barato, o saber custa caro   141
7 A rebeldia é a única esperança   171
8 O homem é um devir   199
9 Elevar-se às alturas   225
10 A seriedade é um pecado   247

Prefácio

O destino do gênio é ser incompreendido. Se um gênio não é incompreendido, ele simplesmente não é um gênio. Se as grandes massas puderem compreendê-lo, significa que ele está falando no mesmo nível em que se encontra a inteligência comum. Friedrich Nietzsche é incompreendido; sim, e, por causa dessa incompreensão, já houve muita calamidade. Bom, mas talvez isso fosse inevitável. Para compreender um homem como Nietzsche, você precisa estar, no mínimo, no mesmo nível de consciência que ele, se não acima.

Adolf Hitler, por exemplo, era de uma incapacidade mental tão grande que é impossível imaginar que ele pudesse entender o sentido de Nietzsche. Mesmo assim, ele acabou se tornando o profeta da filosofia de Nietzsche. E, por tê-lo interpretado com sua mente imbecilizada – não apenas interpretado, mas por ter agido de acordo com essas interpretações –, o resultado foi a Segunda Guerra Mundial. Quando Nietzsche fala da "vontade de poder", isso não tem nada a ver com vontade de domínio. Porém, foi esse o sentido que os nazistas lhe deram.

A "vontade de poder" é diametralmente oposta à vontade de domínio. A vontade de domínio nasce de um complexo de inferioridade. Uma pessoa quer dominar as outras só para provar a si mesma que não é inferior, mas superior às demais. Porém, isso é algo que ela precisa provar. Pois, sem nenhuma comprovação, ela sabe que é inferior; daí, precisa encobrir isso através de muitas e muitas provas.

O homem verdadeiramente superior não precisa provar nada, ele simplesmente é superior. Por exemplo, será que uma rosa tenta convencer alguém de sua beleza? Será que a lua cheia se preocupa em provar a sua glória? O homem superior simplesmente sabe, ele não tem necessidade de provas; daí, não tem vontade de dominar. Ele tem, sim, "vontade de poder", mas aí é preciso fazer uma distinção bem clara. Sua vontade de poder significa que ele quer atingir a sua expressão máxima. Isso não tem nada a ver com os outros – sua única preocupação é o seu próprio ser. Ele quer florescer, quer desabrochar todas as flores que ainda estão ocultas em seu potencial, quer elevar-se o mais alto possível no céu. Na verdade, não se trata nem de comparação, pois não tem a ver com elevar-se acima dos outros – trata-se apenas de atingir o seu potencial máximo. A "vontade de poder" é algo absolutamente individual. Ela quer dançar o mais alto possível no céu, quer conversar com as estrelas, e não se preocupa em provar que os outros são inferiores. Ela não é competitiva, não faz comparações.

Como se não bastasse tudo que fizeram, Hitler e seus seguidores, os nazistas, causaram um mal terrível à humanidade ao impedi-la de compreender Nietzsche e todo o seu verdadeiro significado. E não se tratou apenas do caso específico da "vontade de poder"; eles fizeram o mesmo tipo de interpretação distorcida em relação a todos os outros conceitos de Nietzsche[*].

---

[*] Além de toda a abominação e a inconsciência intrínsecas aos nazistas, muito da incompreensão em torno das ideias de Nietzsche se deu em virtude das deturpações criminosas feitas em sua obra pela própria irmã do filósofo, Elisabeth Förster-Nietzsche. Após a morte de Nietzsche, no ano de 1900, sua irmã permaneceu como curadora da obra do filósofo, tendo feito inúmeras adulterações em seus escritos para que estes se adequassem ao ideário

Sem dúvida, é uma sina triste, que não se deu em relação a nenhum outro grande místico ou grande poeta antes de Nietzsche. A própria crucificação de Jesus ou o envenenamento de Sócrates não são um destino tão ruim quanto o que se abateu sobre Nietzsche – ser mal compreendido numa escala tão grande, a tal ponto, que Hitler conseguiu assassinar mais de 8 milhões de pessoas supostamente em nome de Nietzsche e de sua filosofia. Vai demorar um pouco... Mas quando Hitler, os nazistas e a Segunda Guerra estiverem finalmente esquecidos, Nietzsche voltará a ser visto como é, em sua verdadeira luz – na realidade, ele já está voltando.

Entretanto, será preciso que Nietzsche seja interpretado de novo, para que se possa jogar fora todo o absurdo com que os nazistas encobriram a sua bela filosofia.

As pessoas compreendem as coisas de acordo com seu próprio nível de consciência. Nesse sentido, foi uma mera coincidência o fato de Nietzsche ter caído no gosto dos nazistas. O caso é que eles estavam atrás de uma filosofia para a guerra, e Nietzsche, por sua vez, louva a beleza do guerreiro; eles queriam alguma ideia pela qual lutar, e Nietzsche lhes deu uma boa desculpa – o super-homem. E, obviamente, eles agarraram na hora a ideia do super-homem. Os alemães e sua raça ariana seriam a nova raça de homens proposta por Nietzsche: o super-homem. Como os nazistas queriam dominar o mundo, as ideias de Nietzsche foram muito úteis, pois ele dizia que o anseio mais profundo do homem é a "vontade de poder". O problema é que os nazistas a transformaram em vontade de domínio.

---

nazista – ela foi casada com um dos ideólogos do antissemitismo alemão, que chegou a fundar uma colônia destinada à "raça pura ariana" no Paraguai. Somente décadas mais tarde, após o término da Segunda Guerra, é que a obra de Nietzsche foi resgatada em sua versão original a partir do trabalho de diversos estudiosos e editores. (N. do T.)

E, agora, tinham uma filosofia completa: os alemães arianos são a raça pura e superior, que dará à luz o super-homem. Eles têm sua vontade de poder e irão dominar o mundo inteiro. Afinal, o seu destino é este: subjugar os seres humanos inferiores. É óbvio, a aritmética é simples: o superior deve dominar o inferior.

Nietzsche nunca poderia ter imaginado que todos os seus belos conceitos se tornariam algo tão perigoso e um tamanho pesadelo para a humanidade inteira. Mas ninguém pode evitar ser mal interpretado; não há o que fazer a respeito disso. Uma vez que você tenha dito algo, o que a outra pessoa vai fazer com isso depende apenas dela.

Mas Nietzsche é tão imensamente importante, que precisa ser limpo de todo o lixo que os nazistas impuseram às suas ideias.

Mesmo que Nietzsche não tivesse escrito mais nada além de *Assim falou Zaratustra*, ele já teria prestado um imenso e profundo serviço à humanidade – e não se pode esperar mais de alguém. Pois Zaratustra estava praticamente esquecido. Foi Nietzsche quem o trouxe de volta, que lhe deu um novo nascimento, uma ressurreição. *Assim falou Zaratustra* será a *Bíblia* do futuro.

Capítulo 1

Buda e Zorba podem se encontrar

Prólogo – 1
Aos trinta anos de idade, Zaratustra deixou sua pátria e o lago de sua pátria e foi para as montanhas. Ali gozou do seu espírito e da sua solidão, e durante dez anos não se cansou. Mas enfim seu coração mudou – e um dia ele se levantou com a aurora, foi para diante do Sol e assim lhe falou:
"Ó grande astro! Que seria de tua felicidade, se não tivesses aqueles que iluminas?

Há dez anos vens até minha caverna: já te terias saciado de tua luz e dessa jornada, sem mim, minha águia e minha serpente.

Mas nós te esperamos a cada manhã, tomamos do teu supérfluo e por ele te abençoamos.

Olha! Estou farto de minha sabedoria, como a abelha que juntou demasiado mel; necessito de mãos que se estendam.

Quero doar e distribuir, até que os sábios entre os homens voltem a se alegrar de sua tolice e os pobres, de sua riqueza.

Para isso devo baixar à profundeza: como fazes à noite, quando vais para trás do oceano e levas a luz também ao mundo inferior, ó astro abundante!

Devo, assim como tu, *declinar*, como dizem os homens aos quais desejo ir.

Então me abençoa, ó olho tranquilo, capaz de contemplar sem inveja até mesmo uma felicidade excessiva!

Abençoa a taça que quer transbordar, para que a água dela escorra dourada e por toda parte carregue o brilho do teu enlevo!
Olha! Esta taça quer novamente se esvaziar, e Zaratustra quer novamente se fazer homem".
– Assim começou a descida de Zaratustra.*

Friedrich Nietzsche talvez seja o maior filósofo que o mundo já conheceu. E ele é igualmente grande numa outra dimensão, da qual a maioria dos filósofos não faz a menor ideia: Nietzsche é um místico de nascença.

Sua filosofia não diz respeito apenas à mente; pelo contrário, ela está profundamente enraizada no coração, e algumas raízes chegam a alcançar o âmago de seu próprio ser. O seu único azar foi ter nascido no Ocidente; por conta disso, ele nunca entrou em contato com nenhuma escola de mistérios. Nietzsche contemplava de forma profunda, mas não sabia nada sobre meditação. Muitas vezes, seus pensamentos têm a profundidade de um meditador; em outras, chegam às alturas de um Buda Gautama – só que tudo isso parece ter acontecido com ele de forma espontânea.

Ele não sabia nada sobre as vias da iluminação, sobre o caminho que conduz ao centro do próprio ser. E isso acabou criando uma tremenda confusão em seu espírito. Enquanto seus devaneios se elevam tão alto quanto as estrelas, sua própria vida

---

* Os trechos de autoria de Nietzsche foram extraídos da primorosa tradução feita por Paulo César de Souza, direto do alemão, de *Assim falou Zaratustra*, de Friedrich Nietzsche (Companhia das Letras, 2011). Eventuais diferenças se devem à adequação do texto ao sentido proposto por Osho em suas reflexões. Para tanto, foram cotejadas também a tradução feita por Mário Ferreira dos Santos, direto do alemão, em *Assim falava Zaratustra* (Vozes, 2007), bem como a edição portuguesa *Assim falava Zaratustra* (Relógio d'Água Editores, 1998) e a edição inglesa *Thus Spake Zarathustra* (Penguin Classics, 1961). (N. do T.)

permaneceu num nível comum. Ela não teve a aura criada pela meditação. Com isso, algumas vezes é como se seus pensamentos não fossem, de fato, o seu próprio sangue, ossos e medula. Eles são lindos, imensamente belos, mas parece que falta algo. E o que falta é a própria essência da vida – é como se fossem palavras mortas, que não respiram, que não têm batimento cardíaco.

Mas escolhi falar sobre ele por uma razão muito especial: seja no Oriente seja no Ocidente, Nietzsche é o único filósofo que, ao menos, chegou a refletir sobre os cumes mais elevados da consciência humana. Ele pode até não ter experienciado essa elevação – e certamente não o fez –, mas foi o único a pensar sobre isso. Ele também refletiu sobre algo extremamente original: o ato de alguém tornar-se um homem de novo – essa ideia, de alguém descer das alturas e vir para a praça do mercado, de baixar das estrelas para a Terra, é algo que nunca ocorreu a mais ninguém.

Nietzsche tem algo de um Buda Gautama – quem sabe, trazido inconscientemente de suas vidas passadas –, assim como tem algo de um Zorba*: só que ambos são incompletos. Agora, Nietzsche é a única prova de que Buda e Zorba podem se encontrar, de que aqueles que atingiram os cumes mais elevados não precisam ficar por lá.

Na verdade, eles não devem ficar por lá. Eles têm uma dívida com a humanidade, uma dívida com a Terra. Eles nasceram entre os seres humanos, viveram na mesma escuridão e na mesma infelicidade que eles. E, agora que viram a luz, têm a obrigação

---

* Referência ao personagem do livro *Zorba, o grego*, de Níkos Kazantzákis. Segundo Osho, Zorba seria a representação do ser humano vivo, da Terra com todas as suas potencialidades; Buda, por sua vez, representaria a realização das qualidades celestiais. Contudo, o "Céu sem a Terra estará vazio [...] A Terra sem o Céu estará morta". Só a união desses dois aspectos poderia, de fato, conduzir à plenitude da existência. (N. do T.)

de voltar para despertar aqueles que estão completamente adormecidos; eles têm o dever de trazer as boas novas: de que a escuridão não é tudo, de que a inconsciência é apenas uma questão de escolha.

Se escolhermos ser conscientes, toda a inconsciência e toda a escuridão podem desaparecer na hora. Nós só vivemos nos vales sombrios por escolha própria. Se decidirmos viver nos picos mais ensolarados, ninguém pode nos impedir, pois esse é o nosso verdadeiro potencial.

Porém, as pessoas que alcançam os picos ensolarados se esquecem completamente do mundo de onde vieram. Por exemplo, seres como Buda e Mahavira* nunca desceram de volta à terra. Mesmo que tenham feito esforços para despertar a humanidade, fizeram isso gritando lá do alto de seus picos ensolarados.

Mas o ser humano é tão surdo, tão cego, que, para ele, é quase impossível compreender as pessoas que falam a partir de estágios elevados de consciência. Ele até escuta algum ruído, mas este não faz o menor sentido para ele.

Nesse aspecto, Nietzsche é inigualável. Ele poderia ter permanecido como um filósofo extraordinário, situado muito além da natureza humana, mas nunca se esqueceu do homem comum, nem por um instante sequer. Aí está a sua grandeza. Embora ele mesmo não tenha alcançado os picos mais elevados, nem tenha conhecido os maiores mistérios, anseia partilhar com seus semelhantes tudo aquilo que descobriu. Seu desejo de compartilhar é gigantesco.

Quanto a você, escolhi falar sobre alguns fragmentos de Nietzsche, pois eles podem ser bastante úteis em seu crescimento espiritual. O próprio Nietzsche escolheu Zaratustra como seu

---

* Mestre espiritual indiano que viveu por volta do séc. VI a.C., Mahavira é reverenciado como um ser iluminado na tradição jainista. (N. do T.)

porta-voz. Aliás, há algo acerca de Zaratustra que também precisa ser entendido. Afinal, entre milhares de grandes místicos, filósofos e iluminados, Nietzsche foi escolher como porta-voz justamente uma pessoa desconhecida e quase esquecida pelo mundo – Zaratustra.

Na verdade, os seguidores de Zaratustra encontram-se limitados a uma pequena região: Mumbai, na Índia. Eles chegaram a Mumbai vindo do Irã, onde os muçulmanos haviam dado só duas opções aos persas: ou eles se convertiam ao islamismo ou seriam mortos. Como resultado, milhões se converteram por medo, enquanto outros tantos milhares foram mortos – apenas algumas almas corajosas conseguiram escapar do Irã e foram para a Índia. São os parses, de Mumbai, reunidos hoje no que talvez seja a menor religião do mundo.

Nesse sentido, é incrível que Nietzsche estivesse tão interessado em Zaratustra a ponto de usá-lo como porta-voz ao escrever o livro *Assim falou Zaratustra*.

Acontece que Nietzsche escolheu Zaratustra pelo mesmo motivo que eu o escolhi: dentre todos os fundadores de religiões, Zaratustra é o único que é a favor da vida, é o único cuja religião é uma religião de celebração e de gratidão pela existência. Ele não é contra os prazeres da vida e muito menos defende que se renuncie ao mundo. Pelo contrário; ele é absolutamente a favor de que se tenha alegria no mundo, pois, com exceção desta vida e deste mundo, tudo mais não passa de meras ideologias hipotéticas. Coisas como Deus, céu e inferno são todas projeções da mente humana, e não experiências autênticas; elas não são uma realidade.

Zaratustra nasceu há mais de 2.500 anos, numa época em que todo o planeta viveu um grande renascimento. Por exemplo, na Índia, seres como Buda, Mahavira, Makkhali Goshalak, Sanjay Vilethiputta e Ajit Keshkambal, entre outros, tinham alcançado o mesmo nível de iluminação. Na

China, havia pessoas como Confúcio, Mêncio, Lao-Tsé, Lieh-Tzu e Chuang-Tzu*. Na Grécia, havia Sócrates, Pitágoras e Heráclito. E, no Irã, Zaratustra.

De fato, é uma estranha coincidência que, de repente, por todo o mundo, tenha acontecido esse verdadeiro dilúvio de consciência e tanta gente tenha despertado. Quem sabe a iluminação também seja uma reação em cadeia – assim que algumas pessoas se iluminam, elas geram a mesma transformação nas outras.

Afinal, todos nós temos esse potencial. Basta apenas uma provocação, um desafio. Quando você vê tantas pessoas alcançando níveis tão belos de êxtase e graça, é impossível permanecer onde está. Imediatamente, desperta um grande anseio em seu ser: "Preciso fazer alguma coisa. Enquanto fico aqui desperdiçando a minha vida, os outros já realizaram o seu próprio destino, já conheceram tudo que vale a pena conhecer, já experienciaram o maior êxtase e bem-aventurança. E eu fico fazendo o quê? Fico catando conchinhas na praia".

Entre todas essas pessoas, Zaratustra é sem igual. Ele é o único que não é contra a vida, mas a favor dela; é o único cujo deus não se encontra em algum outro lugar, cujo deus não é senão outro nome para a própria vida. E viver intensamente, de forma plena e com alegria – é disso que trata a verdadeira religião.

Sinto uma profunda empatia e afinidade com Zaratustra. Agora, quem sabe justamente por ele ser a favor da vida e não contrário a ela, nunca tenha conseguido muitos seguidores. Aliás, essa é uma das estranhas peculiaridades em relação aos seres humanos: basta alguma coisa ser fácil, e as pessoas já não

---

* Makkhali Goshalak, Sanjay Vilethiputta e Ajit Keshkambal foram mestres indianos contemporâneos de Buda e Mahavira. Mêncio foi um dos grandes pensadores da China, sendo considerado o mais eminente seguidor de Confúcio. Dois dos mais importantes filósofos chineses, Lieh-Tzu e Chuang-Tzu, estão entre os principais nomes do taoísmo, ao lado de Lao-Tsé. (N. do T.)

consideram que essa coisa é digna de ser um objetivo – uma meta só é válida se for algo árduo e difícil de alcançar. Por trás disso, está a psicologia do ego. O ego sempre quer alguma coisa impossível – sim, pois é só dessa forma, desejando o impossível, que ele consegue sobreviver. Você nunca será capaz de satisfazer o desejo, e o ego o continuará atiçando a querer cada vez mais: mais dinheiro, mais ganância, mais poder, mais austeridade, mais espiritualidade, mais disciplina. Onde quer que você encontre esse "mais", lembre-se: essa é linguagem do ego. E não há como satisfazer o ego, ele sempre pede mais.

A abordagem de Zaratustra é idêntica à de Chuang-Tzu: "O fácil é o certo. O certo é o fácil". Sim, e quando você está completamente relaxado, à vontade, quando o relaxamento é tão grande que você até se esquece de que está bem, é um sinal de que se tornou tão inocente quanto uma criança – você chegou em casa. Mas o ego não tem o menor interesse nisso. Esse processo todo é como uma espécie de suicídio para o ego. É por isso que as religiões que oferecem ao ego toda sorte de tarefas difíceis, de caminhos árduos, ideias artificiais e metas impossíveis atraem milhões e milhões de pessoas.

Por sua vez, os seguidores de Zaratustra podem ser contados nos dedos. Na verdade, ninguém jamais havia se importado com Zaratustra, até que, quase 24 séculos depois, Nietzsche finalmente se interessou por ele. Nietzsche era contra as figuras de Jesus e de Buda, mas era a favor de Zaratustra.

E é muito importante que se entenda isso. Afinal, por que o mesmo homem que era contra Jesus e Buda seria a favor de Zaratustra? Ora, porque Nietzsche tem a mesma atitude e a mesma abordagem em relação à vida. Ele viu como todas essas grandes religiões só ficam criando cada vez mais culpa na humanidade. Criando cada vez mais miséria, mais guerras. Queimando pessoas vivas; dizendo todo tipo de absurdos para os quais não há a mínima comprovação, bobagens para as quais não existe a menor evidência. Como elas mantêm toda a humanidade na escuridão e na cegueira, pois seus ensinamentos se baseiam unicamente na crença – e crença é sinônimo de cegueira.

Não existe uma única crença que não seja cega. Um homem que tem olhos não acredita na luz, ele simplesmente a conhece. Não há necessidade de acreditar. Somente um cego pode crer na luz, pois ele não a conhece. A crença só existe na ignorância – e, com raras exceções como as de Zaratustra e Chuang-Tzu, que não criaram grandes séquitos ou tradições, todas as religiões defendem a crença. Ou seja, são todas a favor da cegueira.

Nietzsche era contra elas em termos simbólicos. Assim, naquilo que se refere ao Oriente, ele escolheu a figura de Buda como símbolo; e, naquilo que se refere ao Ocidente, escolheu a figura de Jesus. Ele era contra essas religiões pela simples razão de que elas eram contra a vida. Todas negavam às pessoas o direito de desfrutar as coisas mais simples – não queriam que as pessoas vivessem alegremente, sorrindo; que tivessem senso de humor, em vez de serem carrancudas; que adorassem a música, as canções, e fossem capazes de dançar e de amar.

No caso de Zaratustra, Nietzsche sentiu-se atraído por ele pois conseguiu ver que, em meio a todo o passado, apenas esse homem não era contra a vida; somente ele não era contra o amor, contra o sorriso.

Nos trechos que escolhi de Nietzsche, você vai encontrar afirmações tremendamente significativas, que, no fundo, podem se tornar o fundamento de uma religião que afirma a vida. Eu sou inteiramente a favor da vida. Não há nada pelo que a vida possa ser sacrificada. Na verdade, qualquer coisa pode ser sacrificada em nome da vida; qualquer coisa pode ser um meio para servir à vida – mas a vida já é um fim em si mesma.

Escute com muita atenção, pois Nietzsche escreve de uma forma extremamente condensada. Ele não é um escritor comum; ele escreve por aforismos. Onde qualquer pessoa poderia ter escrito um livro inteiro, Nietzsche escreve apenas um parágrafo. Sua escrita é tão sintética, tão condensada, que, se você não estiver muito atento ao escutar, pode deixar escapar todo o sentido. Não é algo que se lê como um romance.

Seus escritos são quase como os sutras dos *Upanishades*. Cada um dos sutras, assim como cada um dos aforismos de Nietzsche, contém tanto em si, tem tantas implicações... Nesse sentido, eu gostaria de abordar todas as implicações possíveis, de modo que você não deixe de realmente compreender Nietzsche, pois ele é um dos pensadores mais mal compreendidos do mundo. E uma das razões para toda essa incompreensão é o fato de ele ter escrito de forma tão condensada – ele nunca explicava nada, não ficava entrando em explanações detalhadas sobre todas as possíveis implicações do que dizia.

Ele é um homem muito simbólico. E o motivo pelo qual ele era tão simbólico é simples: ele tinha tantos *insights*, tantas ideias novas, que não havia tempo suficiente para explicar tudo. Nietzsche não tinha a menor condição de ficar escrevendo tratados, pois a vida é muito curta, e ele tinha muito para dar, para compartilhar*.

Assim, como sua obra era tão condensada e profunda, ele despertava reações variadas. Em primeiro lugar, as pessoas não o entendiam. Em segundo lugar, se o entendiam, entendiam mal. E, por fim, havia aqueles que o consideravam ilegível, pois queriam

---

* Em seu vigoroso ensaio autobiográfico, *Ecce homo*, o próprio Nietzsche diz: "Quero levar a humanidade a resoluções que decidirão sobre todo o futuro humano, e pode acontecer que um dia milênios inteiros façam em meu nome seus votos mais elevados. [...] Conheço a minha sina. Um dia, meu nome será ligado à lembrança de algo tremendo – de uma crise como jamais houve sobre a Terra, da mais profunda colisão de consciências, de uma decisão conjurada contra tudo que até então foi acreditado, santificado, requerido. Eu não sou um homem, sou dinamite". (N. do T.)

que tudo fosse explicadinho. A questão é que Nietzsche não escreve para crianças; ele escreve para pessoas maduras. E maturidade é algo muito raro – no fundo, a idade mental média não passa de 14 anos. E, com essa idade mental, certamente não se pode compreender um homem como Nietzsche. Nesse sentido, não é à toa que ele não é compreendido por seus opositores, assim como não é compreendido por seus seguidores, pois ambos têm a mesma idade mental. Vejamos, então, o que Nietzsche e Zaratustra têm a dizer.

> Aos trinta anos de idade, Zaratustra deixou sua pátria e o lago de sua pátria e foi para as montanhas.

Para começar, é preciso lembrarmos que Buda abandonou o seu palácio quando tinha 29 anos, e que Jesus, por sua vez, começou seus ensinamentos aos 30 anos de idade – tal como Zaratustra, que partiu para as montanhas aos 30 anos. Ou seja, existe algo realmente significativo em relação à idade em torno dos 30 anos, assim como acontece em relação aos 14 anos, quando nos tornamos sexualmente maduros. Na verdade, se considerarmos a duração média da vida como tem sido feito tradicionalmente – consistindo em cerca de setenta anos –, encontramos um dado curioso, que foi comprovado por todos que se debruçaram de forma profunda sobre o estudo da vida: a cada sete anos, acontece uma mudança, uma transformação.

Os primeiros sete anos são inocentes. Já nos sete anos seguintes, a criança só quer saber de indagar, de questionar – é a fase da curiosidade. Dos 14 aos 21 anos, então, é o período em que a pessoa vive o ápice de sua sexualidade. O pico da sexualidade, aliás, se dá por volta dos 18 ou 19 anos. Justamente o período que a humanidade tenta boicotar de todas as formas, criando programas educacionais, faculdades, universidades – tudo para manter os rapazes e as moças separados. E, tudo isso, no exato momento em que sua sexualidade e sua energia sexual estão no nível mais alto.

Nesses sete anos, dos 14 aos 21, eles poderiam facilmente ter experienciado vários e vários orgasmos sexuais. E o orgasmo, em si, é como um vislumbre, que pode despertar em você o anseio de encontrar espaços ainda mais bem-aventurados. Durante o orgasmo, duas coisas desaparecem: o seu ego e a sua mente – além disso, nem que seja por alguns segundos, o tempo para. E essas três coisas é que são importantes. Duas delas desaparecem por completo. Você não é mais um "eu" – você existe, claro, mas não existe mais a noção de ego. A sua mente também continua lá, mas não há pensamentos, apenas uma profunda quietude. Então, repentinamente, já que o ego despareceu e a mente parou, o tempo para também. Pois, para que você consiga experienciar o tempo, é preciso que sua mente fique pulando de um pensamento para outro, sem cessar, caso contrário você não consegue perceber o movimento do tempo.

Por exemplo, imagine dois trens de ferro se movendo no espaço vazio, paralelamente e à mesma velocidade. Se você olhar pela janela do seu trem para o outro – que tem as mesmas janelas e o mesmo número de vagões –, não vai achar que está se movendo. Da mesma forma, os passageiros do outro comboio não terão a menor sensação de estar em movimento.

Você só tem a sensação de estar em movimento porque, enquanto o seu trem se move, as árvores e as casas continuam paradas, elas não se movem. Plataformas vêm, estações passam, e logo ficam para trás. É pelo simples fato de as coisas estarem estáticas do lado de fora que, pelo contraste em relação a elas, você consegue sentir que seu trem está se movendo.

É provável que você mesmo já tenha tido uma sensação bem esquisita, quando o seu trem está parado na plataforma, e há outro comboio parado ao lado – então, de repente, seu trem começa a se mover. O que acontece? Ao olhar para o outro trem, parece que é ele que está se movendo – isso só não acontece caso você olhe para a plataforma, ou para outra coisa que permanece parada. Ou seja, o movimento é uma experiência relativa. Quando a mente não fica criando pensamentos, é como se você estivesse em um céu limpo e vazio. O tempo logo para, pois é impossível perceber o tempo sem o movimento – você não está lá, sua mente também não, e muito menos o tempo... Existe apenas uma tremenda paz, um imenso relaxamento.

No meu modo de ver, foi a experiência do orgasmo sexual que deu às pessoas a primeira ideia sobre meditação. Alguns iluminados devem ter vislumbrado isso: "Se conseguirmos parar o pensamento, se pudermos descartar o ego e a mente não estiver mais presente, então o tempo desaparece. Daí não há necessidade de nenhum orgasmo sexual". Ou seja, podemos ter a mesma experiência orgástica sozinhos, e ela deixa de ser sexual – ela se torna uma experiência espiritual.

Enfim, só pode ter sido o orgasmo sexual para dar o *insight* de que a mesma experiência também é possível sem o sexo. Caso contrário, o homem nunca poderia ter descoberto a meditação. Pois a meditação não é um fenômeno natural. O orgasmo sexual, sim, é um fenômeno natural; mas todas as sociedades impedem os seus jovens de o experimentar. E ninguém fala nada sobre isso. Na realidade, isso é uma estratégia, uma perigosa artimanha, um verdadeiro crime contra toda a humanidade – pois os jovens que são privados da experiência do orgasmo nunca serão capazes de sentir o anseio pela meditação; ou, se vierem a sentir, a sua vontade será tão fraca que não serão capazes de arriscar nada por ela.

Retomando, então, aos 21 anos o sexo atinge o seu auge. Isso, claro, se ele for algo permitido, tal como foi na vida do próprio Buda – todas as mulheres mais lindas do reino eram trazidas até ele, sem exceção; ele vivia cercado por elas, e conheceu profundas experiências de orgasmo.

Passada essa fase, durante os próximos sete anos, dos 21 aos 28, chega o momento em que a pessoa inicia sua própria busca pessoal. Pois o orgasmo é uma coisa biológica, e logo a pessoa perde toda aquela energia, já não sendo mais capaz de ter orgasmos como antes. Além disso, é algo que depende de outra pessoa, seja um homem ou uma mulher. E isso acaba com a sua liberdade; é algo que, no fim, acaba custando muito caro.

Nesse sentido, se alguém consegue crescer de forma natural – se isso lhe é permitido –, dos 21 aos 28 anos essa pessoa irá buscar todos os meios possíveis de transcender a sua fisiologia, seus aspectos meramente biológicos, e, ao mesmo tempo, continuar sendo capaz de viver profundas experiências orgásticas.

A partir daí, começa um novo ciclo de sete anos. Foi no intervalo dos 28 aos 35 anos de idade, por exemplo, que seres como Buda, Jesus, Lao-Tsé, Chuang-Tzu e Zaratustra alcançaram planos mais elevados de existência. E, para que não fossem incomodados, distraídos ou atrasados pelas outras pessoas, todos eles se dirigiram para as montanhas – rumo à sua solitude. Mas isso não foi um ato contra a vida, pelo contrário – eles só estavam em busca de um espaço silencioso, sem distrações, onde pudessem encontrar a experiência orgástica mais extraordinária. Aquilo que o filósofo William James chamou de "orgasmo oceânico", em que nos fundimos completamente com o oceano da existência, como uma gota de orvalho que deslizasse de uma pétala do lótus para o mar.

Portanto, a idade em torno dos 30 anos não é um mero acaso. Todos os grandes buscadores começaram a sua jornada entre os 28 e 35 anos. Pois esse é o período da procura, da busca – sim, uma busca que não é por algo do corpo, mas do espírito.

> Ali gozou do seu espírito e da sua solidão, e durante dez anos não se cansou.

Zaratustra permaneceu nas montanhas por dez anos. Enquanto isso, seu recolhimento, paz e silêncio foram se aprofundando cada vez mais, e ele vivia repleto de êxtase. Embora estivesse só, não se aborrecia com isso.

> Mas enfim seu coração mudou – e um dia ele se levantou com a aurora, foi para diante do sol e assim lhe falou [...]

É aqui que Zaratustra toma um novo rumo. Pois Mahavira permaneceu no seu recolhimento, Buda permaneceu em sua solitude – e as pessoas em volta puderam ver que alguma coisa tinha acontecido com os dois, algo muito além daquilo que podiam conceber. Aqueles seres estavam transformados, tinham se tornado luminosos, irradiavam alegria. Eles emanavam uma fragrância diferente, tinham conhecido algo muito raro. Seus olhos possuíam uma profundidade que não havia antes, e seus rostos tinham uma graça fenomenal, absolutamente nova.

Porém, foi aí que se deu o engano: as pessoas acharam que, ao se retirar para as montanhas, aqueles seres haviam renunciado à vida; com isso, renunciar à vida passou a ser um aspecto fundamental de todas as religiões. A grande questão é que eles não haviam renunciado à vida.

Por mim, eu reescreveria a história completamente, desde o começo, sobretudo no que diz respeito a seres como Buda, porque eu os conheço a partir de minha própria experiência. Não preciso me preocupar com fatos, pois sei qual é a verdade. Em momento algum essas pessoas tiveram uma postura contrária à vida – elas se retiraram pura e simplesmente para estar consigo mesmas, em solitude, bem longe de distrações.

Mas a diferença entre Buda e Zaratustra é que, após ter encontrado a si mesmo, Buda não declarou algo assim: "Agora eu já não preciso mais ser um recluso, um monge enclausurado. Posso voltar ao mundo e ser um homem comum".

Talvez seja preciso muito mais coragem para regressar ao mundo do que para se retirar dele. Pois subir a montanha é penoso, mas muito gratificante. A cada momento, temos a sensação de estar cada vez mais alto. Agora, uma vez que se tenha alcançado o cume mais elevado, realmente é preciso muita coragem para descer tudo de novo e retornar aos vales sombrios que você havia deixado para trás – e tudo isso só para trazer às pessoas uma mensagem: "Vocês não precisam continuar para sempre nas trevas. Não precisam continuar eternamente no inferno e no sofrimento".

Essa jornada de volta pode ser condenada até pelas próprias pessoas a quem você quer ajudar. Afinal, quando você estava indo para o alto, era tido como um grande santo. Mas, agora que está descendo de volta, as pessoas talvez pensem que você falhou, que tenha despencado de sua altura, que tenha perdido sua grandeza. Sem dúvida, você precisa ter a maior coragem do mundo para, depois de ter alcançado as alturas do insondável, decidir ser uma pessoa comum de novo.

E Zaratustra mostra toda essa coragem. Ele não se preocupa com o que as pessoas irão dizer, se ele será condenado, se os outros pensarão que ele falhou, que perdeu sua grandeza, que não é mais um santo. Sua única preocupação, no fundo, é compartilhar sua experiência com todos aqueles que estiverem prontos, abertos, receptivos – sim, mesmo que sejam poucos.

> – e um dia ele se levantou com a aurora, foi para diante do sol e assim lhe falou:
> "Ó grande astro! Que seria de tua felicidade, se não tivesses aqueles que iluminas?"

As implicações contidas nessa afirmação são enormes. Zaratustra está dizendo que os pássaros, as flores e todos os seres estão felizes porque o sol nasceu; que todo o planeta parece estar radiante, desperto, cheio de energia e de esperança pelo novo dia que chega – pois, sim, o sol nasceu.

Mas, ao mesmo tempo, nessa frase ele afirma que o sol também deve estar muito feliz com tantas flores desabrochando, com tantos passarinhos cantando. Se não fosse pelos pássaros e pelas flores, se não houvesse ninguém esperando por ele, o próprio sol teria ficado bem triste.

A conclusão é clara: nós estamos todos interconectados, toda a existência está interconectada. Até a folhinha de grama mais diminuta está conectada com a maior estrela do céu. Só que essas conexões não são visíveis.

Todo mundo sabe que, se algum dia o sol não nascer, toda a vida no planeta vai desaparecer. Sem o calor e a energia vital fornecidos pelo sol, nada consegue sobreviver aqui na Terra. Por outro lado, os místicos também sempre levantaram uma outra possibilidade: se algum dia toda a vida desaparecer da Terra, o sol não nascerá – afinal, nascer para quem?

Zaratustra anuncia algo muito importante: "Estou cheio de alegria, repleto de paz. E agora preciso de alguém para recebê-las, pois estou realmente sobrecarregado, tenho que compartilhar tudo isso – do contrário, até a suprema felicidade pode se tornar muito pesada". Sim, até a suprema felicidade pode se tornar dolorosa se não for compartilhada.

> "Ó grande astro! Que seria de tua felicidade, se não tivesses aqueles que iluminas?
> Há dez anos vens até minha caverna: já te terias saciado de tua luz e dessa jornada, sem mim, minha águia e minha serpente."

Zaratustra usa dois símbolos: a águia e a serpente. A serpente representa a sabedoria, e a águia simboliza a coragem de voar rumo ao desconhecido sem o menor receio. E ele mantinha esses dois animais, a águia e a serpente, junto de si. Pois uma pessoa deve ser tão consciente, sábia e inteligente quanto possível. Assim como precisa de toda a coragem possível para mergulhar seguidamente no desconhecido, até que, um dia, finalmente mergulha no incognoscível. O mergulho no incognoscível representa o mergulho na divindade da existência.

> "Mas nós te esperamos a cada manhã, tomamos do teu supérfluo e por ele te abençoamos."

Seja o que for que você tenha nos dado, era tudo supérfluo para você, era algo que você tinha em excesso, que o deixava completamente sobrecarregado. Você queria alguém com quem pudesse compartilhar, e nós tomamos do seu supérfluo, de sua energia farta e transbordante, e o abençoamos por isso.

> "Olha! Estou farto de minha sabedoria [...]"

Assim como você está cansado de sua luz, e deseja reparti-la com alguém, já me cansei de minha sabedoria – ela é demasiada. Não consigo mais contê-la; preciso encontrar alguém com quem compartilhar, preciso me libertar desse fardo.

É um *insight* tão extraordinário – Zaratustra tem consciência de que até a própria sabedoria pode se tornar um fardo. E ele tem toda a razão.

> "Estou farto de minha sabedoria, como a abelha que juntou demasiado mel; necessito de mãos que se estendam.
> Quero doar e distribuir, até que os sábios entre os homens voltem a se alegrar de sua tolice [...]"

Isso só pode ser dito por alguém que, de fato, atingiu o verdadeiro saber. Por exemplo, um desses eruditos comuns, cujo conhecimento é apenas algo emprestado de terceiros, não consegue sequer conceber esse tipo de ideia.

O que Nietzsche está dizendo através de Zaratustra é isto: "Se vou até os homens, é para doar e distribuir, é para livrar-me do fardo de minha sabedoria, até que os sábios entre os homens voltem a se alegrar de sua tolice".

O homem verdadeiramente sábio não é um homem sério, sisudo; pelo contrário – ele é uma pessoa alegre, brincalhona, porque sabe que a existência, em si, é totalmente lúdica. Na verdade, aos olhos dos outros, um homem verdadeiramente sábio pode até parecer um pouco tolo ou maluco. Pois, em geral, as pessoas têm uma ideia fixa do que seja um homem sábio: que ele é sério, carrancudo, que não sabe brincar, dançar ou sorrir.

Essas coisas seriam apenas para os tolos. Mas o que Zaratustra diz é isto: "Pois continuarei a compartilhar minha sabedoria, até que os sábios entre os homens se tornem realmente sábios, a ponto de aceitar até mesmo aquilo que parece tolice aos olhos do homem comum".

> "Quero doar e distribuir, até que os sábios entre os homens voltem a se alegrar de sua tolice e os pobres, de sua riqueza."

Naquilo que se refere à riqueza interior, um homem pobre é tão favorecido pela natureza quanto qualquer homem rico. Na realidade, o homem rico geralmente está tão envolvido com o mundo exterior, que talvez nem consiga encontrar uma forma ou mesmo o tempo para voltar-se para dentro. O homem pobre, por sua vez, está numa condição bem mais afortunada, pois não tem nada com que se envolver no mundo exterior, podendo simplesmente fechar os olhos e mergulhar para dentro.

Assim, o que Zaratustra mostra é isto: que os sábios devem ser tão sábios, que até a tolice se transforme em brincadeira – e os pobres, tão conscientes, que consigam se alegrar de sua riqueza interior como se tivessem encontrado o maior dos tesouros.

"Para isso devo baixar à profundeza: como fazes à noite, quando vais para trás do oceano e levas a luz também ao mundo inferior, ó astro abundante!

Devo, assim como tu, *declinar*, como dizem os homens aos quais desejo ir.

Então me abençoa, ó olho tranquilo, capaz de contemplar sem inveja até mesmo uma felicidade excessiva!

Abençoa a taça que quer transbordar, para que a água dela escorra dourada e por toda parte carregue o brilho do teu enlevo!

Olha! Esta taça quer novamente se esvaziar, e Zaratustra quer novamente se fazer homem."

Sim, esta é a qualidade rara de Zaratustra. Pois já houve milhares de homens que quiseram ser todo-poderosos – que quiseram ser budas, cristos, avatares ou coisas do tipo –, mas, em toda a história da humanidade, Zaratustra é o único que deseja apenas tornar-se um homem de novo. Mesmo tendo conhecido todas as alturas e profundezas, mesmo tendo conquistado a suprema solitude e a suprema sabedoria, mesmo assim, ele deseja descer e ser apenas um homem entre os outros homens – e não alguém superior.

– Assim começou a descida de Zaratustra.

Essa *descida* de Zaratustra é algo tão singular, tão significativo, que, a menos que todos os sábios e iluminados tenham a mesma coragem, o destino da humanidade nunca poderá ser mudado.

Se todos os budas, cristos, moisés e maomés tivessem retornado ao mundo como meros homens, aí, sim, eles teriam dado coragem e dignidade à humanidade; aí, sim, teriam se tornado enormes fontes de inspiração. Mas eles permaneceram num patamar muito superior ao do homem comum; a distância é tão grande, que acaba desencorajando qualquer pessoa. E não só eles, mas seus discípulos fazem de tudo para criar uma distância cada vez maior.

Por exemplo, Jesus nasceu de uma virgem – ou seja, é algo realmente desencorajador para o resto da humanidade. Afinal, todas as pessoas nascem em pecado, menos Jesus; apenas ele nasceu de uma mãe imaculada. E, se ele é o único filho de Deus, então quem é você? Ora, você e ele nem sequer são primos!

Agora, por que Deus seria tão avarento a ponto de ter um único filho? Será que ele era a favor do controle de natalidade? Pois os cristãos são contra. Pelo menos uma filha ele deveria ter tido! Acontece que, para justificar a humilhação da mulher, Deus nunca poderia ter uma filha, muito menos uma esposa. Mas, sim, ele tem um filho todo-poderoso. Por exemplo, Jesus caminha sobre as águas; algo que você não consegue fazer. Ele traz os mortos de volta à vida; você também não pode fazer isso. Ele chega a ser crucificado e morto, mas, graças ao milagre da ressurreição, retorna à vida de novo – outra coisa que está inteiramente fora do seu alcance.

Enfim, a distância é grande demais. Você é só um ser humano, um reles mortal; e ele é um deus. Na melhor das hipóteses, você pode louvá-lo e adorá-lo. No fundo, ele representa uma humilhação para você; ele é um grande insulto para toda a humanidade. E todos esses milagres não passam de histórias de ficção. Ninguém nunca fez nada disso. Os seguidores de Cristo chegaram ao extremo de inventar essas histórias com um único propósito: criar essa enorme distância entre você e Jesus.

E não é apenas em relação a Jesus. Veja o caso de Maomé, por exemplo: quando ele morre, não é como um homem comum. Na realidade, ele nem chega a ter uma morte como a das outras pessoas – ele simplesmente vai direto para o céu, ainda vivo. E com um detalhe: ele não vai sozinho; Maomé vai montado em seu cavalo, que também adentra os portais do paraíso com seu dono. Mas, claro, não se trata de um cavalo qualquer – é o cavalo de Hazrat[*] Maomé. E, obviamente, você não pode sequer imaginar que pertence à mesma estirpe.

Mahavira também tem seus milagres. Por exemplo: dizem que ele nunca transpirava. Mesmo em meio aos verões sufocantes da Índia – e particularmente nas estradas empoeiradas de Bihar –, ele caminhou de lá para cá, por 42 anos, completamente nu, e nunca transpirou! Ora, uma coisa dessa só seria possível se o corpo dele não fosse revestido de pele, mas de plástico. Pois todo mundo sabe que o corpo é coberto de pele, e que o fato de a pele respirar por meio da transpiração é um processo essencial à nossa sobrevivência – caso contrário, você morre.

A transpiração é uma proteção. Quando está muito quente, seus poros começam a expelir água do corpo de modo que o calor é usado para evaporar o suor, em vez de aumentar a temperatura do seu corpo; com isso, sua temperatura permanece estável. Se porventura o corpo não transpirar, sua temperatura irá aumentando cada vez mais e mais. E você não dispõe de uma amplitude assim tão grande – algo entre 36,6 ºC e 43,3 ºC. Ou seja, bastariam pouco mais de 6 ºC e o corpo de Mahavira teria entrado em pane; seria impossível ele permanecer vivo. Mas, só para ser ainda mais especial, ele também não tomava banho. Afinal, já que ele não suava, não havia necessidade alguma de tomar uma ducha.

E tem mais. Mahavira é mordido por uma cobra e, em vez de sangue, o que sai pelo ferimento é leite! Certa vez, dei uma palestra durante uma conferência jainista e, logo antes de mim, havia falado um monge jainista. E esse monge tinha louvado todos esses milagres de Mahavira. Então, quando chegou a minha vez de falar, eu disse: "Esses milagres não existem. Basta pensar um pouquinho para se perceber que só poderia ter saído leite dos pés de Mahavira se, em vez de sangue, circulasse leite pelo seu corpo. Só

---

[*] "Hazrat" é um título árabe usado para honrar uma pessoa. (N. do T.)

que, se houvesse leite circulando pelo seu corpo durante 42 anos, esse leite no mínimo teria virado coalhada, manteiga ou mesmo *ghee**. Mas não, continuava a ser leite! Saía leite fresco de seus pés! Bom, mas vamos admitir uma outra possibilidade: que possa sair leite de seus pés assim como sai dos seios de uma mulher – a questão é que os seios possuem um mecanismo sutil de transformar o sangue em leite. Ou seja, até seria possível algo assim, mas só se imaginarmos que Mahavira possuía órgãos para a produção de leite espalhados por todo o seu corpo!".

Mas isso é um completo absurdo. E, mesmo assim, todos defendem esse tipo de insanidade... Como no caso do Buda Gautama. Quando ele nasceu, sua mãe se encontrava de pé – até aí, tudo bem, pois é algo aceitável, não é nenhum despropósito. Talvez sua mãe fosse um pouco excêntrica, ou coisa do gênero – pois, quando uma criança está nascendo, o melhor é que a mãe esteja deitada na cama, e não de pé. Mas podemos aceitar que talvez sua mãe fosse um pouco extravagante. Agora, a questão é que o próprio Buda nasce de pé – quando vem ao chão, ele já cai de pé. Mais uma vez, até aí, tudo bem, pois algumas vezes isso acontece. Em geral, é a cabeça que sai primeiro, mas, de vez em quando, nasce uma criança cujos pés saíram primeiro. Assim, se a história acabasse aí, seria até plausível – porém, não seria algo com que você se impressionasse tanto.

Mas aí vem a melhor parte: depois de nascer, o Buda Gautama caminhou mais de 2 metros! Um recém-nascido não consegue nem ficar de pé, mas ele andou mais de 2 metros. E ele não só caminhou, como, ao fim dos 2 metros, ainda olhou para o céu e declarou: "Eu sou o maior buda de todos os tempos, o homem mais iluminado do passado, do presente e do futuro".

---

* Tipo de manteiga clarificada muito usada na culinária indiana. (N. do T.)

Ora, tudo isso é muito desanimador: ninguém consegue fazer uma coisa dessa. Em primeiro lugar, você já nasceu. Na próxima vez, quem sabe, você possa tentar – mas, nesta vida, já era. Não há como você se tornar uma pessoa iluminada nesta vida; então trate de praticar para a próxima. Mas, claro, trate de lembrar direitinho tudo que deve fazer.

No fundo, todas essas histórias, todas essas ficções têm um único propósito. E o propósito é este: fazer com que estes seres estejam tão distantes de um ser humano comum, que você pode, no máximo, louvá-los e adorá-los – porém, não pode sequer sonhar em ter as mesmas experiências que eles.

Nesse sentido, todos os seres iluminados deveriam fazer aquilo que Zaratustra fez. Todos eles deveriam retornar ao mundo. Pois, sim, eles devem isso ao mundo, eles têm uma dívida com a humanidade. Todo ser iluminado nasceu como uma criança comum, humana, e, por isso, não pode ser perdoado por criar mitos em torno de si mesmo, ou por deixar que outros o façam, tudo para que ele se transforme em alguém extraordinário, inalcançável.

Zaratustra é mais humano, é mais passível de ser amado, e conseguimos entender perfeitamente o seu motivo para regressar à humanidade. Ele reuniu tanta sabedoria, tanto mel, que só deseja compartilhar – ele quer distribuir tudo isso. Ele quer se esvaziar novamente, pois agora sabe que, quanto mais ele doar, mais a existência seguirá derramando em sua taça. Ele pode continuar se esvaziando, e ainda assim terá toda a abundância para compartilhar.

Um homem que é genuinamente apaixonado pela humanidade e que afirma a vida, esse homem não condena, não é negativo, não faz com que ninguém se sinta culpado. Pelo contrário, a todos ele ajuda: "Seja o que for que trago em mim, isso também está oculto em seu interior". A sua descida aos homens não serve senão para encorajar aqueles que estiverem prontos, aqueles que estiverem em busca de orientação, os que desejarem conhecer o caminho, aqueles que, de fato, quiserem experienciar o seu tesouro mais íntimo.

Para o benefício de toda a humanidade vindoura, é essencial que Zaratustra seja cada vez mais compreendido. Ele constitui uma bênção maior do que qualquer outra pessoa*.

Assim falou Zaratustra.

---

* Eis como o próprio Nietzsche se referia ao seu *Zaratustra*: "Entre minhas obras ocupa o meu Zaratustra um lugar à parte. Com ele fiz à humanidade o maior presente que até agora lhe foi feito. Esse livro, com uma voz de atravessar milênios, é [...] nascido da mais oculta riqueza da verdade, poço inesgotável onde balde nenhum desce sem que volte repleto de ouro e bondade. [...] É preciso antes de tudo *ouvir* corretamente o som que sai desta boca, este som alciônico, para não se fazer deplorável injustiça ao sentido de sua sabedoria. [...] Aí não fala um fanático, aí não se "prega", aí não se exige *fé*: é de uma infinita plenitude de luz e profundeza de felicidade que vêm gota por gota, palavra por palavra – uma delicada lentidão é a cadência dessas falas. Tais coisas alcançam apenas os mais seletos; ser ouvinte é aqui um privilégio sem igual; não é dado a todos ter ouvidos para Zaratustra... [...] Ele não apenas fala diferente, ele *é* também diferente...". (N. do T.)

Capítulo 2

A sabedoria traz a verdadeira liberdade

Prólogo – 2
Zaratustra desceu sozinho pela montanha, sem deparar com ninguém. Chegando aos bosques, porém, viu subitamente um homem velho, que havia deixado sua cabana sagrada para colher raízes na floresta. E assim falou o velho a Zaratustra:
"Não me é estranho esse andarilho: por aqui passou há muitos anos. Chamava-se Zaratustra; mas está mudado.
Naquele tempo levavas tuas cinzas para os montes: queres agora levar teu fogo para os vales? Não temes o castigo para o incendiário? Sim, reconheço Zaratustra. Puro é seu olhar, e sua boca não esconde nenhum nojo. Não caminha ele como um dançarino?
Mudado está Zaratustra; tornou-se uma criança Zaratustra, um desperto é Zaratustra: que queres agora entre os que dormem?
Vivias na solidão como num mar, e o mar te carregava. Ai de ti, queres então subir à terra? Ai de ti, queres novamente arrastar tu mesmo o teu corpo?".
Respondeu Zaratustra: "Eu amo os homens".
"Por que", disse o santo, "fui para o ermo e a floresta? Não seria por amar demais os homens?
Agora amo a Deus: os homens já não amo. O homem é, para mim, uma coisa demasiado imperfeita. O amor aos homens me mataria."
Respondeu Zaratustra: "Que fiz eu, falando de amor? Trago aos homens uma dádiva".

"Não lhes dês nada", disse o santo. "Tira-lhes algo de seu fardo, isto sim, e carrega-o juntamente com eles – será o melhor para eles: se for bom para ti!
E, querendo lhes dar, não dês mais que uma esmola, deixando ainda que a mendiguem!".
"Não", respondeu Zaratustra, "não dou esmolas. Não sou pobre o bastante para isso."
O santo riu de Zaratustra, e falou assim: "Então cuida para que recebam teus tesouros! Eles desconfiam dos eremitas e não acreditam que viemos para presentear.
Para eles, nossos passos ecoam solitários demais pelas ruas. E, quando, deitados à noite em suas camas, ouvem um homem a caminhar bem antes de nascer o sol, perguntam a si mesmos: aonde vai esse ladrão?
Não vás para junto dos homens, fica na floresta! Seria até melhor que fosses para junto dos animais! Por que não queres ser, como eu – um urso entre os ursos, um pássaro entre os pássaros?".
"E o que faz o santo na floresta?", perguntou Zaratustra.
Respondeu o santo: "Eu faço canções e as canto, e, quando faço canções, rio, choro e sussurro: assim louvo a Deus.
Cantando, chorando, rindo e sussurrando eu louvo ao deus que é meu Deus. Mas o que nos trazes de presente?".
Ao ouvir essas palavras, Zaratustra saudou o santo e falou: "Que poderia eu vos dar? Deixai-me partir, para que nada vos tire!" – E assim se despediram um do outro, o idoso e o homem, rindo como riem dois meninos.
Mas, quando Zaratustra se achou só, assim falou para seu coração: "Como será possível? Este velho santo, na sua floresta, ainda não ouviu dizer que *Deus está morto!*".

Z aratustra tinha ido para as montanhas em busca de solitude. Pois, no meio da multidão, você pode até se sentir solitário, mas nunca está sozinho. A solidão é uma espécie de sede pelo outro. Nós sentimos falta do outro; não somos suficientes para nós mesmos – estamos simplesmente vazios. É por isso que todos querem fazer parte da multidão, e tecem em torno de si inúmeros tipos de relacionamento com o intuito apenas de se enganar, de esquecer que se sentem sós. No entanto, esse sentimento de solidão volta o tempo todo, nenhuma relação consegue ocultá-lo. Pois todas essas relações são muito tênues, muitos frágeis. No fundo, você sabe muito bem que, embora esteja imerso na multidão, está entre estranhos. E você também é um estranho para si mesmo.

Assim como Zaratustra, todos os místicos partiram para as montanhas em busca de solitude. A solitude é um sentimento positivo; é o sentimento de nosso próprio ser, de que somos suficientes para nós mesmos, de que não precisamos doentiamente de ninguém. A solidão é uma doença do coração; a solitude é a cura.

Aqueles que encontram sua solitude transcendem, para sempre, o sentimento de solidão. Quer estejam sozinhos quer com outras pessoas, estão centrados em si mesmos. Não importa se estão nas montanhas ou no meio da multidão, estão sozinhos, pois esta é a sua realização: de que a solitude é a nossa natureza. Nós viemos ao mundo sozinhos, e é igualmente sós que iremos deixá-lo.

Entre essas duas solitudes, entre o nascimento e a morte, você permanece sozinho. A questão é que você ainda não compreendeu a beleza da solitude; e, por isso mesmo, caiu numa espécie de falácia bem dissimulada: a falácia da solidão.

Para alguém encontrar sua solitude, é preciso sair do meio da multidão. Daí, pouco a pouco, à medida que se esquece do mundo, toda a sua consciência vai se concentrando no seu próprio ser, até que, finalmente, há uma explosão de luz. Pela primeira vez, então, a pessoa consegue compreender a beleza e a bênção de estar sozinha, a sabedoria e a imensa liberdade de estar consigo mesma.

Enquanto vivia nas montanhas, Zaratustra costumava ter a companhia de uma águia e de uma serpente. No Oriente, a serpente sempre foi um símbolo da sabedoria. A suprema sabedoria é você estar continuamente deslizando para fora do passado, sem se apegar a ele, assim como uma serpente desliza para fora de sua pele velha e nunca olha para trás – seu movimento é sempre do antigo para o novo.

A sabedoria não é um acúmulo de passado; a sabedoria é experiência da vida em constante renovação. A sabedoria não fica acumulando o pó das memórias; ela permanece como um espelho cristalino, refletindo aquilo que é – sempre revigorada, sempre nova, sempre presente.

A águia, por sua vez, é um símbolo da liberdade. Ela voa sozinha, sem medo algum, atravessando o sol nas lonjuras do céu infinito. Sabedoria e liberdade são dois lados da mesma moeda.

Ao viver nas montanhas durante dez anos, Zaratustra alcançou o êxtase, a pureza e a independência de estar sozinho. E é neste aspecto, justamente, que ele é incomparável entre tantos outros que despertaram: enquanto estes permaneceram em suas alturas após despertar, Zaratustra começa sua *descida* aos homens, de volta à multidão. Por um único motivo – ele precisa transmitir uma mensagem à humanidade: "Vocês sofrem desnecessariamente, são dependentes desnecessariamente; são vocês que criam toda sorte de prisões para si mesmos – e tudo isso só para se sentir seguros e protegidos. Porém, a única proteção e a única segurança que existem estão no fato de conhecerem a si mesmos – pois, daí, até a morte é impotente, nem ela pode destruí-los".

Zaratustra desce das montanhas para mostrar às pessoas que conhecimento não é sinônimo de sabedoria. Na verdade, conhecimento é exatamente o oposto da sabedoria. O conhecimento faz você ficar cheio de informação; a sabedoria é inocência pura. O conhecimento é sinônimo de ego; a sabedoria é o desaparecimento do ego. A sabedoria o torna absolutamente vazio, mas esse vazio é um novo tipo de plenitude – é o vazio da amplitude, da vastidão sem fim.

Zaratustra dirige-se às pessoas para lhes dizer que só a sabedoria traz a verdadeira liberdade. Pois não há outra liberdade que não essa; todas as outras formas de liberdade – como a liberdade política, econômica ou social –, são falsas. A única liberdade verdadeira é a liberdade da alma, que pode se transformar em uma águia e voar rumo ao desconhecido e ao incognoscível sem medo.

Por ter alcançado esse derradeiro estado de consciência, ele agora deseja compartilhar isso com os outros. A singularidade de Zaratustra é que ele continua a amar a humanidade. Não existe condenação alguma em relação às pessoas que ainda estão dormindo, àquelas que ainda estão cegas. O que existe é uma imensa compaixão em relação a elas. Se ele desce de volta, é porque ama a vida, e não por ser contra ela.

Este pequeno diálogo de Zaratustra com um velho santo que vive na floresta é extremamente significativo. Ele contém muitas coisas que, a princípio, podem não estar aparentes; mas vamos tentar descobri-las com a maior profundidade possível.

> Zaratustra desceu sozinho pela montanha, sem deparar com ninguém. Chegando aos bosques, porém, viu subitamente um homem velho, que havia deixado sua cabana sagrada para colher raízes na floresta. E assim falou o velho a Zaratustra:
> "Não me é estranho esse andarilho: por aqui passou há muitos anos. Chamava-se Zaratustra; mas está mudado".

O velho santo conseguiu perceber a mudança. Embora seja o mesmo homem, a energia não é a mesma. Ele é o mesmo homem, sim, mas trata-se de um indivíduo completamente diferente. Ele foi para as montanhas como um ignorante, e volta de lá como o homem mais sábio possível. Quando subiu, estava adormecido; e, agora, retorna desperto. Ele passou por uma profunda transformação.

Quando partiu para as montanhas, era apenas um mortal; ao retornar de lá, ele atingiu a imortalidade. Agora ele está cheio de alegria, repleto de paz, banhando de bênçãos todos que o rodeiam. Ele está transbordando de amor e compaixão.

"Naquele tempo levavas tuas cinzas para os montes"

Você não passava de um cadáver. E tinha carregado suas cinzas para as montanhas.

"[...] queres agora levar teu fogo para os vales?"

A transformação foi tão imensa, tão radical, que, em vez de ser um punhado de cinzas, ele agora é puro fogo. Se antes ele estava nas trevas, agora está em chamas.

"Não temes o castigo para o incendiário?"

Isso é algo importante de salientar – o velho santo diz: "Você não tem medo de voltar para o meio dos cegos, agora que tem olhos? De retornar à seara dos mortos, estando cheio de vida? De regressar aos adormecidos, agora que está desperto?".

Quando deixou os homens, você era um deles. Mas agora você é diferente. Você não acha que está se arriscando demais? Eles certamente irão puni-lo, ninguém vai lhe perdoar. Pois a sua felicidade e sua bem-aventurança são muito grandes – e isso é algo que eles não vão conseguir tolerar.

Sim, isso é algo realmente estranho: todos nós conseguimos tolerar a infelicidade das outras pessoas, por mais profunda que ela seja. Na verdade, sentimos até um certo prazer quando os outros estão infelizes. Por quê? Simplesmente porque, quando eles estão infelizes, nós nos sentimos superiores. Podemos mostrar empatia, piedade, e, ainda por cima, nos alegrar com o fato de não sermos nós que estamos sofrendo. É por isso que, até hoje, nenhuma pessoa infeliz foi crucificada, envenenada ou apedrejada até a morte.

Agora, ser uma pessoa realizada e cheia de alegria no meio de sofredores é algo muito perigoso, pois eles se sentem ofendidos com as alturas que você alcançou. Você pode ver, e eles não. Eles estão mortos, e você, totalmente vivo. Isso é insuportável para eles; é preciso que você seja punido. Afinal, você se extraviou da multidão – não teme o castigo?

"Sim, reconheço Zaratustra. Puro é seu olhar, e sua boca não esconde nenhum nojo. Não caminha ele como um dançarino?"

Os olhos são muito simbólicos. Eles são uma parte do corpo, mas também são as janelas da alma. Quando sua alma se torna alegre, pacífica, silenciosa, seus olhos ganham uma clareza, profundidade, inocência e pureza que nunca tiveram. Eles se tornam tão límpidos, que você consegue enxergar a própria alma do homem.

"Puro é seu olhar, e sua boca não esconde nenhum nojo." Se observarmos as pessoas, veremos quanto elas estão enojadas com a vida; e ninguém pode culpá-las. Afinal, o que elas conseguiram realizar? Toda a sua vida não passa de uma imensa tragédia prolongada – é um percurso da doença até a morte. Elas seguem respirando, vivendo e mantendo as esperanças. Mas essas esperanças nunca passam disso: meras esperanças. Seus sonhos nunca se realizam.

À medida que envelhecem, elas vão assistindo ao gradual e completo despedaçamento de suas esperanças. Ou seja, é mais do que natural que estejam cheias de desgosto e repulsa com toda essa história de viver. Elas nunca pediram para nascer, nunca pediram para ter um coração que sente, que precisa de ternura, que precisa de amor.

Elas nunca pediram para ter uma alma que anseia pelos cumes mais elevados da alegria e do êxtase. Então, de repente, elas simplesmente se dão conta de que estão aqui – e tudo o que lhes foi dado pela existência permanece sempre por realizar. Resultado? Elas ficam revoltadas.

Na magnífica obra *Os irmãos Karamázov*, escrita por um dos romancistas mais importantes da história, Fiódor Dostoiévski, há um personagem que diz o seguinte: "Tenho apenas uma relação com Deus, e é de nojo. Estou revoltado. Se um dia puder encontrá-lo, a única coisa que farei será lhe dar a passagem de volta e pedir para que ache logo o caminho para fora desta vida. Isto tudo é uma piada de mau gosto. Ele nos dá tantos desejos, tantos anseios, e não há nenhuma oportunidade de realizá-los. Não existe sequer esperança no futuro". E é assim mesmo: todas as pessoas nascem com um grande entusiasmo, e todas morrem absolutamente frustradas.

Ao ver Zaratustra, o velho santo afirma: "Agora não vejo a menor repulsa, a menor agonia; em vez disso, vejo apenas êxtase. Ele caminha como um dançarino". Sim, Zaratustra tinha vindo para as montanhas quase se arrastando, carregando o seu próprio cadáver nos ombros, e, agora, veja só: *"Não caminha ele como um dançarino?"*.

Sim, a transformação aconteceu. O homem atingiu a realização de si. Ele bebeu das sublimes fontes do divino.

"Mudado está Zaratustra; tornou-se uma criança Zaratustra"

Esta é a maior transformação possível na vida: voltar a ser uma criança.

"[...] um desperto é Zaratustra: que queres agora entre os que dormem?"

A pergunta do velho santo é a mesma de todos os santos, de todos os budas, místicos e seres despertos que já existiram. Você tornou-se uma criança de novo, você despertou: *"que queres agora entre os que dormem?"*. Você é um completo desconhecido, um ser absolutamente estranho para eles. Com certeza irão castigá-lo, isso se não o matarem. A sua simples presença colocará o sono deles em risco, representará uma enorme ameaça para a infelicidade e a cegueira em que vivem.

"Vivias na solidão como num mar, e o mar te carregava. Ai de ti, queres então subir à terra? Ai de ti, queres novamente arrastar tu mesmo o teu corpo?"

Será que você já se esqueceu do dia em que veio para as montanhas? Você quer mesmo voltar a ser como era antes? Por que descer novamente, deixando para trás os picos iluminados pelo sol? Você sabe que nos vales só existe escuridão. Afinal, qual é o sentido de voltar para o mundo?

Respondeu Zaratustra: "Eu amo os homens".

Nestas quatro palavras está contida toda a filosofia de Zaratustra: "Eu amo os homens. Sim, eu amo a vida. Eu não renunciei ao mundo, não vim para as montanhas como um escapista contrário à vida. Vim para as montanhas para encontrar a mim mesmo, para encontrar a minha solitude, a minha liberdade, a minha sabedoria – e encontrei. Por isso, agora já não preciso mais permanecer nas alturas; muito pelo contrário: minha plenitude é tão grande, que preciso de outras pessoas com quem partilhar. Quero compartilhar a minha sabedoria, compartilhar a minha liberdade, compartilhar o meu amor. O que trago em mim é demasiado – eu estou transbordando".

"Por que", disse o santo, "fui para o ermo e a floresta? Não seria por amar demais os homens?"

O que o santo diz é: "Eu também vim para as montanhas e a floresta justamente por amar demais os homens. Mas esse amor se transformou numa escravidão, numa enorme dependência. Era algo que só me trazia infelicidade, e nada mais".

Contudo, há uma grande diferença aí. O santo amava os homens *demais*... sim, mas isso quando ele era ignorante, quando ele mesmo estava adormecido. No caso de Zaratustra, não – ele ama os homens quando está totalmente desperto, quando já se iluminou. O amor de quem não despertou não passa de luxúria. Só quem já despertou conhece toda a beleza, toda a espiritualidade e divindade do amor. Nesse caso, o amor deixa de ser uma prisão.

O amor de quem despertou nos liberta.

O amor de quem ainda não despertou é o amor de um mendigo, de um pedinte: ele quer que você o ame, que você lhe dê cada vez mais e mais amor. Já o amor de quem despertou é exatamente o contrário. É o amor de um imperador – ele tem tanto, sua abundância é tão grande, que ele quer apenas lhe dar o seu amor. Ele doa simplesmente pela alegria de doar, é um compartilhar sem desejo algum de recompensa, sem querer nada em troca.

E o santo, então, prossegue:

"Agora amo a Deus: os homens já não amo."

Nesta afirmação, está contida toda a atitude das ditas religiões. Elas criaram uma divisão nas pessoas, ao afirmar que, caso você ame os homens, não pode amar a Deus. Por exemplo, o Deus do *Antigo Testamento* diz assim: "Eu sou um Deus muito ciumento. Se me amas, não podes amar a mais ninguém".

Essa é a postura básica de quase todas as religiões. Caso você ame este mundo, significa que renunciou ao próximo; se amar a humanidade, é porque se esqueceu de Deus. A escolha é sua: se amar a Deus, você terá que suprimir o seu amor pelos homens. Mais que isso; você terá que odiar a humanidade, terá que odiar a vida e todos os prazeres que ela contém. É uma postura realmente monopolizadora – Deus quer que todo o amor que há em seu coração seja unicamente dele; ele não tolera nenhuma concorrência.

"Agora amo a Deus: os homens já não amo. O homem é, para mim, uma coisa demasiado imperfeita. O amor aos homens me mataria."

Essa postura do velho santo condensa toda a atitude religiosa contra a vida, contra a alegria, contra o prazer. Por que você não pode amar os homens? Ora, porque os homens são uma coisa imperfeita demais. Apenas Deus é perfeito. *"O amor aos homens me mataria."*

Mas a realidade é outra: na sua pureza, no seu florescimento espiritual, o amor não faz nenhuma distinção. Ele simplesmente ama; não porque você mereça, não porque seja perfeito, não porque seja Deus – o verdadeiro amor ama simplesmente por amar. O objeto do amor é irrelevante. Você está tão repleto de amor, que o compartilha com todos que encontrar, mesmo que sejam eles imperfeitos. Na verdade, são eles os que mais precisam. Os que são indignos, os que não são merecedores – são eles que, de fato, mais precisam de amor.

Um Deus perfeito não tem a mínima necessidade do seu amor – na realidade, esse Deus perfeito não passa de uma hipótese, ele existe apenas na sua mente. Você nunca se deparou com ele para poder, de fato, atestar a sua perfeição. Pois, se alguém ficar procurando minuciosamente por imperfeições, essa pessoa também vai encontrar imperfeições em Deus.

Você já pensou sobre isso? Imagine que, de repente, Deus aparecesse na sua frente – será que você não seria capaz de encontrar algum defeito nele? Pois você acharia várias imperfeições nele também. Talvez ele não fosse tão bonito quanto você imaginava. Talvez fosse chinês, negro, ou, quem sabe, até uma mulher negra! Talvez fosse muito velho, muito antiquado – e, já que anda por aí há séculos, talvez não tivesse nenhum frescor em torno de si, apenas uma velhice malcheirosa.

Enfim, há muitas concepções hipotéticas a respeito de Deus. Por exemplo, alguns acreditam que ele tenha quatro mãos. Você acha que esse tanto de mãos ficaria bem? Pois há quem acredite que, em vez de quatro mãos, ele tenha mil! Bom, um homem com essa quantidade de mãos pode até ser muito bonito para se ter como peça de museu, mas para amá-lo... Imagine só, se ele resolver lhe dar um abraço – com mil mãos! Tão logo você consiga se livrar desse abraço, nunca mais vai querer saber de Deus!

E há os que acreditam que Deus tenha três rostos. Seria algo até curioso de se ver, mas um homem com três faces certamente não será nada bonito. Além do mais, quem sabe que tipo de caras serão essas?

A perfeição de Deus existe apenas na sua mente, pois o próprio Deus é apenas uma projeção mental. Nesse sentido, como Deus não existe mesmo, você pode amá-lo facilmente, sem problema algum.

Agora, se for para amar um homem ou uma mulher... aí, se prepare para os problemas. Os seus gostos são diferentes, suas preferências divergem, suas prioridades variam... Por exemplo, você quer ir ao cinema, mas sua esposa prefere não ir, pois está com dor de cabeça. Coisas desse tipo acontecem o tempo todo.

Certa vez, perguntaram a Henry Ford: "Como você conseguiu enriquecer tanto? Qual foi a sua motivação?". E ele respondeu: "Bom, para ser sincero, o que eu queria mesmo era ver se conseguia ganhar mais dinheiro do que minha mulher consegue gastar – e, nesse aspecto, tenho que admitir que sou um fracasso".

Pois é, ao se relacionar com outra pessoa, sempre há problemas. Imagine só, você quer dormir, mas, a seu lado, seu marido não para de roncar. O que você pode fazer com esse sujeito, que está apenas roncando enquanto dorme? Ele mesmo não tem o que fazer em relação a isso. Já foram tentados milhares de métodos para evitar o ronco. O último deles, por exemplo, é uma espécie de máscara que conta com sensores elétricos e fica dependurada sobre o rosto da pessoa. Assim que ela começa a roncar, a máscara despenca sobre o seu rosto, e ela acorda. No seu caso, será que deixaria seu marido passar por isso ou não? Sempre que ele roncar, a máscara vai cair imediatamente sobre seu rosto, tapando seu nariz e sua boca.

Ou, quem sabe, você tenha uma esposa cujo cheiro você não consegue suportar...

Já com Deus, tudo é maravilhoso, pois você não tem que dormir com ele – o que dirá ouvi-lo roncar –, e muito menos tem que viver a seu lado. Se o corpo dele cheirar mal, que cheire. Ele não passa de uma hipótese, uma simples projeção em sua mente.

Mas estar em contato com seres humanos reais, com gente de verdade, é uma experiência totalmente diferente. É uma verdadeira prova de fogo para o seu amor. Pois é muito fácil amar a Deus; o difícil é amar outra pessoa. Amar a Deus não custa nada; agora, para amar uma pessoa, é preciso uma tremenda compreensão.

Nesse sentido, todos que fugiram para o ermo da floresta e das montanhas – e que só amam um Deus que eles mesmos projetaram em sua mente –, todos eles optaram por um tipo de vida bastante fácil. Mas o seu amor nunca irá crescer, pois eles nunca enfrentarão nenhum desafio.

O que o velho santo diz reflete a abordagem básica de todas as religiões: *"O homem é, para mim, uma coisa demasiado imperfeita. O amor aos homens me mataria"*. Isso não passa de puro egoísmo. Ele julga a si mesmo um ser perfeito, enquanto os outros homens seriam meras coisas demasiado imperfeitas. Obviamente, um homem perfeito só pode amar um Deus perfeito – só que esse Deus é apenas uma alucinação. Se você persistir, pode até ser que, um dia, consiga ver esse Deus que concebeu – mas isso não vai passar de um sonho acordado, de uma alucinação; não haverá ninguém diante de você, mas a sua própria fantasia o terá hipnotizado.

É por isso que um cristão verá Jesus, um budista verá Buda, e um hindu verá Krishna. Mesmo que seja por engano, um cristão nunca terá uma visão de Buda ou de Krishna. E, assim como Krishna nunca aparece para um cristão, Jesus nunca aparece para um hindu – eles não aparecem simplesmente porque não existem. Eles fazem parte da sua mente; foi você quem os criou. A *Bíblia* diz que Deus criou o homem à sua imagem e semelhança. Pois eu digo a você: é o homem quem cria Deus à sua imagem e semelhança.

> Respondeu Zaratustra: "Que fiz eu, falando de amor? Trago aos homens uma dádiva".

O amor é sempre uma dádiva; caso contrário, não passa de poesia abstrata. *"Que fiz eu, falando de amor? Trago aos homens uma dádiva"*. E o velho santo vai dizer coisas significativas a Zaratustra: "Pois não lhes dês nada; eles nunca perdoam aqueles que lhes dão algo".

Já vimos isso. Sócrates, por exemplo, deu às pessoas um método incrivelmente valioso para encontrar a verdade: o diálogo socrático. E o que os homens fizeram com ele? Eles o envenenaram!

De fato, o velho santo tem alguma razão naquilo que está dizendo:

> "Não lhes dês nada [...] Tira-lhes algo de seu fardo, isto sim, e carrega-o juntamente com eles – será o melhor para eles: se for bom para ti!"

Faz parte da psicologia humana: você quer ser alguém que doa, e não alguém que recebe. Mas há certas coisas que você tem, sim, que receber. Afinal, você não tem como dá-las, pois não as possui.

O que você poderia dar a alguém como Buda, Cristo ou Zaratustra? Perto deles, você não passa de um mendigo – mas, mesmo assim, o seu mecanismo psicológico faz com que você acredite que precisa lhes dar algo, e, ainda, que isso o fará feliz. Na verdade, eles poderiam lhe dar tesouros inacreditáveis, mas você nunca os perdoaria por isso, por serem eles a dar e você a receber. Pois, nesse caso, você é só um mendigo – e como perdoar alguém que fez de você um mendigo?

Veja só esta história. Tenho um amigo que nasceu pobre, mas foi adotado por uma das famílias mais ricas da Índia. Ele é um homem extremamente generoso e, ao longo dos anos, cuidou de todos os seus familiares, fazendo deles pessoas ricas e lhes dando uma vida confortável. Ele está sempre ajudando os outros, sejam eles amigos, sejam parentes ou até mesmo desconhecidos. Certo dia, porém, enquanto viajávamos juntos de trem, ele me disse o seguinte: "Veja bem, eu sempre quis lhe perguntar uma coisa, mas nunca tive coragem de me expor. Ao longo da vida, sempre ajudei a todos. Dei dinheiro a meus parentes, que antes eram pobres e agora são todos ricos; ajudei meus amigos; cheguei a doar até para estranhos que me pediram. Nunca disse não a ninguém – afinal, tenho tanto dinheiro, que posso passar o resto da vida doando. Mas aí é que está: essas pessoas todas que ajudei estão zangadas comigo; todas elas falam mal de mim".

Então, eu disse:

"É muito simples: por acaso, alguma vez você já permitiu que eles lhe dessem algo?"

"Mas eu não preciso de nada", ele respondeu.

"Sim, e isso explica tudo. Mas, quem sabe, você possa pensar em pequenas coisas. Por exemplo, você pode telefonar para algum amigo a quem tenha dado dinheiro, ou uma fábrica, fazendo dele um homem rico, e dizer: 'Acabei de passar em frente à sua casa e vi umas rosas lindas no jardim. Será que você poderia me trazer algumas flores?'. E a atitude dele em relação a você já vai se transformar. Ou, se estiver doente, você pode ligar para alguém e dizer: 'Estou de cama, com febre e muita dor de cabeça, e me deu uma grande vontade de vê-lo, de que você pudesse estar aqui comigo. Seria muito bom se você pudesse vir aqui, apenas para segurar minha mão e sentar a meu lado'. Esse tipo de coisa já seria o suficiente."

E completei:

"Sei que você possui muitos automóveis, mas talvez possa dizer algo assim a qualquer um dos seus parentes: 'Será que pode me emprestar o seu carro, só por um dia?'. Você nem precisa usar o carro; basta mantê-lo na garagem e devolvê-lo no fim do dia. Mas, com isso, essa pessoa vai pensar que também possui algo para lhe dar, que ela também é necessária."

"Tudo bem, vou tentar – mas confesso que estou bem pouco à vontade com isso. Eu fiz deles tudo que são hoje; por que haveria de pedir algo? Tenho várias rosas no meu jardim; tenho meus próprios automóveis, sem falar que os carros deles fui eu quem lhes deu; até as casas onde vivem foram dadas por mim."

"A escolha é sua. Na verdade, é o seu ego que está magoando todos eles: o fato de ser sempre você quem dá, e sempre serem eles que recebem. Se realmente quer mudar a atitude deles em relação a você, é preciso que, de alguma forma, você se torne aquele que recebe. Deixe que as outras pessoas desfrutem, por alguns instantes, a sensação e o ego de dar."

Ele fez a experiência, e, da vez seguinte que nos encontramos, me disse: "Funcionou, a sua ideia fez milagres! Nunca tinha visto isso! Está todo mundo contente comigo, as pessoas só falam da minha generosidade. Imagine só, agora que passei a receber coisas delas, tornei-me uma pessoa generosa. E pensar que, antes, elas só falavam coisas do tipo: 'Ele não passa de um grande egoísta. Tudo que ele nos deu, no fundo, não foi porque precisássemos de algo, não foi para nos ajudar; foi apenas para nos humilhar!'".

O velho santo está certo:

"Não lhes dês nada [...] Tira-lhes algo de seu fardo, isto sim, e carrega-o juntamente com eles – será o melhor para eles: se for bom para ti! E, querendo lhes dar, não dês mais que uma esmola, deixando ainda que a mendiguem!"

Sem dúvida, esse conselho do ancião é bastante significativo e baseia-se numa profunda verdade psicológica. Não lhes dê mais que uma esmola; não lhes dê demais. Dê-lhes apenas o suficiente para que ainda continuem querendo mais. Com isso, estarão sempre abanando o rabo em torno de você. Dê-lhes somente quando mendigarem, e assim ficarão felizes com você, pois sentirão que não os reduziu a mendigos. Foram eles mesmos que mendigaram; ou seja, a culpa não é sua, eles não podem ficar bravos com você.
Mas um homem como Zaratustra não pode fazer uma coisa dessa.

"Não", respondeu Zaratustra, "não dou esmolas. Não sou pobre o bastante para isso."

Que afirmação maravilhosa: *"Não sou pobre o bastante para isso"*. Sim, pois se reduzo uma pessoa à mendicância, se lhe dou em quantidades tão ínfimas que apenas crio nela o desejo por mais, isso revela somente a minha própria miséria. *"Não sou pobre o bastante para isso!"*
O que tenho é a mais pura abundância – abundância de amor, de paz, de verdade, de sabedoria, de liberdade. E nada disso pode ser dado em bocadinhos; essas coisas só podem ser oferecidas na totalidade. Você não consegue cortar a verdade em pedaços; é impossível repartir o amor em migalhas. Ou você dá, ou você não dá – não tem meio-termo. Agora, se você

der, tem que ser com todo o coração, com inteireza. E pouco importa que fiquem irritados e aborrecidos com você; não importa nem que o crucifiquem.

> O santo riu de Zaratustra, e falou assim: "Então cuida para que recebam teus tesouros!"

Porque esses tesouros têm sido continuamente rejeitados por todos. No fundo, as pessoas querem esses tesouros, mas, quando surge alguém para lhes dar, elas rejeitam. Existe uma espécie de contentamento, de prazer em rejeitar – se não fosse assim, o que explica o fato de seres como Buda, Mahavira ou Jesus terem sido rejeitados? Ao rejeitá-los, é como se as pessoas dissessem: "Vocês podem até possuir todo esse tesouro, mas nós não somos tão pobres assim para aceitá-lo. Vocês podem até ser muito ricos por tê-lo; mas nós somos infinitamente mais ricos ao rejeitá-lo".

O conselho do velho sábio é baseado numa grande sabedoria.

> "Então cuida para que recebam teus tesouros! Eles desconfiam dos eremitas e não acreditam que viemos para presentear.
> Para eles, nossos passos ecoam solitários demais pelas ruas. E, quando, deitados à noite em suas camas, ouvem um homem a caminhar bem antes de nascer o sol, perguntam a si mesmos: aonde vai esse ladrão? Não vás para junto dos homens, fica na floresta! Seria até melhor que fosses para junto dos animais!"

Eu adoro essa recomendação do ancião, pois os animais são todos inocentes: eles não ficarão aborrecidos com você, não irão rejeitá-lo, não o crucificarão.

Gostaria apenas de acrescentar uma coisa: vá para junto dos animais, e vá também para junto das árvores – eles são mais sensíveis. O homem se tornou praticamente insensível; e, quanto mais importante ele é, mais insensível se torna. A única linguagem que ele entende é a linguagem do dinheiro, do prestígio, do poder. Ele se esqueceu completamente da linguagem do amor, da alegria, da dança.

"Por que não queres ser, como eu – um urso entre os ursos, um pássaro entre os pássaros?".
"E o que faz o santo na floresta?", perguntou Zaratustra.
Respondeu o santo: "Eu faço canções e as canto, e, quando faço canções, rio, choro e sussurro: assim louvo a Deus.
Cantando, chorando, rindo e sussurrando eu louvo ao deus que é meu Deus. Mas o que nos trazes de presente?".
Ao ouvir essas palavras, Zaratustra saudou o santo e falou: "Que poderia eu vos dar? Deixai-me partir, para que nada vos tire!" – E assim se despediram um do outro, o idoso e o homem, rindo como riem dois meninos.

Zaratustra disse: *"Que poderia eu vos dar?"*. Você canta, faz canções, tem alegria. Na sua solitude, você é plenamente feliz. O que mais eu poderia lhe dar? Deixe-me ir, pois tenho receio de acabar tomando alguma coisa de você, e já estou transbordando de canções, de êxtase e bem-aventurança. Estamos ambos sobrecarregados. Você escolheu viver como um urso entre os ursos, um pássaro entre os pássaros, uma árvore entre as árvores. E eu escolhi voltar para os homens, e viver como um homem. Não tenho nada para lhe dar; você já tem tudo.

Sim, aqueles dois homens haviam se compreendido mutuamente. Então, rindo como dois meninos, Zaratustra e o velho santo se despediram.

Mas, quando Zaratustra se achou só, assim falou para seu coração: "Como será possível? Este velho santo, na sua floresta, ainda não ouviu dizer que *Deus está morto!*".

Isto é algo que precisa ser compreendido por todos aqueles que estão em busca da verdade, da religiosidade, do crescimento espiritual: que Deus é apenas uma hipótese. Afirmar que "Deus está morto" é só outro modo de dizer que, na realidade, Ele nunca esteve vivo. Foi somente para satisfazer a curiosidade humana que algumas mentes astutas inventaram essa ideia de Deus. Não se trata de uma revelação; trata-se apenas de imaginação, de uma fantasia que foi imposta por séculos e séculos de condicionamento.

Foi assim que Zaratustra falou ao seu coração: "Como será possível que um ancião tão belo e nobre, um homem que canta, que faz canções, que vive em meio aos pássaros, árvores e animais, como é que ele ainda não ouviu dizer na sua floresta que Deus está morto? Como será possível que ele ainda esteja falando em amar a Deus?".

Nesse sentido, estou inteiramente de acordo com Zaratustra e Nietzsche. Só o meu modo de dizer é que é um pouco diferente. O que afirmo é que Deus nunca esteve vivo; nunca existiu nenhum Deus. Essa ideia de Deus é apenas uma invenção originada do medo, da ganância ou das frustrações da vida. Deus é uma invenção daqueles que não foram capazes de aprender a arte de viver.

E, porque não sabiam dançar, começaram a condenar a dança. Na verdade, foram eles que acabaram atrofiando e mutilando a si mesmos, justamente por não saberem como viver. A vida requer atenção, inteligência, paciência, tolerância. Como não conseguiram criar essas qualidades em si mesmos, criaram essa ideia de que a vida é algo ruim – de que é preciso renunciar a ela. Porém, você só consegue renunciar a alguma coisa caso haja um ganho ainda maior a obter através dessa renúncia. Ou seja, Deus é a suprema projeção da ganância: renuncie ao mundo, e obtenha a graça de Deus; renuncie à vida, e obtenha o paraíso.

Tudo isso não passa de fantasias inventadas por escapistas, aleijados, ignorantes; são invenções daqueles que não foram capazes de aprender a arte de amar, a arte de viver, daqueles que não sabem cantar e muito menos dançar. Isso acontece quase que naturalmente: alguém que não sabe dançar condenará a dança; alguém que não sabe cantar condenará o canto – é uma espécie de mecanismo de defesa usado pelas pessoas para esconder a sua própria incapacidade e ignorância.

Deus não é uma criação dos sábios, mas dos ignorantes. É uma criação dos escravos, e não daqueles que amam a liberdade.

Zaratustra é imensamente apaixonado pela vida e por tudo que ela oferece. Ele é o único místico que manifesta uma imensa afirmação da vida. E assim deve ser. Não há lugar para se renunciar a nada – a vida é uma dádiva da existência. Aprenda a desfrutá-la! Deleite-se com ela. Dance com as árvores, baile com as estrelas. Ame sem ciúme, viva sem competição. Aceite todas as pessoas como elas são, sem julgamento. A partir daí, não é preciso mais nenhum Deus; não há necessidade de nenhum paraíso após a morte. Sim, nós podemos fazer com que a própria Terra se transforme no solo da existência divina. Nossa própria vida pode se tornar a expressão máxima da divindade.

Sou totalmente a favor disto que chamo de experiência da divindade, pois a divindade é uma qualidade que você pode aprender, que pode cultivar. Deus é apenas uma ideia. E quanto antes ela for descartada melhor, porque ela só faz com que você desperdice o seu tempo de forma desnecessária.

Por exemplo, neste exato momento, há milhões de pessoas rezando ao redor do planeta, sem saber que não há ninguém para ouvir as suas preces. Enquanto isso, milhões de outras estão venerando estátuas de pedra. Ora, se elas não conseguem amar os seres humanos, que estão vivos, como é que podem amar uma estátua? A questão é que estátuas de pedra são algo bastante cômodo. Elas não criam nenhum problema. Você pode fazer o que quiser: pode derramar água sobre elas, pode banhá-las com leite, pode oferecer-lhes cocos podres... e elas sequer reclamarão. Você pode dizer qualquer coisa para uma estátua, seja em que idioma for, da forma correta ou não, que, para ela, pouco importa.

Agora, o verdadeiro amor precisa que o outro esteja realmente vivo, com a vida pulsando dentro de si. Mas, para isso, é preciso aprender a arte de viver. Uma das grandes estupidezes do mundo é que, ainda hoje, nenhuma universidade do planeta ensine as pessoas a arte de viver, a arte de amar, a arte de meditar. E, na minha opinião, qualquer outra disciplina está num nível muito inferior ao do amor, da vida, da meditação, do sorriso. Você pode até ser um grande cirurgião, um grande engenheiro ou um grande cientista, não importa – ainda assim, você precisará ter a maestria na arte de viver, na arte de amar, na arte de sorrir; você ainda precisará de todas essas qualidades essenciais em sua vida.

Mas veja só como são as coisas. Tudo que eu ensino é isto: o amor, a vida, o sorriso, e, como pano de fundo para todas essas coisas, a meditação. Acontece que o governo indiano não está disposto a reconhecer minha escola como uma instituição de ensino. Eles só a reconheceriam como uma instituição de ensino se eu estivesse ensinando geografia, história, química ou física – as coisas mundanas da vida.

Não estou dizendo que essas disciplinas não devam ser ensinadas, mas, sim, que não deveriam ser a única forma de instrução. Elas deveriam ser vistas como uma espécie de educação de nível básico – para além delas, cada universidade deveria contar com uma faculdade de educação superior, onde você aprenderia sobre os reais valores da vida. Pois a geografia não pode torná-lo uma pessoa melhor, a história não pode torná-lo mais amoroso, nem a química pode torná-lo meditativo. Nada do que é ensinado nas universidades é capaz de lhe dar um pouco de senso de humor. Resultado: você não sabe sorrir, não sabe dançar, não sabe cantar – sua vida se transforma praticamente num deserto.

Por outro lado, o que Zaratustra quer é que sua vida seja um imenso jardim onde cantam os pássaros, onde desabrocham as flores, onde as árvores dançam, onde o sol nasce com alegria. Zaratustra é absolutamente a favor da vida, e essa é a razão pela qual ele não tem muitos seguidores. Os envenenadores, as pessoas destrutivas, todos eles têm milhões de discípulos. Enquanto isso, um místico tão singular, um mestre cuja única mensagem é o amor e a vida, conta com a menor religião do mundo.

Na verdade, a religião de Zaratustra deveria ser a única religião. Todas as outras crenças deveriam ser enterradas no cemitério – pois não há outro Deus senão a vida; não há outra prece senão o amor.

Assim falou Zaratustra.

Capítulo 3

O camelo, o leão
e a criança

Das três metamorfoses
Três metamorfoses do espírito menciono para vós: de como o espírito se torna camelo, o camelo se torna leão e o leão, por fim, criança.
Há muitas coisas pesadas para o espírito, para o forte, resistente espírito em que habita a reverência: sua força requer o pesado, o mais pesado.
O que é pesado? Assim pergunta o espírito resistente, e se ajoelha, como um camelo, e quer ser bem carregado.
O que é o mais pesado, ó heróis? Pergunta o espírito resistente, para que eu o tome sobre mim e me alegre de minha força.
Não é isso: rebaixar-se, a fim de machucar sua altivez? Fazer brilhar sua tolice, para zombar de sua sabedoria?
Ou é isso: deixar nossa causa quando ela festeja seu triunfo? Subir a altos montes, a fim de tentar o tentador? [...]
Ou é isso: amar aqueles que nos desprezam e estender a mão ao fantasma, quando ele quer nos fazer sentir medo?
Todas essas coisas mais que pesadas o espírito resistente toma sobre si: semelhante ao camelo que ruma carregado para o deserto, assim ruma ele para seu deserto.
Mas no mais solitário deserto acontece a segunda metamorfose: o espírito se torna leão, quer capturar a liberdade e ser senhor em seu próprio deserto.
Ali procura o seu derradeiro senhor: quer se tornar seu inimigo e derradeiro deus, quer lutar e vencer o grande dragão.
Qual é o grande dragão, que o espírito não deseja chamar de senhor

e deus? "Tu-deves" chama-se o grande dragão. Mas o espírito do leão diz "Eu quero".

"Tu-deves" está no seu caminho, reluzindo em ouro, um animal de escamas, e em cada escama brilha um dourado "Tu-deves!".

Valores milenares brilham nessas escamas, e assim fala o mais poderoso dos dragões: "Todo o valor das coisas brilha em mim".

"Todo o valor já foi criado, e todo o valor criado – sou eu. Em verdade, não deve mais haver 'Eu quero'!" Assim fala o dragão.

Meus irmãos, para que é necessário o leão no espírito? Por que não basta o animal de carga, que renuncia e é reverente?

Criar novos valores – tampouco o leão pode fazer isso; mas criar a liberdade para nova criação – isso está no poder do leão.

Criar liberdade para si e um sagrado "Não" também ante o dever: para isso, meus irmãos, é necessário o leão.

Adquirir o direito a novos valores – eis a mais terrível aquisição para um espírito resistente e reverente. Em verdade, é para ele uma rapina e coisa de um animal de rapina.

Ele amou outrora, como o que lhe era mais sagrado, o "Tu-deves"; agora tem de achar delírio e arbítrio até mesmo no mais sagrado, de modo a capturar a liberdade em relação a seu amor: é necessário o leão para essa captura.

Mas dizei-me, irmãos, que pode fazer a criança, que nem o leão pôde fazer? Por que o leão rapace ainda tem de se tornar criança?

Inocência é a criança, e esquecimento; um novo começo, um jogo, uma roda a girar por si mesma, um primeiro movimento, um sagrado dizer-sim.

Sim, para o jogo da criação, meus irmãos, é preciso um sagrado dizer-sim: o espírito quer agora a *sua própria* vontade, o perdido para o mundo conquista o *seu* mundo.

Três metamorfoses do espírito eu vos mencionei: como o espírito se tornou camelo, o camelo se tornou leão e o leão, por fim, criança.

Assim falou Zaratustra.

Zaratustra divide o processo de evolução da consciência em três símbolos: o camelo, o leão e a criança.

O camelo é um animal de carga, pronto para ser escravizado sem nunca se revoltar. Ele não sabe dizer "não". Não passa de um crente, um seguidor, um escravo fiel. Esse é o nível mais baixo da consciência humana.

O leão é a revolução. E o início da revolução é um sagrado dizer "não".

Na consciência do camelo, sempre existe a necessidade de alguém a comandar e alguém a lhe dizer: "Tu deves fazer isto". Ele precisa dos dez mandamentos; precisa de todas as religiões, sacerdotes e livros sagrados que puder encontrar – pois não confia em si mesmo. Ele não tem coragem, não tem alma, não tem nenhum anseio pela liberdade. É um servo dócil e obediente.

O leão representa o anseio pela liberdade, a vontade de destruir todas as prisões. O leão não precisa de nenhum líder; ele basta a si mesmo. Ele nunca permitirá que ninguém mais lhe diga: "Tu deves" – isso é um insulto à sua dignidade. O que ele sabe dizer é isto: "Eu quero". O leão simboliza a responsabilidade*, e um esforço gigantesco para se libertar de todas as correntes.

Mas o próprio leão não representa ainda o nível mais alto da consciência humana. Esse nível máximo só é alcançado quando o

---

* Osho tem uma leitura bastante original da palavra "responsabilidade". Como ele diz no livro *Vivendo perigosamente* (Alaúde): "Em geral, nos dicionários a palavra 'responsabilidade' aparece com a conotação de 'dever', de fazer as coisas da maneira que os outros esperam que você as faça. [...] Sua responsabilidade é cumprir as exigências feitas a você por seus superiores e pela sociedade. [...] O caso, porém, é que a própria palavra 'responsabilidade' (*responsibility*) precisa ser dividida em duas. Na realidade, ela significa 'capacidade de responder' (*response-ability*). E essa capacidade de responder só é possível quando você é espontâneo, quando vive de forma presente, aqui e agora. [...] Esta capacidade de responder é a verdadeira responsabilidade". (N. do T.)

leão também passa por uma metamorfose e, enfim, torna-se uma criança. A criança é inocência pura. Não é obediência, nem desobediência; não é crença, nem descrença – ela é pura confiança, é um sagrado "sim" à existência, à vida e a tudo que ela contém.

A criança simboliza o próprio auge da pureza, da sinceridade, da autenticidade, da receptividade e da abertura para a vida.

São todos símbolos realmente belos. E vamos abordar as implicações que eles trazem à medida que Zaratustra os descreve, um a um.

> Três metamorfoses do espírito menciono para vós: de como o espírito se torna camelo, o camelo se torna leão e o leão, por fim, criança.
> Há muitas coisas pesadas para o espírito, para o forte, resistente espírito em que habita a reverência: sua força requer o pesado, o mais pesado.

Zaratustra não é a favor dos fracos, dos chamados humildes do espírito. Nesse sentido, ele discorda totalmente de Jesus, quando este diz: "Bem-aventurados os mansos", "Bem-aventurados os pobres", "Bem-aventurados os humildes, porque eles herdarão o reino de Deus".

Pelo contrário, Zaratustra é inteira e completamente a favor de um espírito forte. Ele é contra o ego, sim, mas não contra o orgulho e a dignidade. O orgulho e a dignidade são a nobreza do homem; o ego não passa de uma entidade falsa – nunca se deve pensar neles como sinônimos.

Na verdade, o ego é algo que nos priva de nossa dignidade, que nos priva de nosso orgulho – pois o ego é dependente dos outros; ele está sempre preocupado com a opinião das outras pessoas, com o que elas possam vir a dizer. O ego é muito frágil. De uma hora para outra, a opinião das pessoas pode mudar, e o ego simplesmente vai desaparecer no ar.

Isso me faz lembrar de um grande pensador, Voltaire.

Na época de Voltaire, na França, havia uma espécie de superstição, que já vinha de muito tempo, e que dizia o seguinte: caso alguém conseguisse obter qualquer coisa de um gênio, mesmo que fosse só um pedaço de pano, isso ajudaria essa pessoa a descobrir os seus próprios talentos, ou até faria dela mesma um gênio.

E, imagine só, Voltaire era tão respeitado como grande pensador e filósofo, ele era tão idolatrado, que precisava de proteção policial até para suas caminhadas matinais. Uma simples ida à estação de trem exigia todo um aparato de proteção policial. Tudo isso porque, onde quer que ele fosse, as pessoas se amontoavam à sua volta e começavam a rasgar suas roupas. Houve ocasiões em que ele chegou praticamente nu à sua casa, com arranhões por todo o corpo, pingando sangue. Isso, claro, fez com que ele ficasse bastante incomodado com o fato de ser famoso, de ter um nome tão célebre.

Voltaire escreveu em seu diário: "Costumava achar que ser famoso era algo formidável, agora sei que é uma maldição. De alguma forma, gostaria de ser novamente uma pessoa comum, anônima; que ninguém me reconhecesse, que pudesse caminhar pelas ruas sem ser notado. Estou cansado de ser famoso, de ser celebridade. Tornei-me prisioneiro em minha própria casa. Não posso sequer sair em paz para um passeio quando o pôr do sol está lindo e o céu todo colorido. Tenho pavor da multidão".

A mesma multidão que havia feito dele um grande homem.

Então, passados mais de dez anos, eis que ele faz outra anotação em seu diário, com grande tristeza e depressão: "Eu não tinha a menor noção de que minhas preces seriam ouvidas". Sim, pois o tempo passa, as modas mudam, a opinião das pessoas se transforma. Hoje alguém é famoso, amanhã ninguém se lembra dele. Hoje você é um mero desconhecido, e amanhã, de repente, é alçado às alturas da fama.

E foi justamente o que aconteceu no caso de Voltaire. Pouco a pouco, foram surgindo novos pensadores e filósofos no horizonte. Rousseau, em especial, tomou o posto que antes era ocupado por Voltaire, que foi esquecido pelas pessoas. A memória das pessoas não é algo em que se pode confiar.

As opiniões mudam tal como as modas. Antes, Voltaire estava na moda; agora, era outro que havia se tornado a bola da vez. Rousseau era contra todas as ideias de Voltaire, e sua fama aniquilou a reputação de Voltaire. Sim, as preces de Voltaire foram atendidas: ele se tornou completamente anônimo. Agora, não precisava mais de proteção policial. As pessoas tinham se esquecido completamente dele; elas não se davam ao trabalho nem mesmo de lhe dizer "olá". Só então ele se deu conta de que, apesar dos pesares, era bem melhor ser um prisioneiro. "Agora estou livre para ir aonde quiser, mas isso machuca. E a ferida cada vez aumenta mais – afinal, eu estou vivo, mas parece que, para as pessoas, Voltaire já está morto."

Quando ele morreu, apenas três pessoas e meia o acompanharam até o cemitério. E você pode perguntar: mas como assim, três e *meia*? Ora, porque três delas eram, de fato, pessoas – o cachorro dele conta só como metade. Era o seu cachorro que conduzia a procissão.

O ego é um subproduto da opinião pública. E, como é dado a você pelas pessoas, elas também podem pegá-lo de volta. Orgulho e dignidade são um fenômeno completamente diferente. O leão tem orgulho, dignidade. Basta olhar um cervo na floresta para perceber sua graça, orgulho, dignidade. Assim como um pavão a dançar ou uma águia voando pela imensidão do céu – eles não têm egos, não dependem da sua opinião; eles são dignos simplesmente como são. A sua dignidade deriva do seu próprio ser.

E isso é algo que precisa ser bem compreendido, pois todas as religiões têm ensinado as pessoas a não se fiarem em seu orgulho e dignidade – a serem simplesmente humildes. Com isso, elas criaram um enorme mal-entendido por todo o planeta, como se o fato de alguém ter orgulho e dignidade fosse o mesmo que ser egoísta.

Por sua vez, Zaratustra deixa absolutamente claro que é a favor do homem forte, corajoso, daquele que se aventura sem medo algum pelo desconhecido, pelos caminhos que nunca foram trilhados. Zaratustra é a favor da bravura, do destemor. Ele é o anunciador de um milagre: o de que só um homem com orgulho e dignidade, e apenas ele, pode tornar-se uma criança.

A chamada humildade cristã é somente o ego de cabeça para baixo. O ego ficou de ponta-cabeça, mas ainda está lá. Basta olhar para os ditos homens santos, e vemos como todos eles são muito mais vaidosos e egoístas do que as pessoas comuns. E a sua vaidade e egoísmo vêm justamente de sua devoção, de sua austeridade, de sua espiritualidade, de sua santidade; vêm até de sua humildade – afinal, não existe ninguém mais humilde que eles...

Pois é, o ego conhece truques sutis para entrar pela porta dos fundos. Você pode até expulsá-lo pela porta da frente – mas ele sabe que ainda existe uma porta nos fundos.

Ouvi contar a história de um homem que, certa noite, num bar, já havia bebido demais e só estava causando confusão: atirava coisas nos outros, batia nas pessoas, gritava, insultava todo mundo, e não parava de pedir cada vez mais e mais bebida.

Finalmente, o dono do bar lhe disse: "Já chega! Você não bebe mais nada aqui hoje". E pediu aos funcionários do bar para expulsá-lo pela porta da frente.

Acontece que, mesmo estando na mais completa e total embriaguez, ele ainda se lembrava de que havia uma porta nos fundos. Então, cambaleando e tateando no escuro, ele conseguiu entrar pela porta dos fundos e, lá dentro, pediu outra bebida.

O proprietário lhe disse: "Você de novo? Eu já falei que esta noite você não bebe mais nada aqui".

E o homem respondeu: "Mas que coisa esquisita. Por acaso você é o dono de todos os bares da cidade?".

Veja bem, o ego não só conhece a porta dos fundos, como pode entrar até pelas janelas. Ele pode, inclusive, conseguir entrar após ter retirado uma telha do telhado. No que diz respeito ao ego, você é extremamente vulnerável.

Zaratustra não ensina a humildade – pois todos os ensinamentos que pregam a humildade falharam. Zaratustra ensina a dignidade do homem. O que ele preconiza é o orgulho e a força, e não a fraqueza, a pobreza e a mansidão. Essas coisas apenas ajudaram a manter a humanidade no estágio de camelo. Zaratustra quer que você passe por uma profunda metamorfose. O camelo precisa se transformar em leão. Sim, os símbolos escolhidos por Zaratustra são belíssimos, imensamente significativos.

O camelo talvez seja o animal mais feio de toda a existência. Não há o que se possa fazer para atenuar a sua feiura. Já pensou? É um bicho tão esquisito, que parece ter vindo diretamente do inferno.

Nesse sentido, escolher o camelo como símbolo para o nível mais baixo de consciência é perfeito. A consciência inferior do homem é totalmente deformada; ela deseja apenas ser escravizada. Ela tem medo da liberdade porque tem medo da responsabilidade. O camelo está pronto para ser carregado com o maior fardo possível. Ele se alegra em ser carregado; assim como a consciência inferior – ela adora ser carregada com um conhecimento que não lhe pertence. Agora, nenhum homem digno aceitaria ser carregado com um conhecimento vindo de terceiros. Pois esse tipo de conhecimento está impregnado de uma moralidade que, há séculos, vem sendo transmitida dos mortos para os vivos. Trata-se apenas da dominação dos mortos sobre os vivos. E nenhum homem com dignidade permitiria ser governado pelos mortos.

Na verdade, a consciência inferior do homem só se mantém assim – ignorante, desatenta, inconsciente, adormecida –, pois continuamente ela é contaminada com o veneno da crença, da fé, do não duvidar, do nunca dizer "não". E um homem que não sabe dizer "não" simplesmente perdeu a sua dignidade – o seu "sim" não significa nada. Você compreende o que estou dizendo?

O seu "sim" só tem algum significado a partir do momento em que você é capaz de dizer "não". Se você é incapaz de dizer "não", o seu "sim" é fraco, impotente, ele não significa nada.

É por isso que o camelo precisa se transformar num belo e majestoso leão – sempre pronto para morrer, mas nunca para ser escravizado. É impossível transformar um leão em um animal de carga. O leão tem uma dignidade que nenhum outro animal é capaz de reivindicar. Ele não possui reinos nem tesouros, nada disso importa. Sua dignidade reside apenas no seu próprio modo de ser – destemido, corajoso, sem medo do desconhecido, sempre pronto a dizer "não", mesmo sob risco de morte.

Essa prontidão para dizer "não", essa rebeldia, purifica o leão de toda a sujeira deixada pelo camelo – ela apaga qualquer vestígio e pegada deixados pelo camelo. E é somente após a chegada do leão, é só depois desse grande "não" que o sagrado "sim" da criança é possível.

A criança não diz "sim" porque esteja com medo. Ela diz "sim" porque ama, porque confia. Ela diz "sim" porque é inocente; ela não consegue nem conceber que possa ser enganada. O seu "sim" nasce de uma tremenda confiança. É um "sim" que não se origina do medo, mas da mais profunda inocência. E apenas esse "sim" pode conduzi-la ao estágio máximo de consciência – aquilo que eu chamo de divindade.

> Há muitas coisas pesadas para o espírito, para o forte, resistente espírito em que habita a reverência: sua força requer o pesado, o mais pesado.
>
> O que é pesado? Assim pergunta o espírito resistente, e se ajoelha, como um camelo, e quer ser bem carregado.

Para o camelo, para a forma mais baixa de consciência, existe um desejo intrínseco de se ajoelhar e ser carregado com o máximo de peso possível.

> O que é o mais pesado, ó heróis? Pergunta o espírito resistente, para que eu o tome sobre mim e me alegre de minha força.

Mas para o homem verdadeiramente forte, para o leão que existe em você, o mais pesado assume um sentido e uma dimensão bem diferentes: *para que eu o tome sobre mim e me alegre de minha força* – a sua única alegria reside em sua força. Já para o camelo, sua única alegria reside em ser obediente, servil, em ser um escravo.

> Não é isso: rebaixar-se, a fim de machucar sua altivez? Fazer brilhar sua tolice, para zombar de sua sabedoria?
> Ou é isso: deixar nossa causa quando ela festeja seu triunfo? Subir a altos montes, a fim de tentar o tentador? [...]
> Ou é isso: amar aqueles que nos desprezam e estender a mão ao fantasma, quando ele quer nos fazer sentir medo?
> Todas essas coisas mais que pesadas o espírito resistente toma sobre si: semelhante ao camelo que ruma carregado para o deserto, assim ruma ele para seu deserto.

A consciência mais baixa do homem conhece apenas a vida no deserto: onde nada cresce, onde não existe verde, onde nenhuma flor desabrocha, onde todas as coisas estão mortas – até onde a vista alcança, tudo é um imenso cemitério.

> Mas no mais solitário deserto acontece a segunda metamorfose: o espírito se torna leão [...]

Mesmo no caso dos que estão tateando na escuridão e na inconsciência, há momentos na vida em que ocorre algum incidente, que chega como um relâmpago inesperado e desperta essas pessoas – então, subitamente, o camelo já não é mais um camelo: acontece uma metamorfose, uma grande transformação.

Foi justamente o que se deu com o Buda Gautama, que abandonou seu palácio aos 29 anos de idade – e a razão foi esta: um relâmpago fulminante, e o camelo se transformou em leão.

Quando Buda nasceu, todos os grandes astrólogos do reino foram convocados pelo imperador, pois ele já estava ficando velho e aquele era seu único filho. E o seu maior desejo na vida, pelo qual rezava todos os dias, era o de ter um filho – afinal, quem iria sucedê-lo no trono? Ele tinha passado a vida inteira guerreando, invadindo outras terras, criando um vasto império. E tudo isso para quem? Por isso, houve um enorme regozijo com o nascimento de Buda, e o rei queria saber, nos mínimos detalhes, como seria o futuro da criança. Assim, os principais astrólogos se reuniram no palácio com essa missão.

Acontece que eles ficavam lá, só confabulando, por horas e horas, e o soberano não parava de questionar: "Então, qual é a conclusão? Por que tanta demora?".

Finalmente, o astrólogo mais jovem resolveu tomar a palavra, pois os mais velhos estavam bastante constrangidos. Afinal, dizer o quê? Eles haviam chegado todos à mesma conclusão, mas era algo tão fora do comum, que não sabiam o que fazer. Mas, por fim, o mais jovem se levantou e disse: "Majestade, esses homens são veneráveis anciãos, e nenhum deles quer dizer algo que possa magoá-lo. Mas alguém precisa quebrar o gelo. E o fato é que você tem um filho realmente singular. Na verdade, o futuro dele não pode ser previsto com exatidão, por um simples motivo – ele tem dois futuros. Sim, já passamos horas discutindo sobre qual dessas possibilidades poderia prevalecer, mas ambas têm o mesmo peso. Nunca tínhamos encontrado uma criança assim".

O soberano, então, disse: "Não se preocupe. Diga-me tudo que tem para dizer, mas diga-me a verdade".

E, com o consentimento de todos, o jovem astrólogo afirmou: "Ou o seu filho vai se tornar o maior imperador que o mundo já conheceu, um *chakravartin*, ou ele vai renunciar ao trono e se tornar mendigo. É por isso que estávamos demorando, não conseguíamos achar as palavras certas para lhe dizer isso. Ambas as possibilidades têm o mesmo peso".

O rei ficou perplexo, e perguntou: "Vocês poderiam me aconselhar? Será que existe alguma maneira de fazer com que ele não renuncie ao mundo e vire mendigo?". Eles, então, sugeriram todo tipo de medidas que poderiam ser adotadas pelo rei, destacando uma em particular: a de que o garoto não deveria ter consciência de coisas como a doença, a velhice, a morte, os *sannyasins*[*]. Ele deveria ser mantido praticamente cego para a existência desse tipo de coisas, pois todas elas poderiam despertar nele a ideia de renunciar ao trono e virar mendigo. O soberano agradeceu e disse: "Pois, quanto a isso, fiquem tranquilos. É algo de que posso cuidar muito bem".

E assim foi feito. Foram construídos três palácios imensos para o menino, cada um para uma época diferente do ano, de modo que ele nunca entrasse em contato com a chuva, o frio ou o calor excessivos. Todas as formas de conforto foram providenciadas para ele. Por exemplo, os jardineiros receberam a seguinte ordem: "Ele não está autorizado a ver sequer uma folha morta, sequer uma flor que esteja murchando. Assim, todas as noites, vocês devem limpar quaisquer flores murchas ou folhas mortas do jardim. Ele só pode aperceber-se daquilo que tiver juventude e frescor, como as flores novas a desabrochar". Para completar, assim que ele atingiu a maioridade, rodearam-no de todas as moças mais lindas do reino. Toda a sua

---

[*] *Sannyasin* é o termo com o qual Osho se referia aos buscadores espirituais que, em vez de renunciar ao mundo – que é o sentido original desse termo no hinduísmo –, permaneciam no mundo, mas sem se identificar com ele. (N. do T.)

vida não era nada mais do que prazer, diversão, música, dança e mulheres deslumbrantes. Ao longo dos anos, ele não havia visto uma pessoa doente sequer.

Eis então que, quando ele tinha 29 anos de idade, chegou a época do ano em que acontecia uma espécie de festival da juventude, um evento anual cuja abertura era feita sempre pelo príncipe. Já fazia anos que ele dava início ao festival. Para tanto, além das estradas serem fechadas exclusivamente para sua passagem, as pessoas tinham que manter todos os idosos e idosas escondidos dentro de casa. As coisas haviam sempre transcorrido dentro dos planos do rei. Porém, justamente nesse ano...

A história é muito bonita. Até aqui, parece que se tratava meramente de algo cronológico, relativo a fatos concretos. Porém, a partir desse ponto, a mitologia entra em cena – e a mitologia é mais importante do que os fatos concretos.

A história segue falando dos deuses no céu, mas, antes de continuarmos, é preciso que você atente para mais um detalhe: crenças como o jainismo e o budismo não acreditam que haja apenas um deus, mas, sim, que todos os seres, um dia, acabarão se tornando deuses. E Zaratustra concorda com eles: todos nós temos o potencial inato de nos tornarmos deuses. Quanto tempo isso vai levar, depende apenas de nós mesmos – mas nosso destino é esse. Milhões de pessoas já conseguiram alcançar esse patamar; elas não têm mais corpos físicos, e vivem na eternidade, na imortalidade.

Bom, o caso é que os deuses celestiais estavam muito incomodados com o fato de já terem se passado 29 anos e, mesmo assim, aquele homem que deveria se tornar um grande iluminado ainda estava sendo impedido por seu pai. Afinal, o fato de você ser um grande imperador não significa nada em comparação com a possibilidade de tornar-se o homem mais desperto de todos os tempos, porque isso, no fundo, fará com que se eleve o nível de consciência de toda a humanidade e de todo o universo.

Quando digo que os aspectos mitológicos são mais importantes que os fatos concretos, é porque a mitologia revela quanto a própria existência está interessada no seu crescimento, que a existência não é indiferente ao que se passa com você. Caso você esteja próximo de florescer, a existência fará de tudo para lhe trazer sua primavera o quanto antes. A vida tem enorme interesse no seu despertar, pois o seu despertar fará com que muitas outras pessoas despertem.

Em última instância, toda a consciência da humanidade será afetada pelo seu despertar. Ele deixará sua marca de grandeza em todo ser humano senciente – é provável que desperte o mesmo anseio nos outros, que muitas sementes comecem a brotar, que aquilo que ainda está adormecido torne-se ativo e dinâmico.

É por isso que digo que a parte mitológica é muito mais importante que os fatos históricos. Pode ser pura fábula, mas é imensamente significativa.

Então, como as estradas estavam fechadas, os deuses decidiram que, primeiro, um deles apareceria sob a forma de um homem doente, tossindo o tempo todo, bem ao lado da carruagem dourada em que o príncipe seguia para abrir o festival. E o plano surtiu efeito. Buda não conseguia acreditar no que estava vendo, e muito menos entender o que teria ocorrido com aquele homem. O príncipe fora tratado com tantos cuidados, fora sempre tão bem cuidado pelos maiores médicos da época, que nunca havia tido nenhuma doença. Ele sequer havia conhecido alguém a seu redor que tivesse estado doente.

Imediatamente, outro deus entrou no corpo do cocheiro, pois Buda logo quis saber: "Mas o que aconteceu com este homem?".

E, pela boca do cocheiro, o deus respondeu: "Isso acontece com todo mundo, é inevitável. Mais cedo ou mais tarde, o ser humano começa a ficar fraco, velho e doente". Nesse exato momento, os dois viram um homem muito velho pela estrada – era outro deus disfarçado –, e o cocheiro disse: "Veja bem, é isso que acontece com todas as pessoas. A juventude não é uma coisa eterna; ela é efêmera e fugaz".

Buda estava absolutamente chocado. E foi justamente aí que eles avistaram um terceiro grupo de deuses que, tomando a forma de homens, carregavam o cadáver de um falecido em cortejo rumo ao cemitério. E Buda perguntou: "E com este homem, o que foi que aconteceu?".

Ao que o cocheiro respondeu: "Após a velhice, é o fim. O espetáculo acaba, a cortina desce. Este homem está morto".

Então, logo atrás do cortejo fúnebre, surgiu um *sannyasin* envolto em vestes vermelhas, e Buda imediatamente quis saber: "Por que este homem usa roupas vermelhas e tem a cabeça raspada? Ele parece estar muito alegre, muito saudável, e é como se tivesse um certo magnetismo, um brilho diferente nos olhos. Afinal, quem é ele? O que foi que lhe aconteceu?".

O cocheiro disse: "Podendo ver as doenças e enfermidades, a velhice e a morte, este homem decidiu renunciar ao mundo. Antes da chegada da morte, ele quer conhecer a verdade da vida – quer saber se a vida irá sobreviver à morte ou se a morte é simplesmente o fim de tudo. Ele é um buscador da verdade; é um *sannyasin*".

Aquilo tudo foi como um relâmpago fulminante sobre Buda. Na hora, os 29 anos de esforço de seu pai simplesmente desapareceram. E ele disse ao cocheiro: "Não vou mais fazer a abertura do festival da juventude. Afinal, de que serve sermos jovens por alguns anos, se existem a doença e a morte? Outra pessoa pode inaugurar o festival. Quanto a você, pode dar meia-volta". E, naquela mesma noite, Buda escapou do palácio em busca da verdade.

O camelo se transformou em leão – a metamorfose aconteceu. Sim, qualquer coisa pode desencadear essa metamorfose; mas é preciso inteligência.

> Mas no mais solitário deserto acontece a segunda metamorfose: o espírito se torna leão, quer capturar a liberdade e ser senhor em seu próprio deserto.
> Ali procura o seu derradeiro senhor: quer se tornar seu inimigo e derradeiro deus [...]

O que ele busca, agora, é a sua própria, suprema divindade. Qualquer outro deus será para ele um inimigo. Dali em diante, ele não vai se curvar perante nenhum outro deus, porque ele mesmo será o seu único senhor. É esse o espírito do leão – pois liberdade absoluta significa precisamente isto: libertar-se de Deus, de escrituras sagradas, de supostos mandamentos; libertar-se de qualquer tipo de moral imposta pelos outros.

Sem dúvida alguma, surgirá um novo tipo de virtude, mas será algo que vai brotar da quietude de sua própria voz interior. A sua liberdade implicará uma enorme responsabilidade, sim, mas essa responsabilidade não lhe será imposta por mais ninguém.

> Ali procura o seu derradeiro senhor: quer se tornar seu inimigo e derradeiro deus, quer lutar e vencer o grande dragão.
> Qual é o grande dragão, que o espírito não deseja chamar de senhor e deus? "Tu-deves" chama-se o grande dragão. Mas o espírito do leão diz "Eu quero".

A partir de agora, não existe a menor hipótese de que outra pessoa lhe dê ordens. Ele não deve mais obediência a ninguém, nem mesmo a Deus.

Zaratustra também afirma algo excelente em relação a isso: "Deus está morto, e o homem é livre pela primeira vez". E tem razão. Enquanto essa velha ideia de Deus existir, o homem nunca poderá ser livre. Ele pode até conquistar a sua liberdade política, econômica e social, mas, do ponto de vista espiritual, continuará sendo escravo, um mero fantoche.

Por exemplo, a própria ideia de que Deus criou o homem já aniquila qualquer possibilidade de liberdade. Afinal, se ele o criou, também pode destruí-lo. Se foi ele quem construiu você, pode muito bem resolver desmontá-lo. Como ele é o grande criador, tem toda a capacidade e potência para ser o grande destruidor.

Você não tem como impedi-lo. Se você não foi capaz de impedir que ele o criasse, como pode impedir que ele o destrua? Foi por isso que pessoas como Buda, Mahavira e Zaratustra, três grandes visionários do mundo, negaram a existência de Deus.

Talvez você se surpreenda, pois o argumento usado por eles para negar a existência de Deus pode soar um pouco estranho, mas é muito significativo – eles dizem: "Enquanto Deus existir, o homem não tem possibilidade alguma de se tornar completamente livre".

Para poderem existir, tanto a liberdade quanto a dignidade espiritual do homem dependem da não existência de Deus. Enquanto houver um deus, o homem continuará sendo um camelo; continuará venerando estátuas mortas, idolatrando alguém que não conhece e que, no fundo, nunca foi conhecido por ninguém, pois é só uma hipótese. No fundo, você passa a vida venerando uma hipótese. Todos os seus templos, igrejas e sinagogas não passam de monumentos erguidos em honra de uma fantasia, de uma hipótese para a qual não existe a menor comprovação, a menor evidência. Não há sequer um argumento plausível para a existência de Deus como uma pessoa que criou o mundo.

Zaratustra tem uma linguagem bastante forte. Ele é um homem de palavras fortes. Na verdade, todos os homens autênticos sempre foram homens de linguagem forte. Por exemplo, ele chama Deus de "o grande dragão" – *Qual é o grande dragão, que o espírito não deseja chamar de senhor e deus? "Tu-deves" chama-se o grande dragão.*

Todos os textos religiosos estão condensados nestas duas palavras: *Tu deves*. Você deve fazer isso, não deve fazer aquilo – ou seja, você não é livre para escolher o que acha certo. Pois, imagine só, tudo aquilo que é certo ou errado já foi decidido, para todo o sempre, por pessoas que estão mortas há milhares de anos.

Agora, alguém que possui um espírito rebelde – e, sem um espírito rebelde, a metamorfose não pode acontecer –, essa pessoa tem que dizer: "Não, eu farei o que quero! Farei tudo que minha consciência sentir que é correto, e não farei nada daquilo que minha consciência sinta ser errado. Além de meu próprio ser, não terei nenhum outro guia. Além de meus próprios olhos, não acreditarei nos olhos de mais ninguém. Não sou cego, e muito menos um idiota. Eu posso ver, posso pensar. Posso meditar e descobrir, por mim mesmo, aquilo que é certo ou errado. Minha moral será simplesmente o fruto de minha consciência".

> "Tu-deves" está no seu caminho, reluzindo em ouro, um animal de escamas, e em cada escama brilha um dourado "Tu-deves!".
> Valores milenares brilham nessas escamas, e assim fala o mais poderoso dos dragões: "Todo o valor das coisas brilha em mim".
> "Todo o valor já foi criado, e todo o valor criado – sou eu. Em verdade, não deve mais haver 'Eu quero'!" Assim fala o dragão.

Todas as religiões, assim como todos os líderes religiosos fazem parte do dragão. Todos eles, sem exceção, afirmam que todos os valores já foram criados, que já não há necessidade alguma de que você decida qualquer coisa. Já foi tudo decidido em seu nome por pessoas muito mais sábias que você. Não precisa e não deve mais haver "Eu quero".

Porém, sem o "Eu quero" não existe liberdade. Você permanece um camelo; e é isso o que todos os poderes instituídos – políticos, religiosos ou sociais – desejam que você seja: um reles camelo – horroroso, sem a menor graça, sem a menor dignidade, sem um traço de alma, disposto apenas a servir, pronto apenas para ser escravo. A própria ideia de liberdade é algo que ainda não lhes ocorreu. Veja bem, isto que estou dizendo não é uma abstração filosófica – é a mais pura verdade.

Por acaso, alguma vez a ideia de liberdade já foi aventada por hindus, cristãos, budistas ou muçulmanos? A resposta é não. O que todos eles dizem, a uma só voz, é isto: "Tudo já foi decidido; temos só que obedecer. Aqueles que obedecerem serão considerados virtuosos, e os que porventura não obedecerem vão queimar no fogo do inferno por toda a eternidade".

> Meus irmãos, para que é necessário o leão no espírito? Por que não basta o animal de carga, que renuncia e é reverente?

O que Zaratustra afirma é isto: todos aqueles homens que você chama de santos não passam de uns perfeitos camelos. Eles apenas disseram sim para tradições e convenções mortas, ajoelharam-se para escrituras e deuses sem vida – mas, como são camelos perfeitos, obviamente os camelos imperfeitos os veneram.

> Criar novos valores – tampouco o leão pode fazer isso; mas criar a liberdade para nova criação – isso está no poder do leão.

O leão, em si, não consegue criar novos valores; mas ele pode criar a liberdade e a oportunidade para que novos valores sejam criados. E quais seriam esses novos valores?

Por exemplo, na minha visão de como seria o novo homem, ele não poderia concordar com nenhum tipo de discriminação entre os seres humanos. Assim, um novo valor seria este: todos os seres humanos são iguais, independentemente de sua cor, de sua raça, do local onde vivem, de sua história pessoal. Basta que seja um ser humano, já é suficiente.

Outro novo valor seria este: o mundo não será mais divido em nações, pois elas têm sido a causa de todas as guerras.

Todas as religiões organizadas também serão extintas, pois elas têm impedido a verdadeira busca individual. O que fazem é entregar verdades pré-fabricadas às pessoas – só que a verdade não é um brinquedo, você não consegue encontrá-la pronta por aí. Não existe uma fábrica que a produza nem uma loja onde se possa comprá-la. Se quiser encontrá-la, você terá que buscar nos silêncios e recônditos mais profundos do seu próprio coração. E ninguém além de você mesmo pode ir até lá. A religião é individual – eis um novo valor.

Veja bem, as nações são coisas hediondas; as instituições religiosas são todas irreligiosas; e espaços como igrejas, templos, sinagogas e *gurudwaras** são simplesmente ridículos. A verdade é esta: toda existência é sagrada. A própria existência é um imenso e sagrado templo. Onde quer que se sente de forma silenciosa, meditativa, amorosa, você cria um templo de consciência ao seu redor. Você não precisa ir a lugar nenhum para rezar, pois não existe ninguém superior à sua própria consciência a quem você deva qualquer tipo de adoração.

> Criar liberdade para si e um sagrado "Não" também ante o dever: para isso, meus irmãos, é necessário o leão.

A vida toda foi-lhe ensinado que o dever é um grande valor. No entanto, ele não passa de uma palavra de cinco letras... ou melhor, não passa de um palavrão. Se você amar sua esposa porque esse é o seu dever, então você não a ama de verdade. Você ama o seu dever, não a sua esposa. Da mesma forma, se você amar sua mãe só porque é seu dever, você não a ama. O dever destrói tudo aquilo que é belo no homem – o amor, a empatia,

---

* *Gurudwara* é o nome dos templos na religião sikh. (N. do T.)

a alegria. As pessoas chegam ao ponto de rir sem ter vontade, só porque esse é o seu dever.

Por exemplo, certa vez me contaram sobre um escritório onde, todos os dias, antes do início do expediente, o chefe reunia as pessoas da equipe em sua sala. Acontece que esse homem conhecia apenas três piadas; mesmo assim, todos os dias ele contava uma piada para o pessoal, e, claro, todos tinham que achar muito engraçado – esse era o dever. Obviamente, as pessoas já estavam mais do que fartas daquelas piadas, pois já tinham escutado cada uma delas milhares de vezes – apesar disso, elas riam como se estivessem escutando aquelas anedotas pela primeira vez. Um dia, então, ele contou sua piada e, como era de costume, todo mundo riu – todo mundo, menos a moça que era datilógrafa e que permaneceu impassível, sem esboçar o menor sorriso.

O chefe, indignado, perguntou: "Mas qual é o seu problema? Você não ouviu a piada que contei?".

E ela disse: "Se não ouvi o quê? A piada? Ora, a sua pergunta é que parece piada. Pois saiba que só vim aqui para pedir a minha demissão. Eu acabo de ser contratada por outra empresa, e agora não tenho mais a mínima obrigação de rir de uma piada que já escutei pelo menos umas dez mil vezes. Esses pobres coitados que continuem rindo das suas piadas, pois eles ainda precisam manter seu emprego aqui".

No ambiente educacional é a mesma coisa; os professores exigem que os alunos os respeitem simplesmente por considerar que esse é o dever deles. Certa vez, quando eu era professor, fui um dos convidados pelo comitê de educação da Índia para participar de uma conferência em Nova Déli sobre alguns temas que, na época, estavam se tornando cada vez mais problemáticos em todas as instituições de ensino do país.

E a primeira questão era esta: os estudantes não tinham mais o menor respeito pelos professores. Ao longo da conferência, vários professores falaram sobre o tema e, em geral, todos diziam:

"Alguma coisa precisa ser feita urgentemente, pois, se não houver respeito, o sistema educacional inteiro pode ruir".

Eu não conseguia entender que tipo de debate era aquele; afinal, nem uma única pessoa sequer havia argumentado de forma diferente ou levantado nenhuma objeção ao que estava sendo dito. Na verdade, eu era a pessoa mais jovem ali, e só havia sido convidado porque o presidente do comitê de educação, o senhor D. S. Kothari, havia escutado uma palestra minha ao visitar uma universidade. Ele era um dos maiores cientistas da Índia. Enfim, naquela conferência só havia pessoas mais velhas, todas renomadas e com anos de experiência; eu era o mais novo e inexperiente.

Mesmo assim, resolvi falar – e disse: "Parece que vou ter que falar alguma coisa sobre esse tema. Afinal, todos aqui estão insistindo num único ponto, o de que os estudantes têm o dever de respeitar o professor, mas ninguém aqui falou que, na verdade, o professor é que precisa ser digno desse respeito. Sim, porque minha própria experiência na universidade é a de que, no fundo, nenhum professor é digno de respeito algum. Além disso, se os alunos não estão demonstrando respeito, querer impô-lo como uma forma de dever é algo simplesmente ignóbil e fascista. Sou radicalmente contra isso. Da minha parte, sugiro que o comitê decida que, a partir de hoje, os professores devem ser pessoas dignas e merecedoras de respeito, pois, com isso, esse respeito virá de forma espontânea e natural".

E completei: "Vejam bem, sempre que estamos diante de uma pessoa bonita, nossos olhos reconhecem a beleza imediatamente. Da mesma forma, sempre que estamos diante de uma pessoa com caráter, com dignidade, naturalmente nós a respeitamos. Ou seja, não se trata de criar regras ou exigências, de fazer com que o respeito dos alunos seja uma obrigação formal. Lembrem-se de que a universidade não faz parte do exército. O papel da universidade é ensinar cada aluno a ser uma pessoa livre, atenta, consciente. E cabe exclusivamente aos professores o ônus de provar que são dignos desse respeito".

Como era de esperar, todos ficaram furiosos comigo. Depois da conferência, D. S. Kothari me contou: "Eles ficaram indignados com você. E todos vieram me questionar, dizendo que não deveria tê-lo convidado, que eu sabia perfeitamente bem que você discorda de tudo, e que, além do mais, você não passaria de um novato em meio a uma conferência de professores experientes".

Então, eu disse a D. S. Kothari: "Sim, todos eles são professores mais velhos e experientes, mas nenhum deles foi capaz de responder à pergunta que levantei: 'Por que vocês anseiam tanto por respeito, a ponto de querer forçá-lo?' Na verdade, só as pessoas que não merecem respeito têm esse desejo de ser respeitadas. As pessoas que são dignas de respeito simplesmente o recebem. É algo natural. Agora, transformar o respeito em um dever é algo, no mínimo, repulsivo".

Zaratustra está certo:

> Criar liberdade para si e um sagrado "Não" também ante o dever: para isso, meus irmãos, é necessário o leão.
> Adquirir o direito a novos valores – eis a mais terrível aquisição para um espírito resistente e reverente. Em verdade, é para ele uma rapina e coisa de um animal de rapina.
> Ele amou outrora, como o que lhe era mais sagrado, o "Tu-deves"; agora tem de achar delírio e arbítrio até mesmo no mais sagrado, de modo a capturar a liberdade em relação a seu amor: é necessário o leão para essa captura.
> Mas dizei-me, irmãos, que pode fazer a criança, que nem o leão pôde fazer? Por que o leão rapace ainda tem de se tornar criança?
> Inocência é a criança, e esquecimento; um novo começo, um jogo, uma roda a girar por si mesma, um primeiro movimento, um sagrado dizer-sim.

Sim, para o jogo da criação, meus irmãos, é preciso um sagrado dizer-sim: o espírito quer agora a *sua própria v*ontade, o perdido para o mundo conquista o *seu* mundo.

Três metamorfoses do espírito eu vos mencionei: como o espírito se tornou camelo, o camelo se tornou leão e o leão, por fim, criança.

No que se refere à consciência, a criança representa o nível mais alto da evolução. Mas ela é apenas um símbolo; isso não significa que as crianças, em si, sejam o estado mais elevado do ser. A criança é usada como símbolo porque ela não está abarrotada de conhecimento. Ela é inocente; e, por ser inocente, está repleta de encantamento pela vida; e, como seus olhos estão cheios de encantamento, sua alma anseia pelo mistério. A criança é um novo começo, um jogo – e a vida deveria ser sempre um começo e uma eterna brincadeira; sempre um sorriso, e nunca uma seriedade.

A criança é... *um primeiro movimento, um sagrado dizer-sim.* Sem dúvida, é preciso um sagrado "dizer-sim" – mas o sagrado "sim" só pode nascer após um sagrado "não". O camelo também diz "sim", mas é o "sim" de um escravo. Ele é incapaz de dizer "não" – seu "sim" não significa nada.

O leão, por sua vez, consegue dizer "não!" – mas é incapaz de dizer "sim". Isso iria contra a sua própria natureza; é algo que o faz lembrar do camelo. Seja como for, ele conseguiu se libertar da condição de camelo, e dizer "sim" é algo que imediatamente o remete ao "sim" do camelo e ao tempo de escravidão. O fato é este: o animal no camelo é incapaz de dizer "não"; e o animal no leão, embora consiga dizer "não", é incapaz de dizer "sim".

Já a criança, ela não conhece nada do camelo, nem sabe nada do leão. É por isso que Zaratustra diz: *Inocência é a criança, e esquecimento.* Seu "sim" é puro, mas ela dispõe de toda a potência para dizer "não". Se não o diz, é porque ela confia, e não porque está com medo – seu "sim" nasce da confiança, e não do medo. E, quando o "sim" nasce da confiança, é um sinal de que aconteceu a maior metamorfose, a maior transformação que alguém pode esperar.

Estes três símbolos são algo maravilhoso para sempre se ter em mente. Lembre-se de que você está onde o camelo está; lembre-se de que tem que avançar em direção ao leão; e, sobretudo, lembre-se de que não deve parar no leão. É preciso que você avance ainda mais, em direção a um novo começo, à inocência e a um sagrado "sim" – em direção à criança.

O verdadeiro sábio volta a ser criança.

O círculo se completa – o que começou na criança a ela retorna. Mas a diferença é gigantesca. A criança, como tal, é ignorante. Ela tem que passar pelo camelo, pelo leão e, daí sim, voltar a ser criança. Mas, diferentemente da criança antiga, esta já não é ignorante. Ela passou por todas as experiências da vida; a experiência da escravidão, da liberdade, de um "sim" impotente, de um "não" feroz – e, no entanto, simplesmente se esqueceu de tudo isso. Ou seja, não se trata de ignorância, mas de inocência. A primeira criança era o início da viagem – a segunda é a conclusão da jornada.

Na mesma época em que Zaratustra vivia no Irã, os *Upanishades* estavam sendo escritos na Índia, e eles têm uma visão similar. Nos *Upanishades*, o *brahmin** é aquele que vem a conhecer a realidade suprema. Nesse sentido, ninguém é um *brahmin* de nascença; só depois de ter conhecido *Brahman*, a realidade suprema, é que alguém se torna um

---

* Optamos aqui por manter a grafia original usada por Osho, pois, neste trecho, o sentido que ele atribui à palavra *brahmin* tem uma conotação diferente daquela que a palavra assume na forma como geralmente é traduzida, por "brâmane", em referência aos membros da casta sacerdotal indiana, que já nascem nessa condição. (N. do T.)

brahmin. E outro termo usado para se referir a um *brahmin* nos *Upanishades* é este: *dwij* – aquele que nasceu duas vezes. O primeiro nascimento é o do corpo; o segundo, o da consciência.

O primeiro nascimento faz de você um homem; o segundo faz de você um deus.

Assim falou Zaratustra.

Capítulo 4

O amor é a dança da sua vida

Da vida e do amor
Que temos em comum com o botão de rosa, que estremece porque sobre o seu corpo há uma gota de orvalho?
É verdade: amamos a vida não por estarmos habituados à vida, mas ao amor.
Há sempre alguma loucura no amor. Mas também há sempre alguma razão na loucura.
E também a mim, que sou bem-disposto com a vida, parece-me que borboletas e bolhas de sabão, e o que há de sua espécie entre os homens, são quem mais entende de felicidade.
Ver esvoejar essas alminhas ligeiras, tolas, encantadoras e volúveis leva Zaratustra às lágrimas e ao canto.
Eu acreditaria somente num deus que soubesse dançar.

Da guerra e dos guerreiros
Não queremos ser poupados por nossos melhores inimigos, nem por aqueles que amamos profundamente. Então deixai que vos diga a verdade!
Meus irmãos de guerra! Eu vos amo profundamente, fui e sou vosso igual. E sou também vosso melhor inimigo. Então deixai que vos diga a verdade! [...]
Deveis ser, para mim, aqueles cujos olhos sempre buscam um inimigo – o *vosso* inimigo. E em alguns de vós existe um ódio à primeira vista.

Vosso inimigo deveis procurar, vossa guerra deveis conduzir, por vossos pensamentos! E, se vosso pensamento sucumbir, vossa retidão deve ainda gritar vitória!

Deveis amar a paz como meio para novas guerras. E a paz breve, mais que a longa.

Não vos aconselho o trabalho, mas a luta. Não vos aconselho a paz, mas o triunfo. Vosso trabalho seja uma luta, vossa paz seja um triunfo! Só podemos estar calados e tranquilos quando temos arco e flecha: do contrário, falamos e brigamos. Que vossa paz seja um triunfo!

Dizeis que a boa causa santifica até mesmo a guerra? Eu vos digo: é a boa guerra que santifica toda causa.

A guerra e a coragem fizeram mais coisas grandes do que o amor ao próximo. Não a vossa compaixão, mas a vossa bravura salvou até agora os desventurados. [...]

Vivei, então, vossa vida de obediência e de guerra! Que importa viver muito tempo? Que guerreiro quer ser poupado?

Eu não vos poupo, eu vos amo profundamente, meus irmãos na guerra! –

Assim falou Zaratustra.

Zaratustra é um amante incondicional da vida. E sua forma de abordar a vida é absolutamente única e singular – agora, justamente por ser tão singular, precisa ser entendida de forma bem silenciosa, sem nenhum preconceito. Pois ele fala contra todos os seus preconceitos, contra todas as suas religiões, contra todos os valores que, até hoje, você julgava perfeitos.

E, quando alguém fala contra tudo aquilo em que você sempre acreditou, a sua mente simplesmente para de ouvir; ela fica com medo, se defende, se fecha. E seu medo é este: de que talvez você esteja errado, de que talvez este homem é que esteja com a razão. Isso fere o seu ego.

Assim, a primeira coisa que lhe peço é isto: ponha os seus preconceitos de lado. Isso não significa que você precise concordar com Zaratustra; significa apenas que, antes de concordar ou não com ele, dê-lhe ao menos uma chance de expor seu ponto de vista de forma clara para você. A partir daí, você tem toda a liberdade para aceitá-lo ou não, a escolha é sua.

Pois a minha própria experiência é esta: caso realmente consiga escutá-lo em silêncio, com atenção, você ficará surpreso com o fato de que, embora ele fale contra todas as suas tradições e convenções, contra todos os seus supostos mestres, mesmo assim, há uma imensa verdade em tudo aquilo que ele diz. E toda essa verdade lhe será revelada dentro do seu silêncio, sem a menor dificuldade.

Uma vez que você o tenha escutado, é quase impossível discordar do que ele diz, porque aquilo que ele diz é a verdade – mesmo que essa verdade vá contra todas as crenças da multidão. Mas é assim: a verdade sempre vai contra as crenças da multidão.

A verdade é algo individual. A multidão não se importa com a verdade; ela se importa apenas com conforto e consolação. A multidão não é formada por exploradores, por aventureiros, por pessoas que mergulham sem medo no desconhecido, que arriscam a própria vida para descobrir o sentido de sua vida, assim como o da vida de tudo que existe. A multidão quer saber apenas de coisas que sejam agradáveis aos ouvidos, que sejam confortáveis e acolhedoras; de coisas que não exijam nenhum esforço de sua parte – pois, assim, ela pode relaxar tranquilamente no conforto de suas mentiras consoladoras.

Por exemplo, a última vez que estive em minha cidade natal foi em 1970. Assim que cheguei, fiquei sabendo que um de meus antigos professores, com quem sempre tive uma relação muito afetuosa, estava prestes a morrer. Então, a primeira coisa que fiz foi visitá-lo em sua casa.

Seu filho me recebeu à porta e foi logo dizendo: "Por favor, não o perturbe, ele está à beira da morte. Nós sabemos que ele tem um grande amor por você, ele sempre fala de você, mas sabemos também que a sua simples presença pode lhe tirar toda a paz e o conforto. Por favor, não faça isso com ele agora, no momento de sua morte".

Eu disse: "Pois saiba que, se não fosse justamente o momento de sua morte, eu poderia até atender ao seu pedido – mas eu preciso vê-lo. Mesmo que ele só consiga abandonar suas mentiras e consolações na hora de morrer, sua morte terá um valor ainda maior do que a sua própria vida teve".

Então, afastei o filho e entrei na casa. Ao perceber a minha chegada, o velho homem abriu os olhos, sorriu e disse: "Estava aqui pensando em você e, ao mesmo tempo, sentindo um certo receio. Quando soube que você estava chegando à cidade, fiquei feliz com a possibilidade de poder vê-lo mais uma vez antes de morrer. Mas, ao mesmo tempo, eu estava apavorado, pois encontrá-lo pode ser algo bem perigoso!".

Ao que eu respondi: "E vai ser perigoso mesmo. Eu cheguei na hora certa – antes que você morra, quero jogar fora todas as suas mentiras e falsas consolações. Caso você consiga morrer inocente, sua morte terá um imenso valor. Deixe o seu conhecimento de lado, pois ele não passa de algo emprestado dos outros. Deixe o seu Deus de lado, pois Ele não passa de uma crença, e nada mais. Abandone de vez qualquer ideia de céu ou de inferno, pois eles são apenas a projeção do seu medo e da sua ganância. Você passou a vida inteira se agarrando a essas coisas. Nem que seja só agora, antes de morrer, tenha um pouco de coragem – você não tem nada a perder!".

E completei: "Veja bem, um homem à beira da morte não tem nada a perder – a morte já vai acabar com tudo. Ou seja, é mil vezes melhor que você abandone seus consolos e mentiras pelas suas próprias mãos, e, assim, possa morrer inocente, cheio de encantamento e curiosidade – pois a morte é a experiência máxima e derradeira da vida. A morte é o próprio crescendo, o clímax da vida".

"Imagine só", o velho professor respondeu. "Eu estava com receio da sua vinda, e agora você me pede justamente aquilo que mais eu temia. Durante toda a minha vida, eu adorei a Deus, mesmo sabendo que Ele é só uma hipótese, mesmo sendo algo que nunca experienciei. Eu passei a vida inteira orando para os céus, mesmo sabendo que nenhuma prece jamais teria resposta, pois não há ninguém para responder. Mesmo assim, essas coisas serviam como uma forma de consolo diante dos sofrimentos e das angústias da vida. O que mais se pode fazer, diante de tal desamparo?"

Eu respondi: "Pois agora você já não tem mais como se sentir desamparado, já não há mais questões relativas à angústia ou ao sofrimento, não existem mais problemas – tudo isso pertence à vida. E, agora, a vida já escorregou das suas mãos; quem sabe você permaneça só por mais alguns minutos na margem de cá. Tenha coragem! Não encontre a morte como um covarde!".

Ele, então, fechou os olhos e disse: "Vou tentar, farei o melhor que posso".

Sua família inteira se reuniu à sua volta; e todos estavam indignados comigo. Afinal, eles eram brâmanes ortodoxos, da mais alta casta indiana, e não conseguiam acreditar que o velho homem havia concordado comigo. No entanto, a iminência da morte era um choque tão grande, que estraçalhou todas as suas mentiras.

Ao longo da vida, você pode até seguir acreditando em mentiras, mas, na iminência da morte, isso acaba – você sabe muito bem que barquinhos de papel não servirão para nada no meio do oceano. Nesse sentido, é melhor saber logo que você vai precisar nadar, que não tem nenhum barco à sua disposição. Caso fique tentando se agarrar a barquinhos de papel, você corre o risco de se esquecer de nadar. Ou seja, em vez de ajudá-lo a chegar à praia, isso pode ser a própria causa do seu afogamento.

Enfim, todos eles estavam furiosos, mas não podiam falar nada. Foi então que, com os olhos ainda fechados, o velho homem sorriu, e disse: "É uma pena que eu nunca tenha lhe dado ouvidos. Estou me sentindo tão leve, tão aliviado. Já não sinto mais o menor receio; pelo contrário – estou bastante curioso para morrer e, então, poder descobrir qual é o mistério da morte".

Ele morreu logo em seguida, e o sorriso permaneceu em seu rosto. Esse velho homem morreu, não como um camelo – mas como uma criança.

Bastaram aqueles poucos instantes, e a jornada inteira que vai do camelo para o leão, e do leão para a criança, foi percorrida rapidamente. Sim, pois não se tratava de uma questão de tempo.

Na verdade, a metamorfose da qual Zaratustra fala é uma questão de profunda compreensão, e não de tempo*.

Escute as palavras dele com muita atenção, pois não se trata de palavras comuns: são palavras de um homem que conhece a vida a partir de suas raízes mais profundas, de um homem que não faz concessões, de um homem que não aceita nenhum tipo de mentira, não importa quanto ela seja confortável ou consoladora.

Estas palavras são as palavras de uma alma que conhece a liberdade. Elas são como o rugido de um leão; e, ao mesmo tempo, soam como o balbuciar de uma criança, em toda a sua inocência. Estas palavras não nascem do conhecimento, não vêm da cabeça – elas vêm diretamente do âmago de seu ser.

É preciso escutá-las em silêncio, com profunda abertura, atenção, na mais completa empatia – só assim existe alguma possibilidade de se compreender este homem tão singular, Zaratustra.

---

* O próprio Nietzsche diz algo parecido num dos momentos cruciais de *Assim falou Zaratustra*, em que, após toda uma série de acontecimentos, este passa por sua grande e derradeira transformação: "*Chegou o sinal*, falou Zaratustra, e seu coração se transformou. [...] Tudo isso durou muito tempo, ou pouco tempo: pois, a bem dizer, não existe *tempo* para essas coisas". (N. do T.)

É fácil compreender alguém como Jesus ou Buda. Agora, compreender alguém como Zaratustra é muito mais difícil, pois ninguém jamais falou como ele. E, de fato, ninguém jamais poderia ter falado como ele, porque estavam todos em busca de seguidores.

Zaratustra não estava em busca de seguidores. Ele estava em busca de companheiros, de amigos, de parceiros para a jornada. Ele não buscava crentes e devotos; ele nunca diria algo só para lhe agradar, para atender às expectativas de sua mente preconceituosa. Pelo contrário. Zaratustra fala apenas daquilo que a sua própria experiência mostrou ser verdadeiro. Mesmo que ninguém concorde com ele, mesmo que tenha que seguir sozinho, sem nenhum amigo ou companheiro de jornada – ainda assim, ele irá dizer somente a verdade, e nada mais que a verdade.

> Que temos em comum com o botão de rosa, que estremece porque sobre o seu corpo há uma gota de orvalho?

Alguma vez, logo ao amanhecer, você já viu um botão de rosa com uma gota de orvalho brilhando sob os raios suaves do sol, igualzinha a uma pérola? E como esse botão de rosa fica bailando com o vento?

Zaratustra quer saber: *Que temos em comum com o botão de rosa, que estremece porque sobre o seu corpo há uma gota de orvalho?* Não existe nenhuma intenção nessa atitude, não há nenhum propósito, ao menos no sentido que o mercado e a sociedade atribuem a essa palavra. Mas o botão de rosa está imensamente feliz – simplesmente pela gotinha de orvalho, os raios de sol, a brisa da manhã. Esse momento é precioso; é um momento de dança.

E essa dança não vai trazer dinheiro, não vai trazer fama, não fará com que o botão de rosa se torne respeitável. Ela não precisa dos olhares de ninguém, ela não está à espera dos aplausos da plateia. Essa dança é valiosa em si mesma – ela é uma imensa alegria, sem nenhum propósito ou sentido. Não é uma mercadoria.

É justamente isso que temos em comum com o botão de rosa. Nós também deveríamos nos alegrar com o momento presente. Nós também deveríamos dançar com o sol, o vento e a chuva. E, tudo isso, tendo a própria dança como única recompensa. Você não deve se perguntar: "Mas dançar para quê?". Não se trata disso. Na realidade, nós nos esquecemos de todos os valores que são intrínsecos ao nosso próprio ser. E Zaratustra vem nos lembrar exatamente disso: de que os valores não se encontram fora de nós; eles são algo inerente ao nosso ser.

Quando eu era estudante universitário, costumava acordar bem cedo, às três da manhã. Minha universidade ficava numa região cercada por montanhas, e, às 3 da madrugada, as estradas ficavam completamente vazias, sem tráfego algum. Então, eu aproveitava esse horário para sair e corria por vários quilômetros. Pouco a pouco, os outros estudantes começaram a perguntar: "Mas qual é o propósito disso?".

Eu sempre dizia: "O propósito? Ora, é simplesmente uma alegria tão grande poder sentir o vento enquanto corro pela noite silenciosa, cheia de estrelas, sem nenhum tráfego, cercado pelas árvores que repousam nos dois lados da estrada. É como estar num reino de conto de fadas, dançando com o vento...".

E, por mera curiosidade, alguns deles acabaram se interessando: "Nem que seja só por uma vez, um dia desses vou com você". Então, em pouco tempo, já éramos um grupo de mais de vinte alunos dançando com o vento pelas estradas. Foi quando o administrador da cantina da universidade veio falar comigo: "A partir de hoje, não vou cobrar mais nada pelo que você consumir – sua comida, seu leite, seu chá, vai ser tudo de graça; tanto para você quanto para seus convidados. Mas, por favor, pare com essa história que você começou! Esses vinte rapazes costumavam comer, no máximo, dois ou três *chapatis** por dia. Agora, cada um deles está comendo quase vinte *chapatis*! Desse jeito, você vai me arruinar: vinte alunos estão comendo uma quantidade que, antes, era suficiente para duzentos alunos. Não tenho como fornecer tudo isso; o valor do meu contrato com a universidade não daria para cobrir os custos. Tenha pena de mim".

Ao que eu respondi: "O caso é que impedi-los agora seria quase impossível, pois eles conheceram a experiência da alegria".

"Mas é preciso fazer alguma coisa, senão eu vou à falência", ele respondeu. "Por favor, pense nos meus filhos, na minha esposa, nos meus pais idosos."

Daí eu disse: "Vamos falar então com o vice-reitor, pois não tenho mais como impedi-los. Na verdade, o número deles só vai aumentar, porque já estão espalhando a notícia para todo mundo: 'Nós temos sido uns verdadeiros idiotas, desperdiçando um tempo precioso só para ficar dormindo. Agora que sabemos quanto é maravilhoso poder dançar sob as estrelas com a brisa da manhã, podemos dizer que nunca tivemos uma experiência tão extasiante como essa. A melhora da nossa saúde é apenas um efeito secundário, assim como o fato de nossa inteligência ter ficado mais aguçada; todas essas coisas são secundárias. Não saímos para essa dança com o vento, em plena madrugada e no escuro, só para aguçar o intelecto ou ter um corpo mais atlético e saudável'".

Quando estávamos com o vice-reitor, expliquei a situação difícil em que aquele pobre homem se encontrava, e disse que a universidade deveria providenciar uma verba suficiente para que ele pudesse continuar o seu trabalho. E ainda acrescentei: em pouco tempo, aqueles vinte alunos dançantes seriam muito mais que vinte!

---

* Típico da culinária indiana, o *chapati* é um pão que não leva fermento e é assado na chapa. (N. do T.)

Então, o vice-reitor disse:

"De fato, isso pode ser um grande problema. Se você atrair todos os alunos para essa história, não só esse comerciante vai falir, como a universidade inteira vai à bancarrota. Onde já se viu isso, vinte *chapatis* por estudante!"

"Mas o que é que eu posso fazer?", perguntei.

"Primeiro, me diga: qual é a finalidade disso tudo?"

"Bom, venha algum dia para saber, pois não tem nenhum objetivo específico."

"Pois irei amanhã mesmo."

"Ótimo. E venha você também", eu completei, dizendo ao administrador da cantina.

Na madrugada seguinte, então, os dois se juntaram a nós – e ambos disseram: "Meu Deus, mas é realmente maravilhoso! Esse silêncio, as estrelas, nenhum tráfego pela estrada, e sem medo algum de ter alguém nos observando – a gente pode simplesmente dançar como uma criança".

E o vice-reitor disse ao administrador da cantina: "Pode deixar que vou resolver tudo. Você não vai ter nenhum prejuízo, fique tranquilo. Agora entendo por que não dá para impedir as pessoas que tiveram essa experiência de viver isso de novo".

De vez em quando, o vice-reitor se juntava a nós. E, a partir do momento em que ele e alguns outros professores passaram a vir, a coisa toda ganhou prestígio.

Sempre que chovia, eu também costumava sair para caminhar por alguma estrada deserta. Em pouco tempo, algumas pessoas também começaram a me acompanhar, todo mundo sem guarda-chuva – só pela alegria de desfrutar a chuva.

E o vice-reitor veio falar comigo:

"Lá vem você criar mais problemas. Daqui a pouco, será a vez do homem que cuida da lavanderia vir reclamar conosco. De onde você tira esse tipo de ideia? Estou aqui há mais de dez anos e, como é de costume, todos os anos chove – mas, até hoje, ninguém tinha resolvido sair por aí para passear na chuva. E agora você vem espalhar essa ideia de que sair para caminhar na chuva é uma experiência extasiante."

"Pois venha conosco algum dia."

"Minha nossa, você é mesmo um grande vendedor! Mas, dessa vez, eu não vou, pois sei muito bem que você deve estar certo."

Contudo, ele acabou aparecendo um dia. E eu perguntei: "Mas o que aconteceu?".

E ele confessou: "Pois é, não pude resistir à tentação; não consegui evitar o sentimento de que talvez estivesse perdendo algo importante. Durante toda a minha vida, eu nunca tinha saído para caminhar sob a chuva, sob as nuvens, sob os relâmpagos".

Ele já era um homem idoso, e ficou profundamente tocado com aquela experiência. Depois de me abraçar, me convidou para irmos até sua casa e lá me disse: "Você é uma pessoa, no mínimo, bastante excêntrica; disso não há dúvida. Porém, suas ideias realmente fazem sentido. Mas, por favor, não espalhe mais essa nova moda pela universidade; senão, todos os alunos abandonarão as aulas apenas para tomar chuva por aí".

De fato, era uma coisa maravilhosa, pois a universidade ficava numa área inteiramente rodeada por montanhas, por árvores imensas, onde quase não havia tráfego. Estávamos bem afastados da cidade, e podíamos simplesmente dançar com a chuva, e bailar com o vento...

Nossa vida não tem nenhum propósito ou razão – é isso o que temos em comum com o botão de rosa. Porém, pessoas como Buda, Mahavira, Jesus ou Moisés não lhe dirão algo assim. Todos eles vão lhe apresentar inúmeras razões, metas, objetivos – pois é isso que agrada à sua mente.

É verdade: amamos a vida não por estarmos habituados à vida, mas ao amor.

Preste atenção, não se trata de uma questão de hábito. Isso é algo que merece ser enfatizado: *amamos a vida não por estarmos habituados à vida*. Você não tem como dizer algo do tipo: "Já faz setenta anos que estou vivo; é tanto tempo, que agora isso se transformou num velho hábito – na verdade, só continuo a viver por causa disso, porque é muito difícil abandonar um hábito antigo".

Não, a vida não é uma questão de hábito. Amamos a vida... *não por estarmos habituados à vida, mas ao amor.*

Sem a vida, não haveria o amor. A vida é uma oportunidade: ela é o solo fértil onde florescem as rosas do amor. E o amor é algo valioso em si mesmo. Ele não tem nenhum propósito ou sentido; o que ele tem é uma importância enorme, uma imensa alegria, um êxtase que é só dele – mas nada disso representa um objetivo. O amor não é uma espécie de negócio em que propósitos, metas e objetivos tenham qualquer importância.

Há sempre alguma loucura no amor.

E a que se deve essa loucura? Ela se deve ao fato de ser impossível você explicar objetivamente por que está amando. Você não consegue dar nenhuma explicação razoável para o seu amor. Por exemplo, você pode dizer que trabalha com determinado tipo de negócio porque precisa de dinheiro; que precisa de dinheiro porque precisa de uma casa; e, claro, que precisa de uma casa porque não dá para viver sem casa.

Em relação à vida cotidiana, tudo tem alguma finalidade, tudo tem alguma explicação. Agora, em relação ao amor, não – nada tem explicação. A única coisa que você pode dizer é isto: "Não sei explicar. Tudo que sei é que amar significa experienciar o mais belo espaço dentro de nós mesmos". Ou seja, não se trata de um propósito, de algo objetivo. Esse espaço não é uma coisa que possa ser vendida; não se pode transformá-lo numa mercadoria. Esse espaço é como um botão de rosa, que estremece porque sobre o seu corpo há uma gota de orvalho brilhando como uma pérola; um botão de rosa simplesmente a bailar com a brisa da manhã e os raios suaves do sol.

O amor é a dança da sua vida.

Nesse sentido, todo aquele que não conhece, de fato, o que é o amor no fundo está perdendo a própria dança da vida; está perdendo a oportunidade de cultivar as rosas de seu próprio ser. É por isso que, para a mente mundana, calculista, racional – assim como para o matemático, o político e o economista –, o amor parece ser uma espécie de loucura.

> Há sempre alguma loucura no amor. Mas também há sempre alguma razão na loucura.

Essa afirmação é tão bonita, tão notável! Sim, para aqueles que nunca o experienciaram, o amor parece ser apenas uma loucura. Mas, para aqueles que conhecem o amor, ele é a única forma possível de sanidade. Sem amor, um homem pode ser rico, saudável, famoso, mas não pode ser são – pois, nesse caso, não conhece nada que tenha valor real. A verdadeira sanidade não é senão a fragrância de rosas desabrochando em seu coração. Zaratustra teve mesmo um grande *insight* ao dizer: "Mas há sempre alguma razão nessa loucura que chamamos de amor; não se trata de uma loucura comum".

Quem ama não precisa de tratamento psiquiátrico. O amor tem o seu próprio método e razão. Na verdade, o amor é a maior força curativa da vida. Aqueles que o deixam de lado permanecem vazios, incompletos, insatisfeitos. O tipo comum de loucura não tem nenhum método – já a loucura que chamamos de amor, esta, sim, tem um método próprio. E que método é esse? O amor nos torna mais alegres, preenche nosso ser de graciosidade, transforma nossa vida numa canção.

Você já reparou como uma pessoa fica quando está apaixonada? Ela não precisa dizer nada. Podemos ver claramente como seus olhos ganham uma nova profundidade, como seu rosto adquire um brilho e uma beleza totalmente novos, como o seu próprio jeito de andar se torna mais gracioso. Ela é a mesma pessoa, sim, mas trata-se de um ser completamente diferente. O amor entrou em sua vida – a primavera despontou em seu ser, as flores de sua alma enfim desabrocharam.

O amor provoca transformações imediatas.

O homem que não sabe amar também não pode ser inteligente; assim como não pode ser belo, nem gracioso. Sua vida será simplesmente uma tragédia.

> E também a mim, que sou bem-disposto com a vida, parece-me que borboletas e bolhas de sabão, e o que há de sua espécie entre os homens, são quem mais entende de felicidade.

Se você não puser os seus preconceitos de lado, as palavras de Zaratustra podem bater bem forte em você, como uma martelada. Pois, ao longo dos séculos, todos os religiosos têm lhe dito apenas isto: "Sua vida é totalmente fútil, ela não passa de uma bolha de sabão. Hoje está aqui, amanhã já se foi. A vida neste mundo, neste corpo, é algo passageiro, e por isso não vale nada. A única utilidade dessa vida é que você pode renunciar a ela. Daí, sim, ao renunciar a ela você pode alcançar a virtude aos olhos de Deus".

É uma ideologia bizarra! Mesmo assim, há séculos é ela que vem dominando a mente humana, sem nunca ser confrontada. Sobretudo no Oriente, o mundo é considerado uma ilusão. E por que ele seria uma ilusão? Simplesmente porque está em constante mudança. A ideia é esta: tudo aquilo que muda é inútil, não presta para nada; só aquilo que é permanente, que se mantém sempre o mesmo, tem valor. Acontece que você não consegue encontrar uma única coisa no mundo que permaneça sempre igual.

Com o predomínio desse tipo de ideologia, é natural que pessoas como Adi Shankara* tenham sido as que mais influenciaram o pensamento indiano – a maioria dos monges que você encontra hoje na Índia, por exemplo, são seguidores de Adi Shankara. E a sua abordagem inteira é baseada na ideia de que, por ser impermanente, o mundo seria uma ilusão: "Busque o permanente e renuncie ao impermanente". De uma forma ou de outra, essa é a atitude básica de todas as religiões do mundo.

Seguindo os passos de Zaratustra, Nietzsche é o único pensador contemporâneo que levanta uma questão essencial: a de que a ideia de permanência não passa meramente de uma ideia, porque não há nada que seja permanente no mundo. Exceto a mudança, tudo muda – a única coisa permanente neste mundo é a mudança. Nesse sentido, quem sabe, a própria mudança possa ocupar o lugar de Deus, pois é impossível encontrar outra coisa que dê, ao menos, um vislumbre do que seja um Deus permanente.

Zaratustra, de fato, é muito singular. Sua percepção é pura, cristalina. Ele diz: *sou bem-disposto com a vida* – simplesmente porque a vida está sempre em transformação. Ela é um fluxo contínuo, que muda a cada momento.

Por exemplo, imagine que nos reunimos para uma palestra. Ao chegar ao espaço da palestra, você é uma pessoa; quando vai embora, você já não é mais o mesmo. Você só aparenta ser a mesma pessoa. Durante essas duas horas de palestra, tanta coisa pode ter se transformado em você. Assim como acontece com o rio Ganges, que, nessas mesmas duas horas, percorre

---

* Filósofo e mestre espiritual indiano que viveu por volta do séc. VIII, Adi Shankara é considerado o maior expoente do Advaita Vedanta, uma das principais escolas dentro do hinduísmo. (N. do T.)

quilômetros e mais quilômetros, numa quantidade incalculável de água a fluir... Embora pareça ser o mesmo rio, suas águas já não são as mesmas de duas horas atrás.

Heráclito certamente concordaria com Zaratustra. Ele é o único filósofo ocidental que chegou a afirmar que a vida é um fluxo contínuo, como um rio. E lembre-se disto: você não consegue entrar duas vezes no mesmo rio, pois, ao entrar de novo, o rio já não é mais o mesmo.

E também a mim, que sou bem-disposto com a vida, parece-me que borboletas e bolhas de sabão, e o que há de sua espécie entre os homens, são quem mais entende de felicidade. Sim, as pessoas que mais entendem de felicidade são aquelas que estão em harmonia com a impermanência da vida, que conseguem amar até diminutas bolhas de sabão que brilham ao sol criando pequenos arco-íris. Essas são as pessoas que, de fato, mais entendem de felicidade.

Esses que você chama de santos conhecem apenas o sofrimento e a miséria – basta olhar para o rosto deles. É como se a vida tivesse desaparecido dali; parecem fósseis cadavéricos. Eles nunca mudam, em nada; passam a vida inteira presos a rituais, condenando tudo aquilo que se transforma.

Por que o prazer é condenado? Porque ele muda o tempo todo. E por que o amor é condenado? Ora, porque ele está sempre se transformando. A razão pela qual as religiões criaram a instituição do casamento, em lugar do amor, foi apenas esta: o casamento pode garantir, ao menos, uma ilusão de permanência, por meio de leis, de convenções, de pressão familiar e social, do medo de se perder a reputação, da preocupação com o que pode acontecer com os filhos. Com isso, conseguiram transformar o casamento em algo permanente. Essa é a razão pela qual todas as religiões mais antigas são contra o divórcio, pois o divórcio faz com que se desvele o caráter de impermanência do casamento – como algo que pode, sim, ser mudado.

A coisa já chegou a tal ponto que, durante milhares de anos, até crianças pequenas eram obrigadas a se casar. Há registros de crianças que foram casadas pelos pais antes mesmo de nascer, quando ainda estavam no útero de suas mães! Duas famílias simplesmente combinavam que, se tal bebê fosse um menino e o outro uma menina, já estaria acertado o matrimônio.

Na Índia, ainda hoje, crianças de apenas sete ou oito anos são colocadas em casamento pelos pais, mesmo sendo contra a lei. Acontece que, embora seja contra a lei, não é contra a convenção social. Agora, por que tanta pressa para casar duas crianças que nem sabem ainda o que significa o casamento? O motivo é apenas um: o casamento precisa acontecer antes que elas se tornem jovens e o amor desperte em seus corações. Com isso, quando o amor finalmente despertar em seus corações, esses jovens não poderão fazer mais nada, pois ambos já estão casados – ele já tem uma esposa, e ela já tem um marido. O casamento infantil foi disseminado por todo o mundo por um único motivo: destruir o amor.

Não por acaso, o casamento cria mais infelicidade no mundo do que qualquer outra coisa, pois ele destrói a única possibilidade real de felicidade, que é o despertar do amor. O coração das pessoas nunca dança; elas nascem e morrem sem jamais ter conhecido o amor. Agora, preste atenção: o nascimento não está em suas mãos; assim como a morte – você não tem controle algum sobre essas duas coisas. O amor era a sua única liberdade – e isso a sociedade tirou de você.

Só há três coisas que podem ser consideradas como os principais acontecimentos da sua vida: o nascimento, o amor e a morte.

Quanto ao seu nascimento, você não tem controle algum – ninguém lhe pergunta nada; quando dá por si, você já nasceu. E o mesmo acontece em relação à morte – ela não se aproxima e pergunta: "E aí, você está pronto? Venho buscá-lo amanhã". Não existe aviso prévio; de repente, ela chega, e você está morto.

Só o amor, e apenas ele, representa a liberdade que se ergue entre esses dois acontecimentos. E isso é algo que a sociedade tenta roubar de você a todo custo, de modo que toda a sua vida se transforme apenas numa rotina inerte e mecanizada.

Ver esvoejar essas alminhas ligeiras, tolas, encantadoras e volúveis leva Zaratustra às lágrimas e ao canto.

O que ele nos diz é isto: que ver bolhas de sabão, borboletas e flores dançando ao vento, ver esvoejar todas essas coisas que têm tanta leveza, sem nada de seriedade, que poderíamos até chamá-las de *alminhas ligeiras, tolas, encantadoras e volúveis* – é isso que leva Zaratustra às lágrimas e ao canto. Suas lágrimas são de alegria, por ver que a vida é algo tão vivo que, em hipótese alguma, poderia ser permanente – só coisas mortas podem ser permanentes. Quanto mais viva for uma coisa, mais impermanente ela é. E toda essa impermanência, toda essa constante transformação à sua volta faz com que Zaratustra derrame lágrimas de alegria, e espalhe cantos em celebração.

E ele, então, faz uma de suas declarações mais fundamentais:

Eu acreditaria somente num deus que soubesse dançar.

Zaratustra não precisa de nenhuma outra explicação, não precisa de nenhuma outra prova ou evidência. Tudo que ele precisa saber é isto: o seu deus sabe dançar? O seu deus sabe amar? O seu deus sabe cantar? Ele sabe correr atrás de borboletas e apanhar flores silvestres? O seu deus sabe se alegrar ao ponto de chegar às lágrimas e ao canto? Se este for o caso, então Zaratustra estará pronto para aceitar esse deus, porque um deus assim será uma representação legítima da vida, tal deus não será nada mais do que a própria vida.

As próximas declarações de Zaratustra são ainda mais difíceis de digerir. É preciso ter uma boa digestão!

Sim, Zaratustra é para almas fortes. Ele não é para os fracos e impotentes. Para ele, coisas como alguém ser manso, humilde e servil estão longe de ser uma qualidade. De acordo com a sua visão inacreditavelmente primorosa, qualidade é isto: é você ser forte, ter orgulho de si mesmo, ter dignidade, ter liberdade – são as qualidades do leão, as qualidades da criança; e nunca as qualidades de uma besta de carga. Zaratustra não é a favor da paciência servil do camelo; ele é rigorosamente contra todos aqueles que estão sempre prontos para ser escravizados.

> Não queremos ser poupados por nossos melhores inimigos, nem por aqueles que amamos profundamente. Então deixai que vos diga a verdade!
> Meus irmãos de guerra! Eu vos amo profundamente, fui e sou vosso igual. E sou também vosso melhor inimigo. Então deixai que vos diga a verdade! [...]
> Deveis ser, para mim, aqueles cujos olhos sempre buscam um inimigo – o *vosso* inimigo.

O que minha experiência tem mostrado é isto: ao escolher um amigo, não é preciso muito cuidado – qualquer pessoa serve. Agora, quando se trata de escolher um inimigo, aí, então, devemos ser bastante cuidadosos. Seu inimigo tem que ser alguém com as melhores qualidades possíveis, pois é contra ele que você vai lutar. E, sempre que você luta contra alguém, aos poucos vai se tornando exatamente como essa pessoa[*].

---

[*] Em outra de suas obras seminais, o livro *Além do bem e do mal*, Nietzsche traz uma ideia similar: "Quem combate monstruosidades deve cuidar para que não se torne um monstro. E, se você olhar longamente para um abismo, o abismo também olha para dentro de você". (N. do T.)

Ou seja, nunca escolha o inimigo errado. Caso contrário, mesmo que você vença, terá sido derrotado – porque será preciso que tenha aprendido as mesmas estratégias, as mesmas artimanhas que seu inimigo. Senão, seria impossível vencê-lo.

Escolha um inimigo que seja sábio, pois, assim, você terá que ser sábio para lutar contra ele. Escolha um inimigo que seja inteligente, porque, para vencê-lo, você terá que ser inteligente. Escolha o seu inimigo lembrando-se perfeitamente bem de que, ao lutar contra ele, você vai ser tornar exatamente como ele. O fato de você vencer ou ser derrotado é algo secundário – sua principal preocupação deve ser esta: escolher o inimigo certo.

Pois, sem um inimigo, você não tem um desafio. Sei que, a princípio, isso pode soar um pouco estranho. Afinal, todas as religiões e os supostos sábios sempre lhe disseram: "Não tenha inimigos". Porém, isso só irá impedi-lo de enfrentar todos os desafios que o farão crescer, que o tornarão uma pessoa mais forte, mais combativa, mais inteligente, mais atenta às oportunidades da vida.

Zaratustra não é contra a guerra; esse é um ponto em que ele diverge, por exemplo, de pessoas como Buda e Mahavira. Mas aqui é preciso recordar um detalhe: foi somente após a disseminação dos ensinamentos de Buda e de Mahavira – que são ambos professores extraordinários, dois mestres da maior qualidade – que a Índia começou a entrar em decadência. E deveria ter sido exatamente o contrário. Depois de Buda e Mahavira, a Índia deveria ter se elevado ainda mais – o lógico teria sido isso. Na realidade, é um fato no mínimo ilógico que a derrocada da Índia comece justamente com Buda e Mahavira.

O caso é que, ao longo dos séculos, os indianos foram se tornando tão covardes que, hoje, não são capazes nem de pensar retrospectivamente sobre o que teria causado a decadência da Índia. Na época de Buda, a Índia era conhecida em todo o mundo como o grande "Pássaro Dourado". Isso porque, num período em que o Ocidente ainda se encontrava num estado de barbárie, a Índia vicejava em plena riqueza, inteligência, cultura e civilização.

E, de repente, o que foi que aconteceu? A Índia simplesmente começou a afundar. Mas, se você escutar Zaratustra, pode entender muito bem a causa disso. O fato é que tanto Buda quanto Mahavira disseminaram pela Índia a doutrina da não violência: chega de guerra, devotem-se apenas à paz. No entanto, a paz, em si, é um fenômeno bastante sutil e complexo. Na verdade, as pessoas estavam prontas para ela não por terem compreendido Buda ou Mahavira, mas, sim, porque a paz era uma boa forma de consolo para a sua própria covardia. Sim, "paz" é uma belíssima palavra para você encobrir a sua fraqueza e impotência.

E a consequência desse tipo de postura, em que a guerra não era aceitável nem como forma de defesa, foi esta: a Índia foi invadida e conquistada por diversas tribos de bárbaros, grupos que estavam milhares de anos atrasados em relação à civilização indiana – mesmo sendo em menor número, eles invadiram o país com facilidade, trucidando milhares de pessoas, violentando as mulheres, queimando as cidades. Enquanto isso, a Índia se resignava com o prêmio de consolação: nós somos um povo pacífico, somos pessoas não violentas, não agredimos ninguém.

Resultado: durante 2 mil anos, a Índia permaneceu escrava não só de um, mas de vários países. Quem quer que desejasse conquistá-la era bem-vindo. Um país tão vasto e pujante permanecer escravizado por tanto tempo é algo sem paralelo em toda a história mundial. Simplesmente não havia a menor resistência; os indianos se comportavam de forma idêntica à que Zaratustra usa para descrever os camelos. Eles se curvavam e, ajoelhados, pediam para ser bem carregados – mais que isso: eles ainda se alegravam por poder carregar o fardo mais pesado. Ou seja, o camelo que levava a carga mais pesada tornou-se o grande herói, e a Índia tornou-se fraca e medíocre; ela perdeu sua coragem.

Agora, preste atenção, pois Zaratustra tem que ser compreendido muito profundamente: ele não está dizendo que você deva ser violento, que você deva matar, que deva sair por aí destruindo tudo. Se você entendesse assim, cometeria um equívoco enorme. E foi justamente isso que aconteceu com Adolf Hitler. Esse tipo de interpretação equivocada foi uma das causas da Segunda Guerra Mundial – pois Hitler era absolutamente incapaz de compreender a sutileza e a profundidade de Zaratustra.

O que Zaratustra diz é isto: você não precisa ser violento, nem destrutivo; mas precisa estar sempre pronto – se você realmente quer a paz, precisa estar sempre com seu arco e flecha preparados.

Ele não fala para você sair por aí matando todos que encontrar. O que ele diz é isto: se porventura acontecer o pior, é preciso que o inimigo não seja capaz de destruí-lo, de estuprar suas mulheres, de arrasar suas terras, de roubar sua dignidade, de transformá-lo num escravo.

Meus irmãos de guerra! Eu vos amo profundamente, fui e sou vosso igual. Se alguém realmente quer ser uma pessoa não violenta, então precisa ser um guerreiro, um samurai, deve aprender a arte de manejar a espada, assim como a arte de manejar o arco – não para matar ninguém; mas, sim, para proteger sua própria dignidade, sua própria liberdade. A razão é muito simples.

No entanto, até hoje a Índia não entendeu isso. Ninguém consegue ver que foi a nossa ideologia de não violência que nos tornou fracos, indefesos, vulneráveis; foi ela que roubou toda a nossa força e vigor para lutar contra quem queira nos escravizar.

E sou também vosso melhor inimigo. Essa frase esclarece tudo que estou dizendo. Veja bem, por um lado, Zaratustra afirma: *Meus irmãos de guerra! Eu vos amo profundamente, fui e sou vosso igual.* Ou seja, eu sou um guerreiro – e, ainda assim, lhe digo:

E sou também vosso melhor inimigo. Por quê? Porque não sou violento – lembre-se disso: eu sou um guerreiro. Em outras palavras, você precisa ser um guerreiro não violento; só assim será capaz de proteger sua dignidade e sua liberdade.

> Então deixai que vos diga a verdade! [...]
> Deveis ser, para mim, aqueles cujos olhos sempre buscam um inimigo – o *vosso* inimigo.

Você deve estar sempre de prontidão, como se estivesse à caça de um inimigo.

> E em alguns de vós existe um ódio à primeira vista.

Mas saiba que, no começo, a sua atitude de guerreiro ainda estará contaminada por uma boa dose de ódio – e isso se deve à sua própria fraqueza. Pois é preciso que você seja um guerreiro, sim, mas sem nenhum ódio. Você deve ser um guerreiro apenas por esporte, no mesmo espírito de um atleta – você não luta por ódio, mas por pura alegria. Simplesmente porque um desafio não deve ficar sem resposta.

> Vosso inimigo deveis procurar, vossa guerra deveis conduzir, por vossos pensamentos!

E não se trata apenas do tipo de guerra comum, que se luta com armas; você também deve escolher seu inimigo por conta de suas opiniões.
No meu caso, tenho viajado o mundo inteiro, confrontando todo tipo de preconceitos, desafiando todo tipo de opiniões que, a meu ver, não passam de mentiras – de velhas e repetidas mentiras. O problema é que não existem mais guerreiros no mundo; ninguém aceita o meu desafio. Pelo contrário, o que

eles fazem é fechar as portas de seu país, é não me deixar entrar – são todos uns covardes.

Imagine só, eu chego ao país deles completamente sozinho, de mãos vazias, sem apoio nenhum. Enquanto isso, esses covardes têm o país inteiro na sua retaguarda; eles contam com o apoio da igreja, do governo, do exército e de todas as suas armas. Eu tenho apenas a minha compreensão da verdade – e o que desejo é debatê-la com essa gente que tem dominado esses países há séculos e mais séculos. Mas eles são tão covardes que, em vez de aceitar o meu desafio, pressionam o seu governo e o seu parlamento para aprovar leis que me impeçam de entrar no país.

Antigamente não era assim, sobretudo na Índia. Místicos de todas as vertentes costumavam viajar pelo país, desafiando qualquer pessoa que tivesse uma opinião contrária à deles para um debate público. E esses debates não tinham o menor traço de ódio, pelo contrário; as pessoas tinham uma enorme reverência umas pelas outras, tudo acontecia no mais profundo respeito. O objetivo dos debates não era provar algo do tipo: eu estou certo e você está errado – nada disso. Os debates eram uma busca, em conjunto, para descobrir o que é a verdade.

Pois a verdade não é minha, e tampouco pode ser sua. Agora, é possível que a minha opinião esteja um pouco mais próxima da verdade do que a sua; assim como é possível que a sua opinião é que esteja mais próxima da verdade do que a minha.

No fundo, esses debates ao redor do país elevaram o nível de consciência e de inteligência da população inteira. As pessoas podiam escutar os seus grandes pensadores digladiando entre si, cada um com sua lógica própria e sutil. Todo o ambiente era de liberdade de expressão, de liberdade para convencer ou ser convencido pelos outros. A verdadeira guerra, de fato, é a guerra de opiniões. A guerra que se trava com armas não passa de uma coisa grosseira, animalesca. Mas a guerra que se trava entre opiniões, filosofias, doutrinas, essa é a guerra legítima, que eleva a humanidade inteira a um nível superior de existência.

Mas as pessoas tornaram-se tão incapazes, tão covardes, em todos os sentidos, que, se você disser qualquer coisa que vá contra o preconceito de alguém, essa pessoa imediatamente irá levá-lo à justiça. Ela não virá falar comigo; ela irá falar com o juiz: "Meu sentimento religioso foi ofendido".

Quase sempre, há pelo menos uma dúzia de processos transcorrendo simultaneamente contra mim em toda parte na Índia. Por exemplo, agora mesmo, na cidade de Kanpur, dez associações cristãs abriram um processo conjunto contra mim, acusando-me de ter ofendido a sua fé – isso porque, certo dia, eu disse o seguinte: "A *Bíblia* é um livro pornográfico".

Agora, essas pessoas não fazem a menor ideia de que, diante da corte, simplesmente vão parecer um bando de idiotas. Pois, em toda a *Bíblia*, há nada menos do que quinhentas páginas que poderíamos considerar pornográficas. Vou enviar todas essas páginas para o meu advogado, de modo que não será preciso nem mesmo discutir. Ele só precisa apresentar essas páginas para a corte e, então, perguntar aos presentes: "Afinal, elas são pornográficas ou não?".

Pois, se elas não forem pornográficas, então nada mais pode ser considerado pornográfico no mundo; agora, se essas páginas forem consideradas pornográficas, significa então que a *Bíblia Sagrada* é o livro menos sagrado que existe, e deveria ser banido imediatamente em todo o planeta.

E não se trata apenas da *Bíblia*; acontece a mesma coisa, por exemplo, em relação aos *puranas* hindus – que, embora sejam considerados textos sagrados, são repletos de coisas horríveis e obscenas. Felizmente, ninguém os lê.

Quanto a mim, não posso dizer que tenha a mesma sorte – os tempos em que vivemos realmente não são os melhores para o desenvolvimento intelectual da humanidade. Ora, se por acaso eu disser qualquer coisa que ofenda seu sentimento religioso, primeiramente consulte o seu próprio livro sagrado – quem está ofendendo a sua fé não sou eu, é a sua *Bíblia*. O que faço é meramente citar alguns trechos da *Bíblia*. Nesse sentido, todos os cristãos deveriam queimar a *Bíblia*, já que ela fere os seus sentimentos religiosos.

Se o seu sentimento religioso, de alguma forma, for ferido, isso revela somente a sua própria fraqueza. Você deveria ter coragem suficiente para debater e argumentar. Na verdade, em vez de me processar, aquelas pessoas deveriam ter escrito artigos contra mim, contradizendo o que eu havia dito; só que elas não têm como fazer isso, pois sabem que a *Bíblia* tem vários trechos pornográficos. Elas deveriam é ter me desafiado para um debate público; e eu estaria pronto para debater com elas, dentro de suas próprias igrejas em Kanpur.

Para mim, isso não seria nenhum problema – bastaria eu abrir a *Bíblia* aleatoriamente, em qualquer página, e simplesmente ler. Não precisaria nem me lembrar de quais são as páginas específicas, pois a pornografia está espalhada por toda parte. No entanto, mesmo que seja para dizer algo da mais profunda verdade, eles precisam ir até o tribunal. Que tipo de camelo é esse? Eles precisam sempre do suporte da lei, pois não têm nenhum argumento, nenhuma lógica que os sustente. Uma pessoa só recorre à justiça quando sabe que, por si mesma, não tem meios de defender suas ideias com inteligência.

Tenho falado por toda parte, minha vida inteira – e nunca fui ouvido. Enquanto isso, já escreveram toda sorte de coisas contra mim, toda sorte de mentiras e condenações sem o menor fundamento, sem a mínima base na verdade. Apesar disso, nunca fui à justiça, nunca processei ninguém – pois eu mesmo posso responder a esse tipo de gente. Aliás, quando alguém resolve me processar, daí, sim, é que faço questão de bater ainda mais forte nessa pessoa; e, geralmente, faço isso até deixá-la completamente calada.

O que o mundo precisa é de guerreiros que combatam com inteligência:

E, se vosso pensamento sucumbir, vossa retidão deve ainda gritar vitória!

Não se preocupe... *"se vosso pensamento sucumbir"*... pois a sua própria retidão será sua vitória.

Deveis amar a paz como meio para novas guerras.

Sim, você não deve se tornar pacifista, pois ser pacifista significa ser vítima daqueles que não acreditam na paz. Você deve amar a paz, mas deve estar sempre pronto para novas guerras. Nem é preciso que essas guerras aconteçam, mas você não pode repousar o seu arco nem esquecer as suas flechas. E muito menos deixar que sua espada acumule poeira. Você precisa estar sempre pronto para a guerra; não importa se é a guerra comum ou a intelectual, você deve estar sempre de prontidão. Esse próprio estado de prontidão já irá conferir uma enorme graça e beleza a seu ser.

E a paz breve, mais que a longa.

Quanto mais longa é a paz, mais a pessoa relaxa, mais ela começa a achar que não vai haver nenhuma outra guerra. Você deve estar sempre consciente de que a guerra pode acontecer a qualquer momento, em qualquer nível.

Não vos aconselho o trabalho, mas a luta. Não vos aconselho a paz, mas o triunfo. Vosso trabalho seja uma luta, vossa paz seja um triunfo! Só podemos estar calados e tranquilos quando temos arco e flecha: do contrário, falamos e brigamos. Que vossa paz seja um triunfo! Dizeis que a boa causa santifica até mesmo a guerra?

Sim, não há dúvida disso: Zaratustra é um homem de *insights* realmente impressionantes.

> Dizeis que a boa causa santifica até mesmo a guerra? Eu vos digo: é a boa guerra que santifica toda causa.

Não se pode falar em boas causas quando falamos de coisas como Deus, comunismo, democracia, cristianismo, islamismo, hinduísmo – pois essas são as "boas causas" pelas quais as pessoas vêm guerreando há milhares de anos.

Zaratustra é bem claro em relação a isso: não são as boas causas que santificam as guerras, que transformam as guerras em cruzadas contra o mal; pelo contrário – é a boa guerra, aquela que é uma arte em si mesma, que santifica toda causa.

Por exemplo, sou estritamente contra todas as armas nucleares, contra todos esses mísseis e bombas atômicas – essas coisas são hediondas; elas não fazem de ninguém um guerreiro. Um único míssil nuclear pode destruir um país inteiro – não é preciso luta alguma. Deveríamos simplesmente destruir essas armas nucleares, de uma vez por todas. Deveríamos retornar às espadas, ao arco e flecha, e ensinar às pessoas a arte de manejá-los – pois essas coisas, sim, conferem beleza e dignidade ao homem; e nenhuma delas é destrutiva.

No Japão, por exemplo, onde a arte da espada e a do arco e flecha estão intimamente relacionadas à mediação, há um fato que é de conhecimento geral: se dois espadachins, ambos profundamente meditativos, entrarem em combate, eles podem passar horas e mais horas lutando entre si – e nenhum deles será morto. Ambos têm a mesma capacidade intuitiva; antes de um atacar, a espada do outro já está pronta para a defesa.

Isto é algo que já ocorreu inúmeras vezes na história do Japão: dois samurais igualmente meditativos que, ao lutar entre si com suas espadas, não foram capazes de derrotar o seu oponente.

Porém, os dois saíram vitoriosos da batalha, pois ambos puderam demonstrar toda a sua arte e intuição. E o mesmo se dá em relação à maestria do tiro com arco.

Tanto a espada quanto o arco são artefatos de valor humano, ambos conferem dignidade ao homem. Agora, no caso das bombas – sejam elas atômicas, nucleares, sejam de hidrogênio ou outras –, qualquer uma delas pode ser lançada até por um avião sem piloto. O avião pode ser guiado por controle remoto: ele voa até alvo escolhido, despeja a bomba, e volta ao aeroporto. Mas isso não passa da mais pura e estúpida destrutividade. Não se trata de guerra, é violência pura; é um tipo de suicídio coletivo que deve ser evitado a todo custo.

Na realidade, o que se deve condenar não é a guerra, mas as armas que desenvolvemos; estas, sim, devem ser condenadas. A guerra, em si, é uma arte como qualquer outra: pintura, música, dança, arquitetura – todas elas são artes, assim como a arte da espada, do tiro com arco, da luta corporal.

Se, algum dia, a paz reinar mansamente sobre a Terra – e não houver mais guerras, conflitos, desafios –, os seres humanos simplesmente se transformação em pigmeus; e já não haverá mais a menor possibilidade de uma metamorfose que os eleve. Os camelos ficarão ainda mais feios e medíocres, e se esquecerão completamente de que têm a possibilidade de se tornar leões.

> A guerra e a coragem fizeram mais coisas grandes do que o amor ao próximo.

Assim como Zaratustra, odeio a caridade – a própria ideia de caridade já é algo hediondo; é uma humilhação para os seres humanos. O problema é que o cristianismo a transformou em algo tão elevado, que até outras religiões, que nunca tinham pensado nisso, agora a praticam. E elas têm que fazê-lo, pois a caridade se transformou quase num sinônimo de religiosidade.

Agora, a verdade é esta: a caridade nunca criou nada de grandioso no mundo. Por exemplo, quantos dos órfãos de Madre Teresa foram reconhecidos como gênios? Quantos deles se tornaram músicos virtuosos? Quantos deles se destacaram como cientistas? Quantos deles conseguiram atestar a sua dignidade em qualquer dimensão da vida?

O fato é que, desde o começo, eles já haviam sido privados de sua dignidade – eles não passavam dos órfãos de Madre Teresa; sua alma já tinha sido aniquilada. Na verdade, em vez de haver caridade, é melhor que não haja órfãos abandonados. E o abandono de órfãos é algo perfeitamente possível de ser evitado; não há razão para isso existir. Assim como é perfeitamente possível acabar com a pobreza; não há necessidade alguma de dar esmolas aos pobres.

Mas a lógica é esta: primeiro, você cria os pobres; depois, então, você cria obras de caridade para os pobres – é algo realmente ardiloso, uma hipocrisia sem tamanho. Por exemplo, todos os homens mais ricos do mundo têm as suas próprias fundações e instituições voltadas para a caridade. Porém, enquanto isso, eles seguem explorando o resto da humanidade. Senão, como é que conseguiriam acumular tanta riqueza?

Um exemplo emblemático disso – e algo que você talvez nunca tenha imaginado – se dá em relação ao Prêmio Nobel. Todos os anos, o Prêmio Nobel é concedido a pessoas que, de alguma forma, serviram ao bem da humanidade, que promoveram a paz, que criaram grandes obras literárias, que produziram inovações científicas e tecnológicas. E cada pessoa que ganha a premiação recebe também mais de 1 milhão de dólares. Agora, você sabe de onde vem todo esse dinheiro? Pois o homem que criou a premiação, e em nome do qual é dado o Prêmio Nobel, ganhou toda a sua fortuna durante a Primeira Guerra Mundial – e fazendo o quê? Fabricando armas; ele era o maior fabricante de armamentos do mundo.

Por meio de suas armas, milhões e milhões de pessoas foram mortas. Então, depois de acumular uma riqueza imensa desse modo, ele resolveu criar uma instituição voltada para a caridade – foi criado um fundo no banco com todo esse dinheiro acumulado e, desde então, o valor que é dado anualmente com o Prêmio Nobel vem dos juros e rendimentos desse dinheiro inicial. O montante original permanece no banco; apenas os juros são usados na premiação. E o fato é que ninguém se importa de que esse dinheiro esteja manchado de sangue. Enquanto isso, o nome de Alfred Nobel tornou-se um dos mais importantes da história.

A caridade é um jogo estranho: primeiro, você estropia as pessoas; depois, então, você as ajuda. É sempre assim: primeiro, os homens destroem o meio ambiente, dilapidam e arrasam o planeta; daí, dessas mesmas pessoas que estão destruindo a ecologia da Terra, vem o dinheiro para a caridade.

Ainda hoje, a Igreja continua pregando contra o controle de natalidade. Contudo, são justamente as pessoas mais pobres que, ainda hoje, têm muitos filhos; as pessoas ricas não fazem mais filhos. Por quê? Ora, porque elas têm outras diversões na vida. O homem pobre, não; quando ele volta para casa após o trabalho, não tem outro lugar para ir, pois onde quer que ele vá – seja a um restaurante, seja a uma casa noturna ou ao cinema – é preciso dinheiro. Sexo é o seu único divertimento gratuito.

Resultado? Ele tem dezenas de filhos. E a Igreja ainda diz que, se alguém evitar ter filhos, estará cometendo um ato contra Deus. Com isso, a pobreza nunca para de crescer – e a caridade permanece sempre necessária... Como não têm como sustentar os filhos, essas pessoas pobres acabam abandonando as crianças à beira das estradas. Por exemplo, todos os órfãos que são recolhidos por Madre Teresa vêm das ruas de Calcutá. As pessoas simplesmente abandonam seus filhos nas ruas, mesmo os recém-nascidos.

Então, dia a dia, as centenas de freiras de Madre Teresa, todas essas missionárias da caridade, recolhem essas crianças das ruas. Ao mesmo tempo, Madre Teresa viaja por todo o mundo recolhendo fundos para criar esses órfãos. Os mesmos órfãos que, no futuro, vão gerar mais e mais filhos... Sim, é um jogo muito estranho*.

Enfim, é perfeitamente possível acabar com a pobreza. E qualquer outra coisa que necessite de caridade também deve ser evitada – o conceito de caridade é hediondo. Agora, o compartilhar é algo inteiramente diferente – quando compartilha, você compartilha entre iguais. A caridade, no fundo, é uma degradação do outro.

Zaratustra está certo:

> A guerra e a coragem fizeram mais coisas grandes do que o amor ao próximo. Não a vossa compaixão, mas a vossa bravura salvou até agora os desventurados. [...]
> Vivei, então, vossa vida de obediência e de guerra! Que importa viver muito tempo? Que guerreiro quer ser poupado?
> Eu não vos poupo, eu vos amo profundamente, meus irmãos na guerra! –

Sim, o objetivo não é termos uma vida longa. Mesmo que sua vida seja breve, você deve vivê-la em toda a sua plenitude,

---

* Invocando um pouco mais de *Zaratustra*, Nietzsche traz uma reflexão primorosa acerca da consciência que se deve ter em relação à geração de filhos, quando Zaratustra diz: "Eu tenho uma pergunta somente para ti, irmão: como um prumo eu a lanço em tua alma, para saber quão profunda ela é. És jovem e desejas matrimônio e filhos. Mas eu te pergunto: és alguém que pode desejar um filho? És o vitorioso, o vencedor de si próprio, o soberano dos sentidos, o senhor de tuas virtudes? Assim te pergunto eu. Ou em teu desejo fala o animal e a necessidade? [...] Quero que tua vitória e tua liberdade anseiem por um filho. Deves construir monumentos vivos à tua vitória e à tua libertação. Deves construir para além de ti. Mas primeiro tens de construir a ti mesmo, quadrado de alma e de corpo. Não deves apenas te propagar, mas te elevar na descendência! Um corpo mais elevado deves criar, um primeiro movimento, uma roda que gire por si mesma – um criador deves tu criar". (N. do T.)

em toda a sua intensidade – transforme sua vida numa canção, faça dela uma dança. A duração da vida, em si, não quer dizer nada. O que realmente importa é a intensidade com que se vive.

Lembre-se disto: as afirmações de Zaratustra vão contra todos os seus preconceitos. Por isso, antes de mais nada, procure compreendê-las bem, porque os seus preconceitos logo começarão a interpretá-las, distorcê-las, deturpar a sua essência. Mantenha o seu preconceito bem longe. Primeiro, procure entender o que ele está dizendo. Pois, uma vez que você tenha compreendido, de fato, o que ele quer dizer, verá que Zaratustra não é a favor da guerra. Ele não é a favor da violência, da destruição. Muito pelo contrário.

O que Zaratustra quer é isto: que o homem não perca as qualidades de um guerreiro; que ele não se torne um covarde; que ele não seja incapaz de enfrentar os desafios da vida, independentemente de esses desafios dizerem respeito a uma batalha que se trava com armas ou que se trava entre opiniões. O homem precisa estar sempre pronto; ele deve estar sempre com a sua espada e a sua inteligência afiadas – só assim é possível haver paz. É preciso que todas as pessoas sejam inteligentes, que tenham maestria na arte de viver, que estejam totalmente dispostas a morrer, e não a ser escravizadas – só assim o mundo conhecerá uma paz que não é a paz dos cemitérios. Será a paz de um lindo jardim, onde cantam os pássaros, desabrocham as flores, e a brisa sempre vem.

Seu objetivo deve ser a vida, e não a morte. Sim, uma vida que seja enriquecida pelo amor; uma vida que esteja pronta para qualquer emergência; uma vida que você possa viver perigosamente, sem ter medo nenhum.

Assim, antes de mais nada, procure compreender o sentido de Zaratustra, e deixe que ele penetre nos recantos mais profundos de seu ser. Daí, então, pode deixar entrar os seus próprios preconceitos – e você verá como eles são completamente tolos, inúteis e vazios.

Zaratustra pode até estar sozinho, mas a verdade está com ele. Você pode estar com o mundo inteiro ao seu lado, mas a verdade não está com você.

Assim falou Zaratustra.

Capítulo 5

A infinita capacidade de desfrutar

Dos compassivos
Desde que existem homens, o homem se alegrou muito pouco: apenas isso, meus irmãos, é nosso pecado original!
Se aprendemos a nos alegrar melhor, melhor desaprendemos de causar dor nos outros e planejar dores.
Por isso lavo a minha mão que ajudou um sofredor, por isso limpo também a minha alma.
Tendo visto o sofredor sofrer, envergonhei-me por sua vergonha; ao ajudá-lo, ofendi gravemente seu orgulho. [...]
"Sede esquivos no aceitar! Que seja uma distinção a vossa aceitação!" – assim aconselho aos que nada têm para presentear.
Eu, porém, sou um presenteador: de bom grado presenteio como um amigo aos amigos. Mas que os desconhecidos e pobres colham eles mesmos os frutos de minha árvore: isso envergonha menos. [...]
E não com aquele que nos é antipático somos mais injustos, mas sim com aquele que nada tem conosco.
Se tens um amigo que sofre, sê um local de repouso para seu sofrimento, mas como um leito duro, um leito de campanha: assim lhe serás mais útil.
E, se um amigo te fizer mal, dize-lhe: "Perdoo-te o que me fizeste; mas que o tenhas feito *a ti* – como poderia eu perdoá-lo?".
Assim fala todo grande amor: ele supera até o perdão e a compaixão. [...]

Ah, onde foram feitas maiores tolices, no mundo, do que entre os compassivos? E o que produziu mais sofrimento no mundo do que as tolices dos compassivos?
Ai de todos os que amam e que não atingiram uma altura acima de sua compaixão!
Assim me falou certa vez o Demônio: "Também Deus tem seu inferno: é seu amor aos homens". [...]
Desse modo, estai prevenidos contra a compaixão: *dali* ainda virá uma pesada nuvem para os homens! Em verdade, eu conheço bem os sinais do tempo!
Mas notai também estas palavras: todo grande amor ainda se acha acima de sua compaixão: pois ele ainda quer – criar o amado!
"Ofereço-me eu próprio a meu amor, e ofereço *o meu próximo como eu*" – eis o que dizem todos os criadores.
Mas todos os criadores são duros. – *

Assim falou Zaratustra.

P raticamente todas as religiões abordam a questão do pecado original, sendo que cada uma delas tem uma ideia diferente sobre ele. Mas a versão predominante é a do cristianismo. Segundo a doutrina cristã, nosso pecado original é este: a desobediência. E, claro, a partir do momento em que se decide que a desobediência é o pecado original, a obediência passa automaticamente a ser considerada a suprema virtude. Mas a obediência apenas cria escravos. A obediência é um veneno que aniquila qualquer possibilidade de rebeldia; ela destrói a própria dignidade do homem.

---

* Nietzsche faz um uso bastante peculiar dos sinais de pontuação, como no caso dos travessões, dois-pontos etc. Optamos por manter estas singularidades nas citações de Nietzsche, pois são um elemento essencial do estilo do autor. (N. do T.)

Embora seja uma mentira completa, a versão cristã é até bonita. De acordo com ela, no princípio de tudo, Deus lançou a proibição de que o homem não poderia comer das árvores do conhecimento e da vida eterna. Bom, mas só essa ideia já soa absurda. Por um lado, Deus é apresentado como o grande criador, o pai supremo; mas, por outro, esse mesmo Deus proíbe seus filhos de serem sábios e de viver eternamente. Isso, de fato, parece ser uma contradição.

Eis, então, que o diabo aparece e convence Eva a comer da árvore do conhecimento – e o argumento usado por ele é bastante racional, humano, e muito significativo. Ele diz a Eva que, se ela e Adão não comerem o fruto da árvore do conhecimento, continuarão para sempre apenas no estágio animal; e que o temor de Deus vem daí, de que eles comam dessa árvore proibida, pois, com isso, poderão se tornar deuses. No fundo, Deus estaria com ciúme de seus próprios filhos; com ciúme e com medo. Ele não quer que eles transcendam a sua existência animal; quer mantê-los eternamente ignorantes, inconscientes, dependentes – e, tudo isso, enquanto eles têm todo o potencial de ser iguais a Deus.

Esse argumento do diabo é tão perspicaz que, no fundo, fica parecendo que é o próprio Deus cristão que não está agindo de acordo com o que é esperado de um deus. Pelo contrário; o diabo é que estaria agindo de uma forma divina. Aliás, em sua origem etimológica, a palavra "diabo" vem de uma raiz em sânscrito que quer dizer "divino" – ou seja, as palavras "diabo" e "divino" têm a mesma raiz etimológica.

Bom, mas o caso é que Adão e Eva se rebelaram. E, assim que Deus percebeu que eles haviam comido o fruto da árvore do conhecimento, imediatamente os expulsou do Jardim do Éden, com receio de que, agora, eles pudessem comer da árvore da vida eterna, que os transformaria em seres imortais, eternos como os deuses.

Na realidade, essa narrativa tem vários aspectos simbólicos importantes, pois toda a história da humanidade não passa de uma contínua busca por adquirir mais conhecimento, assim como um esforço incansável para se descobrir as fontes da vida eterna.

Todas as religiões tentam inculcar no homem a ideia de que ele não deve se voltar contra os mandamentos que vêm de Deus, mesmo que esses mandamentos sejam todos horrendos. A despeito de si mesmo, o homem deve sempre dizer "sim"; só a sua obediência e a sua fé poderão salvá-lo. E o resultado disso foi apenas um: a humanidade inteira permaneceu ignorante, atrasada, regredida – dona de todos os tesouros e, ainda assim, vivendo na miséria; tendo todo o potencial para alcançar as estrelas e, ainda assim, arrastando-se eternamente pelo chão.

Todas as religiões, sem exceção, privaram o homem de seu orgulho e dignidade. E, no momento exato em que perde seu orgulho e dignidade, o homem perde a sua própria alma; ele despenca do nível humano de vida para os estágios inferiores e sub-humanos de existência.

Zaratustra lança uma luz totalmente nova sobre a questão do pecado original; e, dentre todos os místicos do mundo, é o que parece ter a visão mais relevante sobre o tema. O que ele diz é algo tão puro, tão claro, tão inegavelmente verdadeiro, que ele não precisa de nenhum argumento para comprová-lo – trata-se de uma coisa, por si só, evidente e luminosa.

Ele diz:

> Desde que existem homens, o homem se alegrou muito pouco: apenas isso, meus irmãos, é nosso pecado original!

Sim, pois a verdade é esta: você tem uma capacidade infinita de desfrutar toda a gama de prazeres, alegrias, felicidades e bênçãos da vida. No entanto, todas as religiões lhe dizem o contrário: que você deve renunciar aos prazeres e às alegrias, que, em última instância, deve renunciar à própria vida. Experimente o mínimo que for possível da vida – aliás, não viva; apenas sobreviva. E foi isso que se tornou a norma de conduta dos santos, algo que eles chamam de austeridade, de disciplina: a única forma de purificar o pecado original cometido por Adão e Eva.

Zaratustra é extraordinário, e só pode ser compreendido por pessoas igualmente inteligentes e extraordinárias. É por isso que, em termos numéricos, não existe uma grande religião de seguidores de Zaratustra. Na verdade, há milhões e milhões de pessoas que nem sequer ouviram falar o seu nome. Mesmo tendo sido ele que, mais do que ninguém, trouxe os *insights* mais originais para a humanidade.

Você consegue perceber a originalidade dele? Pois ele diz que o nosso único pecado original é este: desde sempre, o homem se alegrou muito pouco! O homem não vive de forma intensa, louca, total. Ele não vive com todo o seu ser, não consegue atingir o êxtase. E, mesmo quando consegue desfrutar um pouco, o faz cheio de pavor – pois sabe que será punido por isso. Se você torturar a si mesmo, vai garantir uma bela recompensa no outro mundo. Agora, caso resolva desfrutar a vida, prepare-se, pois você vai ser lançado nos abismos do inferno, onde será devidamente torturado pelo resto da eternidade.

Ou seja, mesmo que o homem tenha conseguido desfrutar a vida um pouquinho, sempre houve muito medo envolvido; foi sempre algo vivido pela metade, sem inteireza, sem envolvimento, sem ele realmente se entregar à experiência. As religiões não foram capazes de afastar definitivamente o homem dos prazeres e alegrias, isso é um fato; mas elas obtiveram uma taxa de 99% de sucesso nisso. E o resto que sobrou – aquele 1% de júbilo na vida –, elas envenenaram. As pessoas até conseguiam desfrutar esse pouco que lhes restava, mas sabiam muito bem que estavam cometendo um pecado e, com isso, garantindo o seu lugar no inferno.

E por que Zaratustra considera ser este o nosso pecado original? Porque um homem que se alegrou muito pouco, que não desfrutou a vida ao máximo, em sua totalidade, nunca saberá, de fato, o que é a vida; ele nunca saberá o que é a virtude, nunca conhecerá todo o significado e a beleza da existência. Ele permanecerá ignorante, continuará sempre doente psicologicamente, pois a sua própria natureza mais íntima clama por alegria, júbilo e prazer, mas a sua mente, envenenada pelos sacerdotes, fica o tempo todo o segurando.

Todas as pessoas vivem nesse estado bizarro de tensão. Enquanto a natureza quer que você siga em determinada direção, suas religiões exigem que você vá exatamente na direção oposta. Resultado: toda a sua vida se transforma numa luta consigo mesmo; você se transforma no seu próprio e maior inimigo. A menos que você conheça a vida em toda a sua amplitude – que os prazeres se transformem em bem-aventurança, e as alegrias, em êxtase –, você estará cometendo um pecado original contra a própria vida.

> Se aprendemos a nos alegrar melhor, melhor desaprendemos de causar dor nos outros e planejar dores.

Zaratustra chega a conclusões notáveis, partindo de direções completamente novas. Por exemplo, Buda diz assim: "Não faça mal aos outros. Não machuque ninguém, pois isso é um pecado". E Mahavira afirma: "Qualquer tipo de violência é um pecado". Zaratustra chega à mesma conclusão, mas seu raciocínio é muito mais profundo que os de Buda e Mahavira – *Se aprendemos a nos alegrar melhor, melhor desaprendemos de causar dor nos outros e planejar dores.*

Da minha parte, posso afirmar com toda a autoridade que, se você é uma pessoa alegre, que vive em bem-aventurança, será incapaz de fazer mal aos outros. Uma vez que tenha conhecido a eternidade da existência, que tenha experimentado a alegre dança da vida, é impossível você machucar alguém, pois sabe que não existe mais ninguém além de você. Nós não somos ilhas isoladas; somos parte de um todo, de um único e imenso continente.

Zaratustra não o proíbe de causar dor nos outros, ele não faz disso um pecado. O que ele está dizendo é apenas isto: aprenda a se alegrar melhor, desfrute a vida ao máximo, e, com isso, você não vai mais ferir ninguém – porque, com a própria experiência da alegria, essa ideia de que há um "eu" e um "tu" separados desaparece. Não existe mais essa coisa de "outros" – trata-se de uma única vida, expressa em milhões de manifestações. Nas árvores, nos animais, nos seres humanos, nas estrelas – todos os seres que existem são manifestações de uma única vida, uma vida que é una e indivisível.

Se fizermos mal a alguma pessoa, estaremos causando mal a nós mesmos. Agora, um detalhe: você só consegue chegar a esse tipo de compreensão, de fato, se já tiver experimentado as alturas máximas da alegria e da bem-aventurança. É por isso que Zaratustra diz: *O homem se alegrou muito pouco: apenas isso, meus irmãos, é nosso pecado original!* E um homem que se alegrou pouco não consegue tolerar que mais ninguém se alegre.

Trata-se de uma simples verdade psicológica. Um homem que está imerso na dor e na angústia, que está mergulhado na ansiedade e no sofrimento, não consegue tolerar que ninguém mais esteja feliz. Isso dói. O tempo todo ele se pergunta: por que é que eu sofro tanto, por que sou tão infeliz e os outros não? E o fato é que, quando a humanidade inteira está imersa nesse tipo de sofrimento, se você é uma pessoa alegre e jubilosa, significa que está em constante perigo.

As outras pessoas vão querer destruí-lo. Pois você não é como elas, não pertence ao mesmo grupo, não é suficientemente infeliz. Você não passa de um estranho; talvez seja até louco. Afinal, enquanto toda a humanidade sofre tanto, como você ainda consegue sorrir? Como ainda é capaz de dançar, de cantar?

Outro dia desses, a minha secretária, Neelam, trouxe vários artigos que haviam escrito sobre mim: alguns eram contra, outros a favor, e alguns eram neutros. Todos os dias ela me traz esses artigos. Na verdade, eu nem chego a lê-los. É inacreditável. Por todo o mundo, em todas as línguas, as pessoas se dão ao trabalho de ficar escrevendo sobre mim, não importa se é de forma neutra, contrária ou favorável. No caso de um desses artigos, por exemplo, ela leu apenas a primeira linha. Como ela sabe que tenho noção do tipo de coisa que se escreve, ela acaba ficando constrangida e magoada – pois as pessoas costumam escrever as mentiras mais absurdas sobre mim, coisas sem o menor pingo de verdade. Então, ela apenas disse: "Isto é repugnante, é pura maldade" – e jogou o artigo de lado. E ainda completou: "Este homem só escreve mentiras descaradas".

Veja bem, no começo do artigo, esse homem diz o seguinte: que sou o homem mais culto e o mais desrespeitado da atualidade. Agora, o autor do texto, seja ele quem for, certamente ficaria chocado por saber que, na verdade, não faço a menor questão de ser respeitado por ovelhas e carneirinhos, por macacos e jumentos, por porcos e pigmeus. Nunca na vida busquei nenhum tipo de respeito. Não considero a humanidade atual suficientemente digna para querer o seu respeito; para mim, já basta ter o seu desrespeito. Os homens que Zaratustra chama de super-homens, estes, sim, talvez sejam capazes de me respeitar, pois serão capazes de me entender. Mesmo nos dias de hoje, já há algumas pessoas que conseguem me compreender; e, nesse caso, o respeito que têm por mim não é apenas respeito, é amor e lealdade.

Quanto a me considerar o homem mais culto da atualidade, esse jornalista está tremendamente enganado. Eu não pertenço à categoria dos eruditos. Minha vida inteira tem se baseado numa verdade fundamental, em algo que só pode ser chamado de uma única coisa: desaprender. Todo o meu esforço tem sido este: desaprender tudo aquilo que a sociedade, por meio de suas escolas, faculdades e universidades, me obrigou a aprender; livrar-me de todo esse lixo, de todas essas tralhas e porcarias. Não sou um erudito, um homem culto. Nesse sentido, o mais adequado seria dizer que sou o homem mais inculto do mundo. E, sim, odiaria ser respeitado pela humanidade atual – ela basicamente não tem a inteligência, o coração, e muito menos o estado de presença para isso.

Vários séculos já se passaram, e Zaratustra ainda permanece sem ser compreendido, sem ser amado e respeitado. Quem sabe, ainda está para nascer o homem que, de fato, será capaz de amar alguém como Zaratustra. Pois a clareza, a inteligência e o silêncio necessários para compreendê-lo são qualidades absolutamente ausentes nos seres humanos de hoje.

E a razão pela qual essas qualidades estão ausentes é esta: os seres humanos ainda não se permitiram viver o seu próprio potencial ao máximo. Eles não se permitiram seguir a sabedoria da natureza, o caminho do Tao; não se permitiram fluir com a corrente. Deram ouvidos apenas às pessoas erradas, que só as ensinam a nadar contra a corrente, o que faz com que eles sempre se sintam frustrados e fracassados – e, daí, logo se tornam críticos e condenadores. No exato momento em que uma pessoa fracassa em atingir a sua meta, ela passa à condenação, torna-se crítica e julgadora. E a questão é que, como todo mundo foi ensinado a ter esse tipo de metas e objetivos – que são sempre antinaturais, sempre contrários à vida e ao prazer –, o fracasso é garantido.

Essas pessoas infelizes simplesmente não conseguem compreender a existência de um ser pleno, alegre, realizado – pois um homem que não conheceu a alegria só consegue desfrutar uma coisa: o sofrimento dos outros. Todas as manhãs, ele fica esperando ansiosamente pelo jornal, só para saber quantos crimes foram cometidos no dia anterior, quantas pessoas foram mortas, quantas se suicidaram. Afinal, uma boa notícia nunca é notícia; somente aquilo que for ruim, nefasto e repugnante pode virar notícia. Todas as coisas simples e naturais da vida, não importa quão bonitas elas sejam, não merecem virar notícia.

Agora, quando você é uma pessoa alegre, feliz, realizada, acontece o contrário: você deseja que todas as outras pessoas sejam felizes também, pois a sua própria felicidade é multiplicada pelo fato de as outras pessoas também serem felizes. Fazer mal a alguém se torna algo impossível. Não se trata de disciplina, de um juramento solene que você tenha proferido em algum templo, de acordo com os princípios de uma religião qualquer; nada disso. O fato de não conseguir fazer mal a ninguém é apenas isto: uma consequência natural da sua própria felicidade, da sua própria realização. Quando você sabe que o deleite da própria vida é alegrar-se consigo mesma, como poderia destruir qualquer outra forma de vida? Da mesma forma que você desfruta a existência, todos os outros seres querem desfrutar.

Na verdade, quando tudo a seu redor está dançando, em puro êxtase e plenitude, isso só faz enriquecer ainda mais o seu próprio êxtase, só faz com que ele seja ainda mais extraordinário. A recompensa está aqui, agora. Ferir os outros se torna algo impossível, sim, porque isso significa destruir a sua própria alegria. Assim como o fato de ajudar os outros a serem felizes, no fundo, não é um serviço que você presta a eles; é um serviço que presta a si mesmo, pois a alegria deles vai aumentar ainda mais a sua própria alegria. Quanto mais pessoas alegres e realizadas houver no mundo, maior será o ambiente de celebração. E, num ambiente como esse, você pode dançar mais facilmente, pode cantar mais facilmente, pode amar e viver mais livremente – esta é uma enorme contribuição de Zaratustra.

> Por isso lavo a minha mão que ajudou um sofredor, por isso limpo também a minha alma.
> Tendo visto o sofredor sofrer, envergonhei-me por sua vergonha; ao ajudá-lo, ofendi gravemente seu orgulho. [...]

Zaratustra é sempre original no seu modo de ver as coisas. Uma mesma coisa já pode ter sido observada por milhões de pessoas, mas ele consegue vê-la por um ângulo absolutamente inédito. Ele diz: "Sempre que ajudo alguém que está sofrendo, sei que ofendo o seu orgulho, e que ele se envergonha por sofrer. Então, por conta de sua vergonha, também me sinto envergonhado – por tê-lo ajudado, ofendi gravemente o seu orgulho".

Em vez de esperar ser recompensado com todos os prazeres celestiais por ter ajudado alguém que sofre – como se abrisse uma conta no paraíso, acumulando crédito por cada ação virtuosa –, ele afirma: "Lavo a minha mão, pois ofendi o orgulho de alguém. Eu o vi sofrer, vi sua nudez, pude ver todas as feridas que ele ocultava. E eu o ajudei – mas que ajuda é essa? Seu orgulho foi gravemente ferido. Por isso, tenho que lavar minhas mãos; preciso fazer alguma coisa para que ele não se sinta envergonhado, para que não pense que seu orgulho foi ferido. Pelo contrário; é preciso que ele sinta que sou eu quem está lhe devendo algo, pois ele me deu a oportunidade de ajudar um irmão. Não é ele que está em dívida comigo; eu é que estou em dívida com ele".

<blockquote>Sede esquivos no aceitar! Que seja uma distinção a vossa aceitação!</blockquote>

Seja reservado, seja extremamente prudente e cuidadoso ao aceitar qualquer coisa de alguém – *"Que seja uma distinção a vossa aceitação!"* Pode ser algo pequenino, como um botão de rosa, ou, quem sabe, só um aperto de mão, ou um simples "bom dia", não importa – seja o que for, aceite-o com todo o amor, com toda a graça e delicadeza. Aquela pessoa o honrou. Deixe claro para ela que, sim, ela foi aceita.

Atualmente, milhões de pessoas estão sofrendo no mundo pelo simples motivo de que ninguém as aceita. Todos lhes perguntam: "Você tem algum valor? Será que tem merecimento?".

Ninguém as aceita como elas são. Mas a grande questão é esta: uma pessoa só pode ser aquilo que ela é. Ela não tem culpa se a existência precise que ela seja tal como é; certamente essa pessoa está cumprindo uma função da qual você não faz a menor ideia. A vida é repleta de mistérios dos quais você não tem a mínima noção – e, se a própria vida aceita uma pessoa, quem é você para rejeitá-la?

Entretanto, no planeta inteiro, as pessoas sofrem por achar que não têm nada para oferecer, por sentir que ninguém as aceita como elas são, por todos sempre exigirem que elas sejam diferentes – se forem diferentes, daí, sim, serão aceitas. Mas a verdade é que ninguém pode ser diferente daquilo que é. No próprio esforço de fazer isso, a pessoa já começa a se desfigurar, já fica deformada; ela perde a sua graça natural, perde o seu rumo, desvia-se de seu destino mais original. E isso, por fim, cria apenas miséria e sofrimento.

> "Sede esquivos no aceitar! Que seja uma distinção a vossa aceitação!" – assim aconselho aos que nada têm para presentear.
>
> Eu, porém, sou um presenteador: de bom grado presenteio, como um amigo aos amigos. Mas que os desconhecidos e pobres colham eles mesmos os frutos de minha árvore: isso envergonha menos. [...]

Você consegue ver a perspicácia desse *insight*? Zaratustra diz: "Sim, eu presenteio meus amigos, porque isso não ofenderá o seu orgulho. Eles se rejubilarão comigo. Pois recebi de bom grado o que eles tinham para me oferecer; e, assim como eu os aceitei, eles irão me aceitar. Entretanto, aos pobres e desconhecidos, sugeriria antes que *colham eles mesmos os frutos de minha árvore: isso envergonha menos*. Com isso, seu orgulho não será ferido, e eles não se sentirão inferiores a mim".

Realmente, é muito difícil encontrar um homem que tenha um entendimento tão profundo da psicologia humana.

E não com aquele que nos é antipático somos mais injustos, mas sim com aquele que nada tem conosco.

Você pode amar alguém, você pode odiar alguém – mas não seja neutro, não seja indiferente. Você pode gostar ou não gostar; em ambos os casos, você toma uma posição. Mas nunca diga: "Isso não me importa". Pois, no momento em que assume uma postura neutra, é como se dissesse que, para você, tanto faz que aquela pessoa viva ou morra.

Este é o maior mal que você pode causar a alguém. O próprio ódio não magoa tanto. Nesse caso, ao menos você odeia, ainda existe algum tipo de relação. E, quem sabe, a qualquer momento o ódio possa se transformar em amor, pois o amor também pode se transformar em ódio – ambos são mutáveis. Os afetos de hoje podem se transformar em aversão amanhã, e vice-versa – mas a indiferença permanece sempre a mesma.

A indiferença é o pior tipo de comportamento que uma pessoa pode adotar. Nesse sentido, olhe para si mesmo: até que ponto você é uma pessoa indiferente? Quantas pessoas você ama, quantas você odeia? De quantas você gosta, quantas lhe causam aversão? O número certamente será pequeno. Agora, e quanto aos milhões de seres em relação aos quais você é completamente indiferente? Por exemplo, se, todos os dias, milhares de pessoas morrem de fome na Etiópia, tanto faz; você simplesmente lê a notícia no jornal e segue a sua vida, impassível. Afinal, a Etiópia fica muito longe, é quase outro planeta; e, evidentemente, você não tem como se preocupar e cuidar do mundo inteiro.

Mas, veja bem, não é uma questão de cuidado. É uma questão de expansão da sua consciência. A Etiópia deveria fazer parte do próprio mapa da sua consciência. Pense nisso: enquanto milhares de pessoas morrem de fome em países como a Etiópia, na Europa as pessoas jogam toneladas de comida no mar. E por quê? Porque elas têm uma quantidade enorme de alimentos sobrando – montanhas e montanhas de comida sendo jogadas no oceano. Certa vez, o volume de alimentos desperdiçados foi tão grande, que só o custo de jogá-los no mar chegou a 2 bilhões de dólares. E nem estamos falando do valor dos alimentos em si – trata-se apenas do custo operacional para despejá-los no mar. Dá para acreditar? É tanta desumanidade, que, às vezes, me pergunto: será que o ser humano realmente tem um coração, ou isso não passa de mera ficção?

E o mesmo tipo de coisa acontece nos Estados Unidos. A cada seis meses, tanto na Europa quanto nos Estados Unidos, bilhões de dólares são gastos apenas para destruir toneladas e mais toneladas de comida – enquanto isso, nos países pobres as pessoas continuam morrendo de fome. E a morte por inanição é a pior morte possível, pois a pessoa sofre por um tempo enorme, de um padecimento completamente sem sentido. Um homem saudável consegue viver cerca de três meses sem comida, só então ele vai morrer. Mas esses três meses serão um verdadeiro inferno; na verdade, será como se ele tivesse passado três vidas nesse suplício.

Agora, um homem para quem a vida é uma experiência de alegria, de bem-aventurança, consegue compreender que os demais seres vivos também estão na mesma categoria que ele; todos eles também querem viver, todos querem ser felizes. E, se eu puder ajudar de alguma forma nesse sentido, não é por causa deles, não se trata de um serviço – eu ajudo apenas pela alegria de ajudar, pelo simples prazer de compartilhar o que existe em mim.

> Se tens um amigo que sofre, sê um local de repouso para seu sofrimento, mas como um leito duro, um leito de campanha: assim lhe serás mais útil.
>
> E, se um amigo te fizer mal, dize-lhe: "Perdoo-te o que me fizeste; mas que o tenhas feito *a ti* – como poderia eu perdoá-lo?".

Sim, pois o que é que eu poderia fazer? O mal que você me fez, no fundo, é o mesmo mal que fez a si mesmo. Posso até perdoá-lo pelo que fez comigo, mas o que eu poderia fazer em relação ao mal que você fez contra si mesmo? Você não consegue ferir ninguém sem, ao mesmo tempo, ferir a si mesmo. É simplesmente impossível – ao comportar-se de forma torpe em relação a quem quer que seja, ao mesmo tempo estará agindo de forma igualmente repulsiva consigo mesmo.

Você não consegue ofender ninguém sem, ao mesmo tempo, ofender a si mesmo.

> Assim fala todo grande amor: ele supera até o perdão e a compaixão.
> [...]

Sempre que você diz "Eu sinto pena", isso não é amor; porque, ao mostrar sua piedade para alguém, você faz com que essa pessoa se sinta inferiorizada. E o amor nunca faz ninguém se sentir inferior; pelo contrário – o amor só confere dignidade e superioridade; ele desperta o que há de melhor no outro. Coisas como "pena", "serviço aos pobres" e "dever" não passam de expressões horríveis... nenhuma delas é uma palavra de amor – elas são apenas expressões consoladoras de uma sociedade miserável; e não os frutos compartilhados por um mundo de alegria e bem-aventurança.

> Ah, onde foram feitas maiores tolices, no mundo, do que entre os compassivos? E o que produziu mais sofrimento no mundo do que as tolices dos compassivos?

Talvez você nunca tenha pensado nisso, que a compaixão também pode causar sofrimento. Mas é isso que ela tem feito no mundo. Por exemplo, ao longo da história, os muçulmanos assassinaram milhões de pessoas só por compaixão; assim como os cristãos, que, só por piedade, mataram outros tantos milhões. Agora, para os muçulmanos, compaixão significa isto: que, se você não é muçulmano, então deve converter-se imediatamente, pois só um muçulmano será salvo no dia do juízo final. Mesmo que, para isso, seja preciso obrigá-lo com uma espada no pescoço; isso é compaixão. E, se ainda assim, você não quiser se converter, então é melhor que seja morto logo de uma vez; pois, ao morrer pelas mãos de um muçulmano, ao menos você tem alguma chance de ser salvo – é isso que chamam de piedade.

O mesmo tipo de piedade demonstrada pelos missionários cristãos, que percorrem o mundo inteiro pregando que, se você não for cristão, nunca poderá se salvar. Existe apenas um salvador, Jesus Cristo. E todos que não seguem Jesus devem ser trazidos de algum modo para o rebanho. No passado, a benevolência cristã convertia os infiéis à força, por meio da tortura, do assassinato e da fogueira. Hoje em dia, os métodos de conversão mudaram, mas a ideia básica permanece a mesma. Antigamente, eles vinham com a *Bíblia* em uma mão, e uma espada na outra – agora, na mão direita trazem a *Bíblia*, e, na esquerda, um pedaço de pão.

E os famintos e esfomeados não conseguem resistir à tentação. Não interessa se eles terão que se converter, se terão que se tornar cristãos – eles não conhecem nada sobre religião; durante a vida inteira, eles conheceram apenas uma coisa: a fome. E, nesse caso, uma fatia de pão realmente parece ser uma bela forma de redenção. Entretanto, ao distribuir pão aos pobres, o que você faz é comprar as suas almas. Mas, para você, tanto faz. Pois a ideia é esta: quanto mais pessoas você converter, mais virtudes acumulará. Você não está preocupado com a salvação deles; a única coisa que lhe importa é salvar a própria pele.

Enfim, a compaixão só tem causado dor e sofrimento. O novo homem terá que se elevar acima da compaixão. Terá que aprender a compartilhar – não em troca de qualquer recompensa, de qualquer favor ou retribuição, mas simplesmente pela pura alegria de compartilhar. Pois, no fundo, o compartilhar é apenas isto: uma grande alegria. Se você puder partilhar o pão com um homem faminto sem ofender o seu orgulho, se puder compartilhar o que possui com todos aqueles que precisam e, ainda assim, permanecer digno e gracioso – daí, sim, será verdadeiramente uma virtude.

> Ai de todos os que amam e que não atingiram uma altura acima de sua compaixão!
> Assim me falou certa vez o Demônio: "Também Deus tem seu inferno: é seu amor aos homens". [...]

Essa declaração de Zaratustra é bem inusitada. Ele fala pela boca do Demônio, já que ele mesmo não pode dizê-lo diretamente – afinal, ele não poderia falar algo assim, pois já declarou que Deus está morto. E, se Deus está morto, o diabo também não pode sobreviver; ambos são meras ficções, complementares entre si; um não existe sem o outro. No entanto, apenas para que sua afirmação fique ainda mais contundente, ele usa a metáfora do diabo – *Assim me falou certa vez o Demônio: "Também Deus tem seu inferno: é seu amor aos homens"*.

Isso me faz lembrar de Jean-Paul Sartre, que foi um dos mais importantes filósofos contemporâneos. Ele afirma: "O inferno são os outros". E essa é a conclusão a que Sartre chegou após viver uma vida longa, cheia de casos amorosos – porém, antes de terminar, cada um desses casos amorosos invariavelmente se transformava num verdadeiro inferno. Por fim, então, ele chegou à conclusão de que, não importa quem eles sejam, os outros são o inferno. Pois o outro tem suas próprias preferências e aversões, seus próprios caprichos e predileções. Na verdade, nem as pessoas que dizem se amar conseguem estar em harmonia. Sim, porque a harmonia requer uma qualidade e uma disciplina totalmente diferentes – se você ainda não aprendeu a estar em harmonia consigo mesmo, como pode estar em harmonia com quem quer que seja?

Por isso, é bom que os apaixonados só combinem se encontrar na praia, nos parques, nas festas – e só de vez em quando. Porque, assim, tudo vai estar sempre lindo e maravilhoso, já que ambos serão capazes de manter suas máscaras, seus disfarces, sua maquiagem de perfeição... e ficarão ali, trocando suas doces e vazias juras de amor.

Agora, basta que decidam viver juntos e esse mar de rosas acaba, pois é muito difícil sustentar essa falsidade 24 horas por dia. A convivência se torna pesada, e, pouco a pouco, as máscaras vão caindo; você não consegue mantê-las por 24 horas seguidas. Assim como não consegue continuar repetindo aquela lenga-lenga de palavrinhas doces e vazias – elas se tornam enfadonhas, entediantes. Logo, então, você percebe que já não tem mais nada sobre o que falar. O seu amor, todo aquele idílio do começo, torna-se basicamente uma repetição mecânica, como se vocês estivessem assistindo ao mesmo filme bolorento infinitas vezes seguidas.

Certa vez me contaram a história de um homem que, por viver em um pequeno vilarejo isolado na Índia, nunca havia assistido a um filme. Eis então que, certo dia, uma companhia de cinema itinerante chegou pela primeira vez ao seu vilarejo, onde fariam várias sessões de determinado filme. E o aldeão já foi logo assistir à matinê inaugural. Só que, quando o filme acabou, todas as pessoas saíram da sala, menos ele, que continuou sentado em seu lugar. O gerente então se aproximou e disse: "Aconteceu alguma coisa? Por favor, o filme já acabou, e agora precisamos limpar a sala para a próxima sessão".

E o aldeão respondeu: "Pois pode me trazer o ingresso para a próxima sessão, que vou continuar exatamente aqui no meu lugar; quero ver o filme de novo. E, se eu ainda não ficar satisfeito, vou assistir à terceira sessão também". Havia três sessões por dia.

O gerente achou que o homem era meio maluco, mas, como havia pago o valor do ingresso, permitiu que ele assistisse ao filme de novo. Então, ao final da segunda sessão, o gerente se aproximou de novo e, só por curiosidade, perguntou: "E aí, ficou satisfeito?".

"Satisfeito é uma ova! Tenho que ver a próxima sessão também. Aqui está o dinheiro; por favor, traga o ingresso".

"Mas qual é o problema afinal? Talvez eu possa ajudar..."

"Ninguém pode ajudar em nada", o aldeão interrompeu. "E não saio daqui enquanto eu não estiver plenamente satisfeito."

"Mas o que você deseja? O que é preciso para você ficar satisfeito? Por favor, me diga ao menos isso."

"O caso é que, no filme, aparece uma mulher deslumbrante à beira de um lago, e ela está se despindo para nadar. Na verdade, ela já está quase nua; falta apenas uma peça de roupa por tirar. Mas, infelizmente, nesse exato momento passa um trem de ferro – e, quando o trem acaba de passar, a mulher já está nadando no lago! E eu decidi esperar porque, na Índia, é impossível que um trem venha sempre no mesmo horário. Algum dia, ele vai se atrasar; se não for hoje, será amanhã, ou depois de amanhã; não importa – eu estarei aqui. Algum dia, o trem não vai passar; e daí, sim, ficarei satisfeito."

"Meu Deus, mas isso vai ser realmente muito difícil!", respondeu, atônito, o gerente.

Sim, e é exatamente isso que acontece em relação à sua vida – você assiste sempre ao mesmo filme, esperando que, um dia, o trem não passe. Na verdade, todas as noites, você diz a si mesmo que já basta, que chega dessa monotonia insana – mas, no outro dia, você já começa a ponderar que talvez não seja bem assim, que, nunca se sabe, talvez possa acontecer algo diferente... Sua vida inteira tem sido assim.

No instante em que alguma coisa se torna uma repetição, você começa a agir como um robô. E tudo está fadado a se tornar uma repetição; a não ser que sua inteligência, sua capacidade meditativa e seu amor sejam tão grandes, que tanto você quanto a pessoa que você ama consigam estar o tempo todo se transformando – de modo que, sempre que olharem nos olhos um do outro, haverá algo novo, diferente, original; sim, novas flores terão desabrochado, será sempre uma nova estação.

A menos que você esteja em constante transformação, até o amor pode se transformar num inferno. Se não fosse assim, todas as pessoas do mundo estariam amando, apaixonadas pela vida; porém, estão todas vivendo o seu próprio inferno particular – cada uma em seu inferno privativo, como se fossem quartos conjugados. Para que sua vida não se transforme numa rotina miserável, para que ela nunca se torne um inferno, é preciso que você se renove a cada momento, que se liberte do passado, que esteja sempre buscando novas formas de se relacionar com as pessoas, novas dimensões de interagir com elas; é preciso que você esteja sempre em busca de novas canções para cantar. Um princípio básico de sua vida deve ser este: que você não vai viver como uma máquina – porque uma máquina não tem vida, mas, sim, eficiência. E o mundo precisa que você se transforme numa máquina por isso – ele precisa de eficiência.

Mas o seu próprio ser precisa exatamente do contrário; ele precisa que você seja espontâneo e imprevisível, nunca mecanizado – cada manhã deve surgir e encontrá-lo novo, fresco, verdejante. Esse é o caminho do super-homem de Nietzsche. Esse é o caminho do *sannyasin*.

> Desse modo, estai prevenidos contra a compaixão: *dali* ainda virá uma pesada nuvem para os homens! Em verdade, eu conheço bem os sinais do tempo!
> Mas notai também estas palavras: todo grande amor ainda se acha acima de sua compaixão: pois ele ainda quer – criar o amado!

Compaixão, pena, piedade, todas essas coisas são muito inferiores ao amor – sim, porque o amor é uma experiência criativa.

As pessoas que se amam criam-se mutuamente. E, como cada uma está continuamente criando a outra, elas permanecem sempre novas e com frescor.

"*Ofereço-me eu próprio a meu amor, e ofereço o meu próximo como eu.*"

Nunca engane a pessoa que você ama, pois nenhuma mentira consegue permanecer oculta, encoberta; mais cedo ou mais tarde, a outra pessoa saberá que você a enganou. Lembre-se disto: nunca minta para a pessoa que você ama; seja verdadeiro, autêntico, sincero; seja como um livro aberto – sem esconder nada, e sem nada fingir. Seja apenas quem você é.

"*Ofereço-me eu próprio a meu amor, e ofereço* o meu próximo como eu." Com isso, não há mais necessidade de carregar todo esse fardo de futilidades, mentiras, fingimentos e hipocrisia. Simplesmente seja você mesmo, de forma autêntica e verdadeira.

"– eis o que dizem todos os criadores.
Mas todos os criadores são duros. –"

A ideia do amor como uma forma de criatividade é extremamente significativa. O amor, não como uma forma estanque de relacionamento entre duas pessoas igualmente estagnadas, nada disso; mas o amor como um redemoinho de criatividade, como uma dança tão intensa, tão veloz, que é quase impossível diferenciar o amante do ser amado. Uma dança que, a cada momento, vai se aprofundando mais e mais, até que, por fim, os próprios dançarinos desaparecem, e apenas a dança permanece. Sim, é possível transformar a sua vida numa bela dança, e fazer dela um criativo ato de amor.

Zaratustra ensina o amor como a forma mais elevada de virtude. Para ele, o amor é Deus, o amor é a única religião.

Assim falou Zaratustra.

Capítulo 6

Conhecimento é barato, o saber custa caro

Dos eruditos
Pois esta é a verdade: saí da casa dos doutos; e, além do mais, bati a porta atrás de mim.
Por tempo demais minha alma esteve sentada à sua mesa; não fui, como eles, treinado para o conhecimento como se treina para quebrar nozes. Amo a liberdade e o ar sobre a terra fresca; prefiro dormir sobre peles de bois do que sobre seus títulos e dignidades.
Sou demasiado aquecido e queimado por meus próprios pensamentos: muitas vezes isso me tira o fôlego. Tenho de sair ao ar livre, longe de todos os quartos empoeirados.
Mas eles se acham friamente sentados na fria sombra: querem ser apenas espectadores em tudo, e evitam sentar-se ali onde o sol queima os degraus. [...]
Quando se fazem de sábios, dão-me arrepios seus pequenos ditos e verdades: sua sabedoria frequentemente exala um odor, como se proviesse do pântano [...]
Eles são habilidosos, têm dedos espertos: que quer *minha* simplicidade junto à sua diversidade? De fiar, tecer e atar entendem seus dedos: assim produzem eles as meias do espírito! [...]
Eles se observam atentamente e não têm confiança uns nos outros. Inventivos nas pequenas astúcias, esperam por aqueles cujo saber tem os pés mancos – esperam como aranhas. [...]
Também sabem jogar com dados viciados; e os vi jogando tão fervorosamente que suavam.

Somos estranhos uns aos outros, e suas virtudes me ofendem ainda mais o gosto do que suas falsidades e seus dados viciados.

E, quando eu morava com eles, morava acima deles. Por causa disso zangaram-se comigo.

Eles não querem saber de alguém a andar sobre suas cabeças; então puseram madeira, terra e imundície entre mim e suas cabeças.

Assim amorteceram o som de meus passos: e até agora os que pior me ouviram foram os mais doutos. [...]

Apesar disso, ando com meus pensamentos *acima* de suas cabeças; e, mesmo se quisesse andar sobre minhas próprias falhas, ainda estaria acima deles e de suas cabeças.

Pois os homens *não* são iguais: assim fala a justiça. E aquilo que eu quero não podem *eles* querer!

Assim falou Zaratustra.

Uma das distinções mais importantes que se precisa fazer é entre conhecimento e sabedoria. Conhecimento é algo barato, fácil de se obter; agora, o saber custa caro, é algo arriscado, que requer coragem. Conhecimento é uma coisa que se pode comprar; há vários mercados construídos especialmente para isso, como é o caso de escolas, faculdades e universidades. A sabedoria, por sua vez, não está disponível em lugar nenhum – a não ser dentro de você mesmo.

A sabedoria é uma capacidade inerente ao seu próprio ser. Já o conhecimento é só o arcabouço da sua memória; e a memória, por sua vez, não passa de uma função da mente, que pode ser facilmente executada por qualquer computador. O conhecimento é sempre algo emprestado dos outros – não é uma flor que brota naturalmente da sua alma; é uma coisa plastificada, artificial, que foi imposta a você. Ele não tem raízes, não pode florescer; trata-se apenas de uma compilação mórbida de cadáveres. Enquanto isso, o saber é um contínuo florescimento, é um processo vivo, em constante renovação. Em outras palavras, a sabedoria pertence ao campo da consciência e da evolução; o conhecimento, ao campo da mente e da memória.

Os dois termos parecem ser sinônimos; por isso mesmo, criou-se tanta confusão em torno deles. Mas conhecimento é uma coisa banal: você pode obtê-lo nos livros, pode recebê-lo de mão beijada de rabinos, de bispos, ou, quem sabe, de algum erudito hindu; há milhares de formas de acumular conhecimento. Mas trata-se apenas de um amontoado inerte, uma pilha de cadáveres sem nenhuma vida própria. E a questão mais importante a lembrar é esta: todo o seu conhecimento, por maior que ele seja, não modifica em nada a sua ignorância. A sua ignorância permanece intacta, ela continua sempre a mesma. A única diferença é esta: o conhecimento encobre a sua ignorância. Com isso, você pode fingir para o mundo que já não é mais uma pessoa ignorante – sim, mas no âmago de seu ser só há trevas e escuridão. Por trás do conhecimento que você pegou emprestado, não há nenhuma experiência realmente vivida; só palavras mortas.

A sabedoria dissipa a sua ignorância; ela é como a luz que dissipa a escuridão. Por isso, lembre-se bem da diferença que existe entre o erudito e o sábio. O homem sábio não é necessariamente um erudito, e vice-versa; o erudito não é necessariamente um sábio.

Na realidade, é muito raro que o erudito consiga se tornar um homem sábio, por um simples motivo: ele acumulou tanto conhecimento, que, com isso, consegue iludir muitas pessoas; só que, por conseguir enganar tanta gente, acaba sendo ludibriado pela própria ilusão que provoca. Ele começa a acreditar em algo do tipo: "Se tantas pessoas consideram que sou um homem sábio, é porque devo ser mesmo. Tanta gente assim não poderia estar enganada". Por isso, na vida do erudito não há espaço para nenhuma busca, jornada, exploração ou descoberta.

Ele vive mergulhado na maior ilusão do mundo – embora não saiba nada, pensa que sabe tudo.

Quanto ao sábio, a primeira coisa que ele faz é renunciar ao conhecimento; porque ele sabe que todo conhecimento acumulado não passa de um obstáculo, de uma moeda falsa. E tudo que é falso precisa ser removido antes de se poder alcançar aquilo que é verdadeiro. O homem sábio renuncia a tudo que não lhe pertence, que não vem de seu próprio ser. Nesse sentido, é melhor ser ignorante que erudito, pois ao menos a ignorância é sua*. E renunciar ao conhecimento é algo que exige muito mais coragem do que renunciar a riquezas, a reinos, à sua família ou à sociedade, porque tudo isso está fora de você. Já o conhecimento, não – ele se acumula dentro da sua mente. Onde quer que você vá, até mesmo nas profundezas do Himalaia, ele estará com você.

Renunciar ao conhecimento equivale a uma profunda limpeza interior – e é justamente isso que a meditação significa. A meditação não é nada mais do que renunciar a todo conhecimento que não lhe pertence e, ao mesmo tempo, tornar-se inteiramente consciente de sua própria ignorância. Isso provoca uma grande metamorfose. Assim que você toma consciência de toda a sua ignorância, ela passa por uma transformação tão grande que, a menos que você viva essa experiência, é quase impossível acreditar – a própria ignorância se transforma em inocência. Por isso, o homem sábio também é capaz de dizer: "Eu não sei".

---

* Em outro trecho de *Zaratustra*, Nietzsche também afirma: "Melhor nada saber do que saber muita coisa pelo meio! Melhor ser um tolo por conta própria do que um sábio na conta dos outros! Eu – vou ao fundo: que importa se ele é grande ou pequeno? Se é denominado céu ou pântano? Um palmo de chão me basta: se ele for realmente chão e fundamento! – um palmo de chão: sobre isso pode-se ficar em pé". (N. do T.)

De acordo com Zaratustra, o estágio mais elevado da consciência é o de uma criança. Você nasce como criança; sim, mas, até aí, ainda é ignorante. Será preciso que você passe por muita coisa, que adquira muito conhecimento, muita memória; então, se tiver sorte, um dia você irá perceber que tudo isso é falso, pois não lhe pertence.

Pode até ser que Buda tenha alcançado a sabedoria, assim como Jesus e Krishna; todos eles podem ter sido realmente sábios, mas o conhecimento que alcançaram não pode se transformar no meu próprio saber; a vida deles não pode se transformar na minha; o amor que possuem não pode se tornar o meu próprio amor. De que forma isso poderia acontecer? Como a sabedoria deles poderia se tornar a minha própria sabedoria? Será preciso que eu faça essa busca por mim mesmo. Tenho que me tornar um aventureiro, um explorador do desconhecido. Tenho que me aventurar por caminhos que nunca foram trilhados, por mares nunca dantes navegados. Tenho que correr todos os riscos, com uma determinação inabalável, confiando em que, se outros conseguiram alcançar a verdade, não há razão para a existência agir de forma diferente comigo.

São poucas as pessoas afortunadas que, de fato, conseguem descartar o conhecimento que acumularam de terceiros. Agora, assim que começam a se livrar de todo esse lixo, de todo esse conhecimento que não lhes pertence, o círculo de sua existência também começa a se mover em direção à sua infância novamente. E o círculo finalmente se completa quando a sua ignorância se torna luminosa. Nesse instante preciso, quando a ignorância recebe a luz da consciência, acontece a maior explosão de toda a experiência humana: o ego simplesmente desaparece. A partir daí, você não existe mais como um ego, mas, sim, sob a forma mais pura e inocente possível de existência – você simplesmente é; sem pretensão de mais nada.

Foi num momento como esse que Sócrates disse: "Só sei que nada sei". No mesmo estado de consciência, Bodhidharma* declarou: "Eu não sei nada. E há mais: quando digo 'eu', é apenas por uma convenção da linguagem, pois dentro de mim não há nenhuma entidade que possa chamar de 'eu'. Só utilizo essa palavra porque, sem ela, vocês não seriam capazes de me compreender. A realidade é que 'eu' já desapareci, e existe apenas um céu límpido, a existência em sua forma mais pura – completamente inocente, sem nenhuma nuvem de conhecimento".

Sim, renunciar ao conhecimento é uma tarefa difícil, pois o conhecimento lhe traz respeitabilidade, ele faz de você um grande homem, faz com que lhe deem o Prêmio Nobel. Mas há um detalhe: embora milhões de pessoas o conheçam, você mesmo não conhece nada sobre si próprio. É uma situação bem esquisita: o mundo inteiro sabe quem você é, com exceção de você mesmo. Na verdade, renunciar ao conhecimento significa abdicar da reputação que se tem aos olhos dos outros, significa perder a respeitabilidade, a fama, a notoriedade. E o ego é totalmente contra isso; pois, quando você renuncia a coisas como fama, respeitabilidade e conhecimento, o seu ego começa a morrer. Ele só consegue sobreviver às custas daquilo que não lhe pertence. O próprio ego, no fundo, é o que há de mais falso em sua vida.

As afirmações de Zaratustra têm que ser contempladas de uma forma realmente profunda:

> Pois esta é a verdade: saí da casa dos doutos; e, além do mais, bati a porta atrás de mim.

---

* Bodhidharma foi um monge budista que viveu no século VI, sendo considerado o fundador do zen-budismo. (N. do T.)

A questão, aqui, não é só que ele saiu da casa dos doutos – a ênfase, é bom lembrar, está no fato de que Zaratustra bateu a porta atrás de si. Ele não quer mais saber dessa história de erudição. Pois a verdade não pode ser encontrada na casa dos eruditos – esse é um lugar onde as pessoas só ficam discutindo sobre a verdade, onde levantam milhares de hipóteses acerca do que seria a verdade, sem, contudo, jamais chegar a conclusão alguma.

Já faz milhares de anos que os eruditos vêm debatendo, esmiuçando os mínimos detalhes de cada hipótese, mas nunca chegaram a uma única conclusão. Eles são como conchas vazias – fazem muito barulho, mas esse barulho não faz o menor sentido. Eles debatem muito, sim, mas a hipótese sobre a qual ficam debatendo continua sendo apenas isso: uma hipótese – nenhum argumento é capaz de transformar uma hipótese em realidade. E, acima de tudo, como é que você pode discutir sobre algo que nunca experienciou?

No fundo, os eruditos são como os cinco cegos de uma antiga fábula, que foram chamados para descrever um elefante. Como eram cegos, obviamente não podiam ver o elefante; assim, cada um deles se aproximou e tocou o animal para descobrir como ele era. Um deles tocou uma pata, o outro apalpou uma das orelhas enormes, e assim por diante; cada um tateou cuidadosamente determinada parte do bicho. Por fim, todos declararam: "Já sei como é um elefante". Então, o cego que havia tocado uma das patas disse: "O elefante é como um pilar grosso e arredondado". Na hora, o cego que havia apalpado as orelhas interrompeu: "Mas você é um idiota mesmo; minha experiência mostra que um elefante é igual a um grande leque". E assim por diante; continuaram discutindo sem chegar a nenhuma conclusão. Aquilo que eles dizem soa bastante absurdo mesmo; afinal, um elefante não se parece com um pilar. Porém, há algo no elefante que, de fato, é igualzinho a um pilar – suas patas. Ou seja, ao menos esses cegos conseguiram tocar em alguma parte real do elefante.

Os eruditos encontram-se numa situação mil vezes pior. Eles ainda não conseguiram tocar em nada que faça parte da verdade, do amor, do silêncio, da meditação, do êxtase – não tiveram sequer um vislumbre da experiência real. Mesmo assim, são todos extremamente prolíficos em sua argumentação. Eles fazem muito barulho, gritam uns com os outros... há séculos que fazem apenas isso.

Zaratustra diz: *saí da casa dos doutos*. Sim, pois é uma casa de doidos – onde eles ficam discutindo sobre coisas das quais não fazem a menor ideia. Onde pessoas cegas passam o dia trocando informações detalhadas a respeito da luz, da escuridão, das cores. Onde aqueles que não têm audição fazem mil conjecturas sobre a música. Onde pessoas que nunca experimentaram um único momento de silêncio criam intrincados sistemas filosóficos baseados justamente no silêncio. Enfim, todos são muito articulados no que se refere às palavras, à linguagem, à gramática – mas essa não é a busca de Zaratustra.

Ele bateu a porta atrás de si – para sempre. A via da erudição, do acúmulo de conhecimento, não é a sua via; na verdade, não é a via de ninguém – ela serve apenas para os imbecis enganarem a si mesmos.

> Por tempo demais minha alma esteve sentada à sua mesa; não fui, como eles, treinado para o conhecimento como se treina para quebrar nozes.
> Amo a liberdade e o ar sobre a terra fresca; prefiro dormir sobre peles de bois do que sobre seus títulos e dignidades.
> Sou demasiado aquecido e queimado por meus próprios pensamentos: muitas vezes isso me tira o fôlego. Tenho de sair ao ar livre, longe de todos os quartos empoeirados.
> Mas eles se acham friamente sentados na fria sombra: querem ser apenas espectadores em tudo, e evitam sentar-se ali onde o sol queima os degraus. [...]

O erudito vive confortavelmente em meio às suas hipóteses inventadas, à sua respeitabilidade, ao seu conhecimento de segunda mão. Ele não tem o menor anseio de experienciar a vida por si mesmo. O que ele tem, e muito, é um apreço absoluto por conforto e respeitabilidade, coisas que não significam nada para um buscador de verdade. Pois ser alguém respeitável quer dizer o quê? Que você é respeitado por pessoas ignorantes, que nada sabem? É isso? Sim, elas o respeitam, pensando que você é um homem sábio – afinal, você é capaz de citar as escrituras. Mas a própria ideia de ser respeitado por ignorantes e imbecis é uma afronta ao orgulho de um homem autêntico.

Quanto ao conforto, eis o que ele é: apenas uma morte lenta. Acontece que, em breve, a morte estará batendo em sua porta; daí, nem o conforto poderá salvá-lo, e muito menos a respeitabilidade lhe servirá de escudo. A única coisa que poderá salvá-lo é a sua própria experiência da verdade, é a sua própria compreensão do sentido da vida – é só aquilo que você pôde experienciar por si mesmo.

Entretanto, os eruditos não têm coragem suficiente para descartar o seu conforto, a sua respeitabilidade, e declarar perante ao mundo: "Eu não sou um homem sábio; bom, ainda não. Mas agora iniciarei minha busca, e vou arriscar tudo que for preciso para ter ao menos um vislumbre de toda a beleza e de todo o êxtase da realidade. Vivi demais no mundo das palavras; agora quero viver a experiência real".

E a experiência real não pode ser descrita em palavras. Ela é um saborear, é algo que nos nutre, que preenche nosso ser. A palavra "amor" não é o amor real; longe disso. O amor é uma vigorosa dança do seu coração, uma alegria profunda em sua alma, um transbordamento do seu néctar interior, uma partilha com todos que estiverem abertos e disponíveis. A palavra "amor" não tem nada a ver com isso.

Quando se fazem de sábios, dão-me arrepios seus pequenos ditos e verdades: sua sabedoria frequentemente exala um odor, como se proviesse do pântano [...]

Essa suposta sabedoria cheira mal, fede, é realmente nojenta. Quando você conhece algo por experiência própria, consegue perceber como todos os chamados eruditos apenas carregam cadáveres por aí. E ainda ficam se vangloriando a respeito de quem teria o cadáver mais antigo. Afinal, quanto mais putrefato for um cadáver, quanto mais remota for uma escritura, mais sábio e renomado será o acadêmico.

Todos esses eruditos e acadêmicos fedem; todos, sem exceção, exalam um mau cheiro horrível. Por outro lado, o homem autêntico e inocente – que já não vive sob o peso de livros empoeirados, que não vive enfurnado nas salas emboloradas da academia, que já saiu para o ar livre, a céu aberto –, esse homem tem a mais pura fragrância e frescor em torno de si. A inocência tem uma fragrância própria, única; assim como o conhecimento, que tem o seu próprio cheiro repugnante – pois o conhecimento provém de cadáveres, de pântanos em putrefação, e o saber nasce de uma fonte absolutamente viva e exuberante.

Eles são habilidosos, têm dedos espertos: que quer *minha* simplicidade junto à sua diversidade?

Zaratustra afirma: "Eu sou apenas um homem simples, não sou esperto – nenhum homem sábio é esperto". A esperteza não passa de um pobre substituto para a sabedoria; na verdade, toda essa astúcia e esperteza chegam a ser uma perversão. O homem inocente não é astuto, esperto, habilidoso, ele não é nada disso; mas seu ser está impregnado da mais absoluta excelência e esplendor.

Aliás, essa afirmação de Zaratustra me faz lembrar de um homem que conheci; era um ser humano raríssimo, um ancião conhecido por todos como Magga Baba. Na verdade, ninguém sabia seu nome verdadeiro. A única coisa que ele possuía era uma pequena jarra; e a palavra em híndi para jarra é *magga*. Então, como ele estava sempre com aquela pequena jarra – que usava para beber água ou para pôr sua comida –, as pessoas começaram a chamá-lo de Magga Baba. Ele era de uma simplicidade impressionante. Por exemplo, enquanto algumas pessoas, às vezes, jogavam moedas em sua jarra para ajudá-lo – mesmo sem ele nunca ter pedido –, outras simplesmente pegavam o dinheiro de sua jarra e iam embora, e ele nunca fazia nada para impedir. Aquilo simplesmente não lhe dizia respeito, não tinha a menor importância para ele.

E você não vai acreditar, mas talvez ele tenha sido o homem que mais vezes foi raptado no mundo – sim, as pessoas não roubavam apenas o seu dinheiro; elas roubavam o próprio Magga Baba! E ele nunca fazia nada para impedi-las também. As pessoas o pegavam, colocavam dentro de um riquixá e o levavam embora. Ele nem mesmo perguntava: "Mas por que vocês me pegaram? Para onde estão me levando?" – ele apenas seguia com elas. Invariavelmente, as pessoas o levavam para algum outro vilarejo. Então, quando os moradores do local onde ele vivia se davam conta de que alguém tinha raptado Magga Baba, saíam à sua procura para trazê-lo de volta. E, quando estes o encontravam, ele também não lhes dizia nada; eles só tinham que colocá-lo dentro de um carro e, pronto, o levavam de volta.

Certa vez, contudo, ele ficou desaparecido por quase doze anos, porque, dessa vez, alguém havia surrupiado o ancião e o levado para bem longe, de trem. Os seguidores de Magga Baba percorreram todos os vilarejos da região à sua procura, mas, como ele estava a milhares de quilômetros de distância, ninguém conseguia encontrá-lo. Um dia, então, totalmente por acaso, alguém o achou – por conta de uma viagem de negócios, um comerciante viajou até o local para onde tinham levado Magga

Baba e, chegando lá, reconheceu o ancião. Na hora, ele deixou de lado tudo que tinha ido fazer, colocou Magga Baba dentro de um trem, e o levou de volta à sua cidade de origem. Chegando lá, a cidade inteira se reuniu para celebrar: encontraram Magga Baba, ele voltou! Imagine só, já fazia quase doze anos; as pessoas quase nem se lembravam mais dele.

Ele era um homem bem simples, parecia uma criança. Costumava falar muito raramente – e, quando falava, era apenas uma palavra ou outra; e só se realmente quisesse dizer algo, não em resposta a alguma pergunta sua. Mas, certa vez, quando estávamos sozinhos, ele resolveu falar comigo. Na época, ele vivia em uma pequena cabana que não tinha portas. E, todas as noites, os seus discípulos apareciam para vir massageá-lo. A massagem durava a noite inteira; e não era apenas uma pessoa de cada vez – às vezes, cinco ou seis discípulos massageavam Magga Baba ao mesmo tempo; alguém ficava massageando sua cabeça, outro massageava seus pés... Ele, então, me disse: "Minha nossa, eu também preciso dormir. E esses meus discípulos não compreendem que, se ficarem o tempo todo me massageando... como é que posso dormir? Já faz quase vinte anos que não durmo direito porque eles não deixam".

Na verdade, sempre achei que era preciso acabar com essa estupidez toda. Então, como ele mesmo se queixou comigo, decidi falar com o proprietário da cabana: "Você tem que pôr uma porta nessa cabana o quanto antes, o pobre homem já não aguenta mais. As pessoas ficam lá o dia inteiro, passam a noite inteira com ele – e ainda chamam isso de 'servir ao mestre'. Há sempre uma multidão 'servindo ao mestre', mas ninguém se preocupa com o fato de que ele precisa descansar. Ponha uma porta na cabana, tranque-a às 10 horas da noite, e só abra no dia seguinte".

E o proprietário me disse: "Sim, tenho pensado mesmo nisso". Ao que eu respondi: "Pois não se trata de uma questão de pensar, é só fazer; é uma coisa bem simples".

Ele, então, deu um jeito de instalar uma porta na cabana. Acontece que, quando ele terminou de fixar a porta, Magga Baba já tinha sido raptado – ao notar que iriam colocar uma porta, seus discípulos o levaram para uma outra cabana.

Eu fui até Magga Baba e disse: "Parece que, ao menos nesta vida, vai ser impossível você dormir direito. Posso até pedir, mais uma vez, para o dono desta nova cabana colocar uma porta; porém, mais uma vez, seus discípulos irão levá-lo para algum outro lugar. A única preocupação deles é lhe servir. E, como você não diz nada...". As pessoas não lhe perguntavam sequer o que gostaria de comer; qualquer coisa que trouxessem, ele comia.

Era inacreditável. Certa vez, por exemplo, eu cheguei e ele estava fumando dois cigarros ao mesmo tempo.

"Magga Baba!", eu exclamei surpreso.

"Pois é, fazer o quê? Dois discípulos chegaram..."

"Mas você fuma?!"

"Não sei; mas, como eles puseram os cigarros em minha boca, o que mais eu poderia fazer? Nunca tinha fumado antes; mas agora estou fumando. Acho que é só uma aposta que os dois fizeram entre si."

Que simplicidade impressionante...

Quanto a Zaratustra, ele deve ter sido um homem muito simples, porque todos os seus *insights* mostram isso. Só um coração muito simples, um coração absolutamente inocente, é capaz de conhecer as profundezas da vida e, ao mesmo tempo, as alturas da consciência; só um coração assim é capaz de desvendar os maiores mistérios da existência. A inocência é uma porta que o conduz a todos os mistérios e a todos os segredos da vida.

> De fiar, tecer e atar entendem seus dedos: assim produzem eles as meias do espírito! [...]
> Eles se observam atentamente e não têm confiança uns nos outros.

> Inventivos nas pequenas astúcias, esperam por aqueles cujo saber tem os pés mancos – esperam como aranhas. [...]
> Também sabem jogar com dados viciados; e os vi jogando tão fervorosamente que suavam.
> Somos estranhos uns aos outros, e suas virtudes me ofendem ainda mais o gosto do que suas falsidades e seus dados viciados.

Quando Zaratustra diz essas coisas, ele o faz numa referência direta a todos os chamados eruditos, a estes seres que são reconhecidos no mundo inteiro como grandes homens. Só que, para os místicos, todas essas pessoas eruditas não passam de estranhos. Por um simples motivo: o místico não tem necessidade de acreditar, ele não fica pensando sobre as coisas – o místico as experiencia. Veja, por exemplo, o caso da água. Você pode escrever um tratado gigantesco a respeito da água, sua tese pode ser aprovada com toda a distinção e louvor, e você pode ser reconhecido como um grande acadêmico. Mas nada disso pode matar a sua sede; seus livros, títulos ou conhecimento não podem saciar a sua sede. Na verdade, uma pessoa que bebe água não tem necessidade alguma de saber que sua fórmula é H_2O – porque o termo "H_2O" não consegue matar a sede de ninguém.

O místico se preocupa apenas em saciar a sua sede, em nutrir o seu próprio ser, em explorar o seu interior, em entrar em contato com a existência e com tudo que ela contém. E o que ela contém é isto: todas as alegrias, belezas, bênçãos e maravilhas. O erudito se contenta apenas em pensar sobre essas coisas. Ele não está com sede de verdade; caso contrário, iria escavar o chão em busca de água, e não escrever um tratado sobre ela – ele iria atrás de um poço, e não de uma biblioteca. Sim, enquanto o místico vai ao poço, o erudito vai à biblioteca. Eles são completamente estranhos entre si.

Somos estranhos uns aos outros, e suas virtudes me ofendem ainda mais o gosto do que suas falsidades e seus dados viciados. O erudito não pode falar da verdade simplesmente porque não conhece nada sobre ela. Na realidade, mesmo as pessoas que a conhecem não são capazes de falar sobre ela; mas, ao menos, elas podem apontar para a verdade, podem dar algumas dicas, indicar a direção. Elas podem pegá-lo pela mão e levá-lo até a janela para lhe mostrar as estrelas e a imensidão do céu. Mas o erudito está envolvido demais com questões de linguagem, de teologia, de filosofia – ele não tem tempo sequer para olhar para fora da janela. Ele não sabe mais como viver; só sabe pensar.

Mas o pensar é uma falsidade, porque você só pensa quando não conhece. Por exemplo, ao ver um lindo pôr do sol, você pensa? É bem provável que, apenas por hábito, ponha-se a pensar: "Que pôr do sol maravilhoso". Mas, daí, suas próprias palavras já se tornam uma barreira. Não é assim que se entra em contato verdadeiro com o pôr do sol; é preciso cessar o pensamento. Somente aí você estará realmente presente – em total harmonia com o pôr do sol, como se fizesse parte dele. Daí, sim, você irá conhecer de fato toda a sua beleza. E não ao ficar repetindo como um papagaio: "Que lindo", "Que bonito", "Que maravilha" – essas palavras não passam de quinquilharias, de bugigangas emprestadas dos outros. Algum dia você escutou essas palavras, e agora as repete só para mostrar que também possui um senso estético apurado.

Mas a verdade é esta: "você" não está lá – a sua mente está vagando em outro lugar, perdida por aí. Se a beleza não consegue parar a sua mente, significa que você ainda não sabe o que é a beleza. Se uma apresentação magnífica de dança não consegue deixá-lo em estado meditativo, é porque você não sabe como assistir à dança. Estamos carregados de falsidades; estamos simplesmente viciados nelas.

Zaratustra diz: *suas virtudes me ofendem ainda mais o gosto*. Pois suas virtudes são muito estranhas mesmo. Diferentes eruditos têm virtudes diferentes, que são peculiares a cada um dos diferentes rebanhos. Veja, por exemplo, a história que se passou com um dos maiores pensadores que a Índia já produziu, Adi Shankara – na verdade, com o primeiro Adi Shankara; pois, depois dele, vieram seus sucessores, assim como acontece com os papas, e todos eles são chamados de *shankaracharyas*. Um dos pilares de sua doutrina era a ideia de que o mundo não passa de uma ilusão, que ele só existe como aparência enganosa, e não como realidade; como se o mundo fosse feito da mesma matéria evanescente dos sonhos.

Certa vez, Adi Shankara estava em Varanasi, a cidadela sagrada do hinduísmo, onde proferia uma série de palestras acerca do caráter ilusório do mundo. Então, numa determinada manhã, ele foi até o rio Ganges para se banhar, pois era um sacerdote brâmane e assim mandava a tradição – ele foi quando ainda estava escuro, bem antes do nascer do sol, e não havia ninguém mais à sua volta. Mas, quando ele estava subindo as escadarias de volta do rio, um homem apareceu do nada e passou a seu lado, roçando de leve o seu corpo. O homem, então, parou e disse: "Por favor, me perdoe. Talvez você não me reconheça, porque está escuro, mas eu posso reconhecê-lo – e eu sou um 'intocável'".

Acontece que os hindus têm a doutrina fascista mais antiga do mundo. Com o seu sistema de castas, eles reduziram cerca de 25% de sua população a uma existência quase animal – eles chamam essas pessoas de "intocáveis". Sabe por quê? Porque o simples fato de tocá-las, ou mesmo de ser tocado pela sombra delas, tornaria você impuro. Se isso acontecer, você tem que tomar um banho imediatamente para se purificar. Já faz milhares de anos que atormentam essas pessoas, que são as responsáveis por fazer todos os trabalhos considerados indignos e sujos da sociedade. Não é permitido nem que elas vivam nas cidades; todas têm que morar nas periferias, fora da cidade. Elas são as mais pobres, as mais exploradas, as mais oprimidas de toda a sociedade hindu.

Adi Shankara, por sua vez, era um brâmane da mais alta casta, um dos maiores filósofos hindus. E, como era de esperar, ficou realmente muito zangado – e disse: "Mas como se atreve? Você é um intocável e, apesar de ter me reconhecido, ainda assim me tocou. Agora terei que voltar ao rio e tomar outro banho".

O intocável, então, retrucou: "Mas, antes de ir, você terá que responder a algumas perguntas minhas; senão, vou ficar aqui e tocá-lo de novo quando sair".

Como não havia mais ninguém por lá que pudesse ajudá-lo, Adi Shankara viu-se realmente em apuros. De fato, o que ele poderia fazer? Se fosse ao rio para se banhar, quando voltasse de lá seria tocado de novo, e a situação continuaria a mesma indefinidamente. Por fim, ele disse: "Muito bem, quais são as suas perguntas? Você parece mesmo ser uma pessoa bem desagradável e teimosa".

O intocável, então, falou: "Pois minha primeira pergunta é esta: eu sou real ou sou apenas mera ilusão? Afinal, caso eu seja só uma ilusão, você nem precisa tomar outro banho para se purificar; pode ir embora tranquilo e fazer suas orações no templo. Agora, se eu for real, então é melhor parar logo com todo esse absurdo que fica falando por aí".

E o grande Adi Shankara simplesmente permaneceu em silêncio, pensando no que poderia responder àquele homem. Ele já havia percorrido o país inteiro divulgando e debatendo suas ideias; já havia superado todos os maiores filósofos da Índia; existe até um livro louvando seus feitos – uma obra chamada *Shankara Digvijaya*, a vitória do grande Shankara. Onde quer que ele fosse, sempre conseguia provar, de forma lógica e irrefutável, que o mundo era uma ilusão. Mas e agora? Como responder ao questionamento desse intocável?

O filósofo continuava ali, pensando no que dizer. E o intocável continuou: "De acordo com sua teoria, eu sou uma ilusão; o rio é uma ilusão; o banho que você tomou é uma ilusão;

você mesmo é uma ilusão – tudo que existe não passa de ilusão. Muito bem, mas gostaria de lhe fazer mais algumas perguntas. Por exemplo, você me chama de intocável. Mas, diga-me, o meu corpo é que é intocável? Por acaso você acha que seu corpo é formado de substâncias diferentes do meu? Será que é possível fazer alguma distinção entre os ossos de um brâmane e os ossos de um intocável? Ou será que existe alguma diferença entre o nosso sangue, a nossa pele ou, quem sabe, o nosso crânio? Pois, se quiser, posso lhe trazer vários crânios, e você me diz qual deles é o crânio de um brâmane. Você sabe muito bem que todos os corpos são formados a partir das mesmas substâncias; é impossível distinguir qualquer traço de superioridade ou inferioridade".

E ele completou: "Bom, talvez, então, a minha mente é que seja intocável. Mas você consegue tocar a minha mente? Pois, veja bem, aquilo que não pode ser tocado não deveria ser chamado de intocável – porque, nesse sentido, sua mente também é intocável. Ou, quem sabe, você pensa que a minha alma é que é intocável? Porque tenho escutado as suas palestras, e você sempre afirma que só existe uma única alma em todo o universo, a alma suprema, *Brahman*, da qual todos fazemos parte. Mas e quanto aos intocáveis? Eles têm alma, ou não? Caso tenham, as suas almas também fazem parte da alma suprema, de *Brahman*, ou será que têm um lugar separado só para elas, fora da cidade?".

Então, pela primeira vez em sua vida, o insuperável Adi Shankara, um dos homens mais versados em lógica de todos os tempos, sentiu-se derrotado. E, por fim, ele disse: "Por favor, me perdoe. Você me despertou de um sono profundo. Eu estava vivendo num mundo de palavras; e você me confrontou com a realidade".

Sim, as pessoas que se habituam a viver num mundo de palavras, no fundo, estão apenas habitando os castelos que elas mesmas construíram no ar. Elas se esquecem do mundo real, dos seres reais, da vida de verdade. Suas belas virtudes e doutrinas provêm unicamente de seus castelos de vento; elas não nascem da realidade em que vivemos. É por isso que Zaratustra diz: *suas virtudes me ofendem ainda mais o gosto do que suas falsidades*.

Suas virtudes não passam de construções verbais, lógicas, racionais; não têm nada a ver com a realidade. De fato, você pode transformar qualquer coisa numa virtude – basta que, para isso, tenha argumentos suficientes.

Veja a história que me contaram, sobre um homem mulherengo que sempre voltava tarde para casa. Sua esposa lhe dizia: "Preste atenção, eu sei muito bem aonde você vai, e um dia você vai se arrepender". Mas ele nem dava ouvidos – e o fato é que, todas as noites, ele ia a um bordel.

Mas, finalmente, chegou um dia em que a mulher não aguentou mais aquilo tudo e, assim que o marido entrou em casa, ela pegou um facão e decepou o seu nariz. O sujeito não teve tempo nem de perguntar o que estava acontecendo, e seu nariz já estava caído no chão ensanguentado. E ele falou, completamente transtornado: "Minha nossa, o que é isso? Você ficou louca? E agora, como é que vou viver? O que eu vou falar para as pessoas?".

Impassível, a mulher respondeu: "Isso é problema seu. Já vivi tempo demais nessa angústia; agora é a sua vez...".

Desorientado, o homem se retirou para outro aposento, pensando no que poderia fazer para sair daquela situação embaraçosa. Ele sabia que a cidade inteira ficaria lhe perguntando sobre o que tinha acontecido com seu nariz. O melhor seria fugir da cidade. Mas, mesmo assim, o problema não seria resolvido, pois as pessoas na outra cidade também indagariam a mesma coisa: "O que aconteceu com seu nariz?". Ele não sabia o que fazer.

Acontece que esse homem tinha certo interesse por filosofia e religião. E foi daí que veio a solução. Naquela mesma noite ele fugiu para outra cidade e, chegando lá, ainda de madrugada, sentou-se debaixo de uma árvore numa postura meditativa, com as pernas cruzadas na posição de lótus e os olhos fechados. Na manhã seguinte, alguns moradores começaram a se aproximar. Eles já tinham visto muitos homens santos, mas aquele ali, de fato, era especial – não tinha nariz, e permanecia sentado exatamente como um buda.

Finalmente, alguém falou: "Embora seja novo aqui, saiba que estamos muito felizes por ter um grande santo como você entre nós". As pessoas tinham caído direitinho no engodo; afinal, ali estava ele, sereno, sentado em silêncio, na mais absoluta quietude. Mesmo que, por dentro, não houvesse nada de quietude e silêncio; aquilo tudo era apenas pose.

E o homem disse:

"Eu encontrei Deus."

"Você encontrou Deus? Então queremos ser seus discípulos."

"Muito bem, mas com uma condição: vocês precisam arrancar o próprio nariz. Porque o maior obstáculo no caminho até Deus é justamente o nariz. No instante em que cortarem o nariz, terão a visão de Deus diante de vocês."

Sem dúvida, era uma exigência bem difícil de cumprir. Toda gente ficou pensativa, cogitando no que fazer... Mas, claro, em qualquer lugar você pode encontrar algum imbecil – e, de repente, um idiota qualquer se levantou e disse: "Está bem, eu topo!".

O pobre coitado já tinha até conseguido um facão. O "mestre", então, levou o sujeito para um canto reservado e decepou o seu nariz. Imediatamente, o homem olhou para todos os lados em busca de Deus, mas não havia nada de divindade. Confuso, ele perguntou: "Mas onde está Deus?".

O mestre respondeu: "Veja bem, é bom você parar com essa história de Deus, porque não há nenhum Deus aqui, e isso não tem nada a ver com o fato de você arrancar ou não o seu nariz. Agora, se você disser às pessoas que não viu Deus, elas simplesmente vão rir na sua cara, achando que você é um idiota, que perdeu seu nariz à toa. O melhor que você tem a fazer é voltar para o meio das pessoas – mas chegue dançando, alegremente – e dizer o seguinte: 'Minha nossa, é muito simples, é extraordinário! Assim que meu nariz caiu, Deus apareceu diante de mim'".

E completou: "O caso é esse, meu amigo, idêntico ao que se passa comigo. Nunca encontrei, e não faço a menor ideia do que seja Deus. Mas você agora será o meu principal discípulo, será o meu braço direito, e juntos arranjaremos muitos outros discípulos – basta você ter um pouco de coragem".

O homem refletiu por alguns instantes, mas logo se convenceu de que aquela era a única saída para se livrar de tamanha vergonha e humilhação.

Então, ele voltou para o meio das pessoas, dançando, feliz, e disse a elas: "Eu já tinha feito de tudo, mas nunca tinha conseguido encontrar Deus. Mas este homem descobriu a grande chave: basta o pequeno sacrifício de amputar o nariz e, na hora, é como se uma cortina se abrisse – Deus aparece diante de nós. Eu vi Deus com meus próprios olhos".

As pessoas, contudo, ainda estavam ressabiadas: "Isso realmente é muito estranho, nunca ouvimos falar de uma coisa dessa... Não existe nenhum texto sagrado onde esteja escrito algo assim: 'Arranca teu nariz e verás Deus'".

Acontece que aquele homem era da mesma cidade que elas, há anos todos se conheciam; e, agora, lá estava ele, serenamente sentado ao lado de seu mestre na posição de lótus... Resultado? A fila de discípulos começou a crescer. E o truque era sempre o mesmo – o mestre levava o futuro discípulo para algum canto afastado, decepava seu nariz e lhe explicava a situação: "Preste atenção, não se trata de uma questão de ver Deus, pois não há Deus nenhum aqui. A questão, agora, é como você vai conseguir se livrar de todo esse vexame. Você é completamente livre para lhes dizer a verdade, mas eles simplesmente vão chamá-lo de imbecil. Mas, se fizer o que estou dizendo, você será venerado como um grande santo, do mesmo modo que todos os meus discípulos têm sido venerados".

E a coisa toda se alastrou de tal forma, que tomou proporções de uma epidemia – em pouco tempo, já havia centenas de pessoas sem nariz naquela cidade. Com um detalhe: o resto da população acreditava que elas eram santas, e todos lhes ofereciam comida, roupas, ou se curvavam para tocar os seus pés. O rumor tornou-se tão grande que chegou até aos ouvidos do rei.

O soberano, por sua vez, era um homem profundamente interessado em religião. E ficou bem intrigado com aquilo: "É estranho, nunca li nem ouvi falar de algo assim... Mas é impossível que tanta gente esteja mentindo. Se fosse somente uma pessoa, seria uma coisa; mas, só na nossa capital, há centenas de pessoas que afirmam ter visto Deus. E privar-se da experiência de Deus apenas para salvar o nariz não parece ser algo muito inteligente. Também irei até lá!".

Ele disse ao primeiro-ministro: "Faça todos os preparativos, pois irei agora mesmo ver esse homem. Todos vamos morrer um dia – com nariz e tudo. Nesse sentido, se apenas por arrancar o nariz se pode ter a experiência de Deus, vale a pena".

Mas o primeiro-ministro era um homem muito lúcido e inteligente. Ele ponderou com o rei: "Por favor, majestade, espere só um pouco, não há motivo para pressa. Amanhã mesmo vossa majestade pode arrancar o seu nariz. Permita-me apenas investigar um pouco, para descobrir o que de fato está acontecendo".

O primeiro-ministro, então, convidou o "grande mestre" ao palácio – sim, o sujeito agora já era reconhecido como um dos grandes mestres de todos os tempos, o homem que tinha descoberto o caminho mais rápido até Deus; ninguém conseguia sequer imaginar que pudesse haver um atalho mais curto. O mestre, claro, ficou todo satisfeito com o convite para encontrar o rei, e dirigiu-se imediatamente para o palácio. Chegando lá, ele foi levado para um salão onde estavam o primeiro-ministro e, atrás dele, quatro guerreiros enormes de prontidão. Ele nem imaginava o que estava por vir.

Mas o primeiro-ministro foi logo dizendo: "Diga-me a verdade – senão esses quatro soldados irão arrebentá-lo de tanta pancada; eles irão espancá-lo e torturá-lo o quanto for possível, até que, finalmente, você diga a verdade".

O malandro percebeu claramente a situação; e confessou: "A verdade é que foi a minha mulher que, brava comigo, arrancou o meu nariz. Nunca encontrei Deus, nunca vi divindade nenhuma. Mas, por favor, não me torture; vou embora da cidade agora mesmo".

E o primeiro-ministro perguntou: "Mas e quanto a todos os seus discípulos?".

"Eles também nunca viram nada...", respondeu o homem. "Acontece que, depois que alguém já não tinha mais nariz, tinha apenas duas opções: ser considerado santo, ou ser considerado um completo imbecil. A cidade inteira iria gargalhar na sua cara; iriam chamá-lo de idiota, por não ter escutado quando os outros lhe diziam para não fazer uma besteira como essa, de arrancar o próprio nariz."

O trapaceiro, então, foi levado à presença do rei. E, após ouvir a história toda, o soberano disse: "Minha nossa! Se eu tivesse ido ontem, a esta altura também já teria visto Deus!".

Sim, você pode pegar qualquer tipo de ideia estúpida e, se tiver um pouco de esperteza e malícia, sustentar facilmente essa ideia diante dos outros – o planeta está tão cheio de idiotas, que você não terá dificuldade alguma em encontrar seguidores. Todas as religiões que existem não passam de versões diferentes para a mesma história. Ninguém jamais viu Deus, mas não importa – você imagina que, se torturar a si mesmo suficientemente, vai se tornar santo. Porém, quando vê que, mesmo após ter se autoflagelado tanto, não encontrou Deus, você sabe que vai parecer um completo idiota se admitir que essa tortura toda foi inútil. O melhor mesmo é ficar calado. Você se tornou alguém respeitável, importante – não interessa se foi com ou sem Deus. Antigamente, você não passava de um inútil, uma pessoa insignificante, ninguém o respeitava; agora, milhares de pessoas o admiram e respeitam. Ou seja, é melhor ficar quieto e simplesmente gozar de toda essa respeitabilidade.

Nas mãos de pessoas espertas e astuciosas, coisas como a lógica, a argumentação e a filosofia podem ser usadas para criar todo tipo de virtudes e normas morais, mas nas quais você não consegue identificar um único aspecto plausível sequer. Contudo, essas pessoas sempre lhe apresentam suas evidências supostamente irrefutáveis, trazem até testemunhas para comprovar que: "Sim, isso é verdade mesmo".

Por exemplo, alguns monges hindus costumam usar uma sandália de madeira que é uma verdadeira tortura – além de ser pesada, a sandália não tem alças; tem apenas uma pequena haste, que fica entre o dedão e o segundo dedo do pé, e que você precisa segurar com os próprios dedos enquanto caminha. Ou seja, o simples ato de caminhar se transforma numa tortura inútil. Agora, tente perguntar a algum desses monges hindus: "Mas por que vocês fazem isso, se há sandálias muito mais práticas e confortáveis?".

Certa vez, até um grande santo hindu, seu nome era Karpatri, tentou me convencer de que havia um segredo nisso. Eu perguntei:

"Pois bem, qual é o segredo?"

"O segredo é que isso ajuda um homem a se manter celibatário."

"Essa é boa! Uma sandália de madeira?"

"Você não está compreendendo. O fato é que, no dedão do pé, existe um nervo que controla a sexualidade."

"Ora, se alguém aqui não está compreendendo as coisas não sou eu. A fisiologia do corpo humano já foi exaustivamente estudada, e não existe nervo algum que controle a sexualidade.

Você pode até cortar a perna inteira de uma pessoa, e mesmo assim a sua sexualidade não será reprimida."

No entanto, milhões de monges hindus acreditam nesse tipo de absurdo. E tem mais: todos eles usam uma espécie de cordão sagrado em volta do pescoço; e, quando vão ao banheiro para urinar, têm que colocar esse cordão por cima das orelhas.

Certa vez, perguntei ao próprio *shankaracharya* da cidade sagrada de Dwarka – onde eu estava por alguns dias – qual a razão de fazerem isso, pois eu não via sentido algum nessa história. Só resolvi questioná-lo diretamente depois que ele mesmo resolveu humilhar um jovem que assistia à sua palestra. Esse jovem tinha se levantado e pedido para fazer uma pergunta – mas o *shankaracharya* disse: "Antes de perguntar qualquer coisa, responda-me você algumas perguntas". O caso é que o rapaz estava vestido com roupas ocidentais – calça comprida, casaco, gravata –, e isso tinha deixado o *shankaracharya* furioso.

E o *shankaracharya* foi logo perguntando: "Você usa o colar sagrado hindu por baixo da camisa?". Ao que o jovem respondeu: "Não, eu não tenho esse cordão".

O *shankaracharya*, então, esbravejou: "No momento em que você se levantou, eu já sabia – com esse tipo de roupas que está usando, é óbvio que não segue os preceitos do hinduísmo nem ao urinar. Antes de qualquer coisa, trate de arranjar um cordão sagrado, troque essas roupas. E, sempre que urinar, lembre-se de colocar o cordão por cima das orelhas". A plateia inteira caiu na risada, e o pobre homem ficou com cara de idiota no meio daqueles imbecis.

Perguntei, então, ao *shankaracharya*: "Mas qual é a ciência por trás desse seu cordão sagrado? E em que medida o fato de colocá-lo por cima das orelhas ao urinar pode ser algo espiritual?".

E a resposta foi a mesma: que na orelha existe um nervo que controla a sexualidade. Assim, quando você enrola o cordão sagrado em volta das orelhas ao urinar, esse nervo é ativado. E isso ajuda o homem a se manter celibatário.

Parece absurdo, mas milhões de hindus acreditam nesse disparate. E isso não acontece só dentro do hinduísmo – nas mais variadas crenças, você encontra esse tipo de ideias estúpidas, de asneiras que vêm sendo difundidas e aceitas há milênios. Sim, e as pessoas nunca levantam um único questionamento. Por quê? Porque ninguém quer se sentir de fora do rebanho, ninguém quer perder o respeito da multidão.

E a multidão consegue ser extremamente sórdida e maldosa; ela é capaz de tratar uma pessoa da forma mais torpe possível. A pessoa pode perder seu emprego, seus amigos podem rejeitá-la, até sua própria família pode lhe virar as costas. Ela ficará sozinha no meio da multidão – mais que isso: estará sozinha e condenada. Agora, se estivesse fazendo todo esse tipo de tolice que a massa considera ser algo espiritual, virtuoso, então seria amada e respeitada pela multidão.

A meu ver, contudo, ser alguém respeitável nesta sociedade significa apenas que você é um hipócrita, um fingido. Significa que, somente para se manter respeitável, finge acreditar em várias coisas que – você sabe perfeitamente bem – são inúteis, estúpidas ou até mesmo prejudiciais.

> E, quando eu morava com eles, morava acima deles. Por causa disso zangaram-se comigo.

Sei disso por experiência própria. Eu já provoquei a ira de muitas pessoas religiosas ao redor do mundo – desde sacerdotes e líderes religiosos até homens considerados santos e sábios, todos eles se zangaram comigo por um simples motivo: eu lhes mostrei que a maioria das coisas que eles consideram como virtuosas, religiosas, de caráter, não passam de puro lixo. Eles nunca têm uma resposta para meus questionamentos; sua única resposta é a raiva. Mas a raiva não é um argumento; ela não prova nada – na verdade, ela desmente o que você tenta provar. Se você fica com raiva, isso revela apenas que você se sente exposto, indefeso, que não tem a menor prova, evidência ou justificativa racional para fazer aquilo que faz.

> E, quando eu morava com eles, morava acima deles. Por causa disso zangaram-se comigo.
> Eles não querem saber de alguém a andar sobre suas cabeças; então puseram madeira, terra e imundície entre mim e suas cabeças.
> Assim amorteceram o som de meus passos: e até agora os que pior me ouviram foram os mais doutos. [...]
> Apesar disso, ando com meus pensamentos *acima* de suas cabeças; e, mesmo se quisesse andar sobre minhas próprias falhas, ainda estaria acima deles e de suas cabeças.
> Pois os homens *não* são iguais: assim fala a justiça. E aquilo que eu quero não podem *eles* querer!

Essa declaração de Zaratustra é tão extraordinária! Sobretudo para os dias de hoje, quando, além das doutrinas religiosas, doutrinas político-econômicas como o comunismo disseminaram pelo mundo inteiro a ideia de que todos os homens são iguais. E isso é algo totalmente incorreto; não há sequer dois homens que sejam iguais.

Essa ideia de igualdade é falsa. Cada pessoa é absolutamente única; cada pessoa é uma categoria em si mesma.

Sim, eu concordo que todos devam receber oportunidades iguais, para que possam se desenvolver de acordo com sua própria singularidade – mas os homens não são iguais. A noção de igualdade é a nossa superstição contemporânea – a mais recente e a mais universalmente aceita, mesmo por aqueles que não são comunistas; pois, se não a negaram, significa que também a aceitaram.

Mesmo as pessoas que não são religiosas ou comunistas não têm coragem suficiente para dizer que os homens não são iguais

– por um motivo: elas têm medo de que a multidão fique zangada. Sim, pois as grandes massas ficam muito contentes em saber que todos os homens são iguais; que você é igual a Albert Einstein, que é igual a Bertrand Russell, que é igual a Martin Buber, que é igual a Jean-Paul Sartre. As grandes massas adoram essa ideia; ela é uma glória tão grande para o ego, que mesmo quem não é comunista ou religioso tem receio de admitir que os homens não são iguais. Mas estou completamente de acordo com Zaratustra, e repito: os homens não são iguais.

> Pois os homens *não* são iguais: assim fala a justiça. E aquilo que eu quero não podem *eles* querer!

Claro, pois eu gosto de determinadas coisas, você, de outras; tenho meus próprios talentos, tal qual você tem os seus; e, assim como tenho meu próprio destino, você possui um destino que é só seu. Na verdade, somente uma cabeça de gado pode ser igual a outra; só os membros de uma manada podem ser idênticos. O ser humano é a única criatura na Terra que possui uma singularidade única. Mas, quando você diz isso aos homens, consegue apenas deixá-los zangados.

Por exemplo, anos atrás, quando afirmei numa palestra que os homens não são iguais, o Partido Comunista da Índia aprovou uma resolução contra mim, declarando-me *persona non grata* entre eles. O próprio presidente do Partido Comunista na época, um certo S. A. Dange, declarou que seu genro, que era professor universitário, iria escrever um livro para refutar a minha ideia de que os homens não são iguais. E, de fato, ele chegou a escrever um livro contra mim – só que, nessa obra, não há um único argumento comprovando a igualdade entre os homens; em vez de argumentos, o que existe é apenas ódio, ofensas e mentiras.

Zaratustra está coberto de razão – *Pois os homens* não *são iguais: assim fala a justiça.*

Nesse sentido, tenho a minha própria concepção de como deverá ser uma sociedade ideal: ela irá garantir oportunidades iguais para todos, sim, mas essa igualdade de oportunidades será para que cada pessoa seja diferente da outra, será para que cada um possa se desenvolver de acordo com a sua própria singularidade.

Para mim, o comunismo legítimo significa isto: igualdade de oportunidades para todos, e não a uniformização igualitária de todos. Zaratustra teve essa mesma compreensão séculos atrás. E, sem dúvida, é bastante razoável desejarmos que o homem não seja sacrificado de novo em nome de uma suposta igualdade entre todos. Pois ele já foi sacrificado inúmeras vezes por causa disso, diante dos mais variados credos, templos e divindades. Ultimamente, por exemplo, o homem tem sido imolado no sagrado templo do comunismo – diante do sagrado livro chamado *O capital*, e da santíssima trindade formada por Marx, Engels e Lênin.

É uma coisa tão simples de se perceber; qualquer pessoa sabe que ninguém é igual. Porém, por causa da inveja que a maioria dos homens sente – a inveja que o fraco sente do forte, a que o mesquinho sente do nobre, a que o pigmeu sente do grandioso –, eles gritam a plenos pulmões: "Os homens são todos iguais, a igualdade é nosso direito de nascença". Contudo, não fazem a menor ideia de que, no fundo, estão defendendo algo que é sinônimo de se suicidar.

Ao contrário dessa ideia torpe de uniformização, a noção que está em pleno acordo com a vida é esta: a da igualdade de oportunidades de crescimento. É a aceitação do aspecto único e singular de cada indivíduo que faz com que, de fato, uma sociedade se torne fértil e abundante, que ela floresça em toda a sua plenitude, nos mais variados tipos de flores, com as mais variadas cores e fragrâncias.

Uma das qualidades raras de Zaratustra é o modo como ele enxergava as coisas muito antes de seu tempo. Na sua época, por exemplo, ninguém falava sobre essa questão da igualdade entre os homens; Karl Marx só iria aparecer com essas ideias séculos mais tarde. Porém, quanto mais meditativa e silenciosa é uma pessoa, mais clara se torna a sua visão, e ela é capaz de enxergar o que ainda está por vir. Nesse sentido, as afirmações de Zaratustra vão diretamente contra as teorias de Marx, embora ele nunca tenha ouvido falar de nenhum Karl Marx em particular.

Na realidade, Marx era apenas um erudito, e nada mais. Ele passou a vida inteira na biblioteca do Museu Britânico. Ele costumava chegar antes mesmo do espaço abrir e, quase todos os dias, as pessoas tinham que praticamente expulsá-lo do museu, pois ele insistia em permanecer após o horário de fechamento. Sem falar que, por diversas vezes, ele chegou a desmaiar em pleno Museu Britânico! Por conta da idade avançada e, claro, da quantidade de horas que passava somente lendo e pensando, Marx acabava ficando inconsciente. Quando a biblioteca estava prestes a fechar, as pessoas o encontravam desacordado, com a cabeça tombada sobre um livro qualquer. Daí, chamavam uma ambulância e ele era carregado inconsciente para casa. No dia seguinte, então, lá estava ele de volta – um perfeito erudito! Mais do que metaforicamente, ele era uma verdadeira traça – toda a sua experiência provinha dos livros; e não do contato com as pessoas, com a vida real, e muito menos do contato consigo mesmo. *Pois os homens* não *são iguais: assim fala a justiça. E aquilo que eu quero não podem* eles *querer!*

Assim falou Zaratustra.

Capítulo 7

A rebeldia
é a única esperança

Da redenção
Em verdade, meus amigos, eu caminho entre os homens como entre pedaços e membros de homens!
Isso é o mais terrível para meus olhos, encontrar o homem destroçado e disperso como sobre um campo de batalha e matadouro.
E, quando o meu olhar escapa do agora para o outrora, depara sempre com o mesmo: pedaços e membros, e apavorantes acasos – mas não homens!
O agora e o outrora sobre a terra – ah, meus amigos! –, eis o mais insuportável para mim; e eu não saberia viver, se não fosse também um vidente daquilo que tem de vir.
Um vidente, um querente, um criador, um futuro ele próprio e uma ponte para o futuro – e, ah, também como que um aleijado nessa ponte: tudo isso é Zaratustra.
E também vós vos perguntastes muitas vezes: "Quem é Zaratustra para nós? Como devemos chamá-lo?". E, tal como eu mesmo, vos destes perguntas como respostas.
É ele um prometedor? Ou é um cumpridor? Um conquistador? Ou um herdeiro? Um outono? Ou uma relha de arado? Um médico? Ou um convalescido?
É ele um poeta? Ou um homem veraz? Um libertador? Ou um domador? Um bom? Ou um mau?
Eu caminho entre os homens como entre pedaços de um futuro: aquele futuro que enxergo.

E este é todo o meu engenho e esforço, eu componho e transformo em um o que é pedaço, enigma e apavorante acaso.

E como suportaria eu ser homem, se o homem não fosse também poeta, decifrador de enigmas e redentor do acaso?

Redimir o que passou e transmutar todo "Foi" em "Assim eu quis!" – apenas isto seria para mim redenção!

Vontade – eis o nome do libertador e mensageiro da alegria: assim vos ensinei eu, meus amigos! E agora aprendei também isto: a própria vontade é ainda prisioneira.

Querer liberta: mas como se chama o que acorrenta até mesmo o libertador?

"Foi": assim se chama o ranger de dentes e solitária aflição da vontade. Impotente quanto ao que foi feito – ela é uma irritada espectadora de tudo que passou.

A vontade não pode querer para trás; não poder quebrantar o tempo e o apetite do tempo – eis a solitária aflição da vontade.

Querer liberta: o que inventa o próprio querer, para livrar-se de sua aflição e zombar de seu cárcere? [...]

Assim a vontade, a libertadora, converteu-se em causadora de dor: e em tudo que pode sofrer ela se vinga de não poder voltar para trás. Isto, e apenas isto, é a própria *vingança*: a aversão da vontade pelo tempo e seu "Foi".

Em verdade, uma grande loucura habita em nossa vontade; e tornou-se maldição para tudo que é humano o fato de essa loucura haver adquirido espírito!

O espírito da vingança: meus amigos, até agora foi essa a melhor reflexão dos homens; e onde havia sofrimento devia sempre haver castigo.

Pois "castigo" é como a vingança chama a si própria: com uma palavra mentirosa, ela finge ter boa consciência. [...]

E uma nuvem após a outra rolou sobre o espírito: até que finalmente o delírio pregou: [...]

"A menos que a vontade finalmente redimisse a si própria e o querer se tornasse não querer –": mas vós conheceis, irmãos, essa cantiga fabulosa do delírio!
Eu vos levei para bem longe dessas cantigas fabulosas, quando vos ensinei que "a vontade é criadora". [...]
Mas [...] A vontade já foi desatrelada de sua própria tolice?
A vontade já se tornou seu próprio redentor e mensageiro da alegria? Desaprendeu o espírito da vingança e todo ranger de dentes? [...]

Assim falou Zaratustra.

As palavras de Zaratustra expressam claramente o modo como as religiões aniquilaram a integridade do homem, a forma brutal como elas o despedaçaram – aliás, não só o destroçaram, como o deixaram em pedaços que brigam entre si. O maior crime já cometido contra a humanidade foi praticado pelas religiões: elas simplesmente deixaram a humanidade inteira esquizofrênica; depois delas, todas as pessoas passaram a ter uma personalidade dividida. E tudo isso foi feito de maneira bastante esperta e ardilosa.

Primeiro, elas disseram ao homem: "Você não é o seu corpo"; em seguida, então, completaram: "E o corpo é seu inimigo". Pronto, e a conclusão lógica foi esta: você não faz parte deste mundo, não pertence a ele de verdade – o mundo não passa de uma forma de castigo para você. Sim, você só está aqui para ser punido. Sua vida não é, e nunca poderá ser, uma alegria – ela só pode ser tristeza e lamentação. O sofrimento será seu quinhão aqui na Terra.

As religiões fizeram isso porque, se não fosse assim, nunca conseguiriam atingir três objetivos: fazer com que o homem se curve diante da ideia de Deus, que não passa de uma ficção poética; fazer com que ele anseie pelo céu, que é uma mera projeção da ganância humana; e, por fim, fazer com que viva com temor do inferno, o que acaba inoculando um medo profundo no cerne de sua própria alma. Com isso, elas conseguiram roubar o homem de si mesmo, dissecando seu ser em partes dilaceradas.

Nenhuma crença consegue aceitar o fato tão simples, verdadeiro e natural de que o homem é uma unidade em si mesmo, e de que o mundo não é um lugar de expiação. Pelo contrário. O mundo é um espaço de celebração; e o ser humano, uma parte viva desse mundo. Nós estamos tão profundamente enraizados na Terra quanto cada uma das árvores que se erguem do chão – este planeta, a Terra, é a nossa grande mãe.

Zaratustra disse várias e várias vezes: "Nunca traias a Terra"*. E o que todos os credos fizeram foi basicamente isso, eles traíram a Terra. Eles traíram sua própria mãe, traíram a sua própria fonte de vida. Eles condenaram a Terra, e estão sempre pregando que todos devem renunciar a ela – a tônica de seu discurso é sempre esta: a renúncia.

Mas como você pode renunciar à sua própria natureza? Na verdade, você pode até fingir que renunciou à vida, pode ser um grande hipócrita; ou, quem sabe, pode até começar a crer que já não faz parte do mundo que o cerca. Porém, mesmo os seus homens mais santos dependem da natureza, da mesma forma

---

* Eis um exemplo de como Nietzsche traz esse tema na voz de Zaratustra: "Eu vos imploro, irmãos, *permanecei fiéis à terra* e não acrediteis nos que vos falam de esperanças supraterrenas! São envenenadores, saibam eles ou não. São desprezadores da vida, moribundos que a si mesmos envenenaram, e dos quais a terra está cansada: que partam, então! [...] Permanecei fiéis à terra, irmãos, com o poder da vossa virtude! Que vosso amor dadivoso e vosso conhecimento sirvam ao sentido da terra! Assim vos peço e imploro. Não os deixeis voar para longe do que é terreno e bater com as asas nas paredes eternas! [...] Trazei, como eu, a virtude extraviada de volta para a terra – sim, de volta ao corpo e à vida: para que dê à terra seu sentido – um sentido humano!". (N. do T.)

que os seus maiores pecadores. Todos eles precisam de comida, de água, de ar; suas necessidades são as mesmas. Nesse sentido, então, qual é a consequência dessa renúncia?

Ela simplesmente cria uma divisão profunda dentro das pessoas; elas ficam com a mente dividida. O seu interior se fragmenta em diversas partes, e estas, por sua vez, ficam brigando o tempo todo entre si. Essa é a principal causa do sofrimento humano – algo, aliás, que já se tornou quase uma coisa institucionalizada, pois já faz milhares de anos que a única coisa que as pessoas fazem é sofrer. Com isso, começaram a acreditar que o sofrimento é algo predeterminado: "A nossa sina é essa, sim, é esse o nosso destino. Não há nada que se possa fazer". Mas a grande verdade é esta: não se trata da nossa sina e muito menos do nosso destino – isso é fruto apenas da nossa estupidez, da nossa falta de inteligência, por termos sempre dado ouvidos a esses sacerdotes frouxos e sem vitalidade, por termos sempre acreditado em suas mentiras e ficções.

E o fato é que essas ficções têm sido muito proveitosas para os sacerdotes. Eles só não se deram ao trabalho de, literalmente, destroçar a humanidade em pedaços porque, ao longo da história, essas mentiras e ficções serviram muito bem a seus interesses. Pois um homem sadio, pleno e inteiro não pode ser escravizado pelos religiosos. Só um homem que sofre precisa de oração – na esperança de que, talvez, Deus possa ajudá-lo. Para que Deus possa existir, o homem precisa sofrer; para que essa ideia de Deus possa se tornar cada vez mais uma realidade, o homem precisa se tornar cada vez mais esquizofrênico.

Quanto mais mergulhado na dor ele estiver, mais facilmente poderá ser convencido a rezar e a cumprir rituais religiosos, pois a única coisa que vai querer é se livrar da dor. E mais facilmente poderá ser convencido da existência de salvadores, profetas divinos e mensageiros de Deus. Agora, um homem que vive em plenitude e bem-aventurança, que leva uma vida de alegria, esse ser não precisa de nenhum Deus. Um homem que vive verdadeiramente a sua vida não precisa de oração. Na realidade, a doença da mente humana é a única fonte de subsistência para os sacerdotes.

E Zaratustra está longe de ser um sacerdote. Ele talvez seja um dos primeiros psicólogos a desvendar o estado esquizofrênico da alma humana.

Ele diz:

> Em verdade, meus amigos, eu caminho entre os homens como entre pedaços e membros de homens!

Sim, é muito difícil encontrar um homem que seja inteiro; as pessoas estão todas fragmentadas. Se alguém é espiritualizado, renega seu corpo; se é materialista, renega seu espírito. A pessoa espiritualizada, aliás, não só renega seu corpo, como também rejeita sua mente.

Todas as teologias são muito ciumentas e monopolizadoras. No final do século XIX, por exemplo, houve um grande movimento religioso nos Estados Unidos chamado Ciência Cristã. Eles só acreditavam na existência da alma – tudo mais seria apenas uma ilusão; todas as coisas seriam meros frutos do nosso pensamento, sem nenhuma realidade. Essa congregação chegou a ter milhares de seguidores, que se reuniam em templos espalhados por todo o país para debater sua magnífica filosofia.

Certo dia, um jovem cujo pai era membro dessa igreja caminhava pela rua quando, por acaso, cruzou com uma velha senhora que também fazia parte do grupo. Ao reconhecê-lo, a mulher perguntou: "O que aconteceu com seu pai? Já faz um bom tempo que ele não aparece em nossos encontros".

"Ele tem estado muito doente", respondeu o jovem.

A mulher soltou uma risada, e disse: "Imagine só, a doença não passa de um pensamento, de uma ilusão. Ele apenas pensa que está doente, é só isso. Como a alma poderia estar doente? Por favor, diga a ele para parar com isso, pois não é algo digno de um membro da Ciência Cristã".

Eis que, algumas semanas depois, os dois se esbarravam novamente enquanto caminhavam pela rua. E a velha senhora foi logo perguntando: "Mas, e aí, o que aconteceu? O seu pai continua não indo às nossas reuniões".

O jovem, então, respondeu: "Pois é, minha senhora, o que posso fazer? Imagine só, agora ele começou a pensar que está morto! Nós até tentamos convencê-lo do contrário: 'Pai, isso é só o seu pensamento, você não está morto. Lembre-se, você é membro da Ciência Cristã, não pode ficar acreditando nos seus pensamentos; isso tudo é uma ilusão. Vamos, comece logo a respirar!' – mas ele nem escutou. Ele acredita de tal forma nesse pensamento, que tivemos que levá-lo para o cemitério. Não teve outro jeito...".

Por toda parte é assim: há pessoas que negam a existência do corpo; outras que negam a existência da mente; e existem aquelas que negam a existência da alma, dizendo que só o corpo é real, que tudo mais é pura ilusão. Agora, todas essas pessoas – sejam elas espiritualizadas ou materialistas – concordam num ponto: nenhuma delas aceita que o homem viva em seu estado natural, como uma unidade orgânica, inteira, completa; elas sempre têm que descartar alguma coisa. Porém, tudo aquilo que você pensa descartar continua à sua volta, é parte de você. Pode até ser que, por meio de uma contínua autossugestão, de uma repetição incessante – uma repetição de séculos –, você consiga acreditar em seu próprio engodo. Porém, se a sua crença não está de acordo com a natureza, o resultado será apenas um: sofrimento.

A humanidade inteira está sofrendo. E o mais inacreditável nessa história é que toda essa miséria existencial, todo esse padecimento se deve, sobretudo, a essas ideias religiosas estapafúrdias, que não permitem que o homem se desenvolva naturalmente, que viva naturalmente, que ame naturalmente. Daí, quando o sofrimento desaba sobre a sua cabeça, eles dizem: "Veja só! Não falamos que a Terra não passa de um lugar de castigo e expiação?".

É uma estratégia realmente ardilosa. Primeiro, eles criam o sofrimento; daí, usam esse mesmo martírio como argumento para defender a ideia de que você já nasceu em pecado, de que o fato de estar na Terra, e não no paraíso, é a penitência que lhe cabe.

Já que Adão e Eva desobedeceram a Deus, hoje você tem que padecer, tem que pagar por esse crime. É uma lógica muito bizarra. Veja bem, mesmo que Adão e Eva tenham de fato desobedecido ao Criador, foi um pecadinho de nada – eles apenas comeram uma maçã. Sem falar que ninguém sabe ao certo se Adão e Eva existiram mesmo ou não. Seja como for, por conta dessa simples mordida na maçã, ocorrida há milhares de anos, ainda hoje você tem que passar por todo esse suplício, pois carrega a herança pecaminosa de Adão e Eva. Sim, você pertence à mesma linhagem que eles; e, se eles foram pecadores, você também é. Uma prova disso é todo sofrimento que existe na vida; senão, por que haveria tanta dor e martírio no mundo?

As religiões são astuciosas demais, e os sacerdotes, nada mais que desumanos. Eles partiram o homem ao meio, colocando-o contra si mesmo – e, por lutar consigo mesmo, ele sofre.

Zaratustra tem razão: *Em verdade, meus amigos, eu caminho entre os homens como entre pedaços e membros de homens!* Atualmente, é quase impossível encontrar um homem que seja realmente inteiro. Na verdade, é esse homem inteiro que será o super-homem de Nietzsche – o homem inteiro será o homem mais feliz que já existiu, e receberá todas as bênçãos que este planeta maravilhoso tem para derramar sobre ele. Pois só um homem inteiro, e somente ele, é capaz de receber tudo isso.

E por que um homem inteiro pode ser tão pleno e feliz? Porque ele vive de forma inteira, completa, total; a cada momento, ele extrai todo o sumo da existência, bebe até a sua última gota. A sua vida é uma dança, uma constante celebração.

E, quando a sua vida se torna uma celebração, você não consegue mais acreditar nessa baboseira de que ela seja uma punição. A partir daí, você consegue descortinar todo o véu de mentiras dos religiosos, e não tem mais necessidade alguma de um paraíso no além, pois você já o experimenta aqui e agora. Você não tem que adiar essa experiência para um futuro distante, que só viria após a sua morte.

> Isso é o mais terrível para meus olhos, encontrar o homem destroçado e disperso como sobre um campo de batalha e matadouro.

Zaratustra vê as coisas com muita clareza, com uma lucidez rara e inigualável. Aquilo que chamamos de humanidade, ele enxerga como... *um campo de batalha e matadouro*.

E é assim mesmo. Pois, de uma forma ou de outra, todas as pessoas foram destroçadas, todas foram impedidas de crescer, de atingir o seu potencial. Em todas elas falta uma parte que lhes é absolutamente essencial, e que lhes pertencia por direito de nascença. Porém, os censuradores – e todos os sacerdotes são censuradores – não conseguem ver ninguém alegre, não suportam ver ninguém feliz; basta encontrar alguém assim, e eles já partem para cima dessa pessoa, condenando a sua alegria, censurando o seu prazer. De fato, eles conseguiram desenvolver argumentos notáveis para destruir a alegria alheia.

E o principal argumento que usam é este: a vida é muito curta, os prazeres e alegrias são todos efêmeros, mudam a cada minuto – por isso, não se deixe enganar por eles, não caia na tentação, porque, se o fizer, perderá a felicidade eterna do paraíso. Ou seja, fica evidente que o preço a pagar é muito alto. Só por conta de um simples prazer, como o de desfrutar o seu chá matinal, você não iria querer arruinar as chances de desfrutar a felicidade sem fim do paraíso, a eterna bem-aventurança celestial.

Mas a realidade é esta: a vida é feita de pequenos prazeres – porém, se você juntar todos esses pequenos prazeres, a própria vida se torna um prazer em si mesma. Ninguém precisa desses prazeres grandiosos do céu. Além disso, essa própria ideia de um paraíso onde reina a felicidade eterna não passa de ficção, de poesia, pois ninguém jamais viu um lugar assim. Ninguém jamais foi até lá e voltou para contar: "O paraíso existe, eu vi com meus próprios olhos".

Enfim, em nome de deuses fictícios, em nome de prazeres fictícios, destruiu-se aquilo que é mais real e verdadeiro.

> E, quando o meu olhar escapa do agora para o outrora, depara sempre com o mesmo: pedaços e membros, e apavorantes acasos – mas não homens!
>
> O agora e o outrora sobre a terra – ah, meus amigos! –, eis o mais insuportável para mim; e eu não saberia viver, se não fosse também um vidente daquilo que tem de vir.

O que Zaratustra está dizendo é isto: "Olhar para o passado e o presente da humanidade é algo tão doloroso, é tamanha agonia, que nunca pensei ser capaz de sobreviver a isso. É uma dor tão excruciante, que poderia ter partido meu coração. A única coisa que me mantém vivo é a esperança de que ainda há um futuro por vir. O passado já se foi; e, a cada momento, o presente também se torna passado. Mas ainda existe a esperança de que, um dia, o homem consiga se libertar das cadeias da religião, de que ele possa enxergar quanto tem sido enganado, iludido, explorado – e dessa nova compreensão irá despertar o homem inteiro, completo, total, o super-homem. Sim, a única coisa que me mantém vivo é a esperança de que o super-homem está por vir. Se não fosse por isso, eu não sobreviveria; pois olhar para o passado e o presente é algo tão penoso, tão angustiante, que eu já teria morrido de depressão".

E Zaratustra está certo. Há que se manter viva esta esperança: de que, um dia, o homem vá chegar a essa compreensão da verdade – afinal, por quanto tempo ele ainda pode permanecer nas prisões criadas pelos religiosos? Pois podem chamá-las de templos, igrejas ou mesquitas, não importa; seja qual for o nome que derem, essas coisas não passam de prisões. É tão doloroso ter que assistir, dia a dia, a seres humanos sendo marcados a ferro como gado: este é hindu; aquele é muçulmano; aquele outro é cristão; e por aí vai.

Podemos percorrer o planeta inteiro, e mesmo assim será muito difícil encontrar um único ser humano que não tenha sido rotulado, que ainda não faça parte da manada, que ainda seja livre dos apelos da multidão, enfim, que ainda seja ele mesmo – um ser inteiro, completo, que vive sem nenhum receio e de acordo com a sua própria natureza.

Pois não há outra religião senão a natureza. E você não tem que se preocupar em aprender o que é a natureza. Quando está com sede, você sabe que precisa de água; quando sente fome, sabe que precisa comer. A sua própria natureza está o tempo todo a guiá-lo. Não há outro guia senão a natureza. Todos os outros guias são falsos, servem apenas para desorientá-lo. Eles o afastam do seu próprio caminho, do rumo natural que deveria tomar; e, tão logo isso acontece, começa o seu sofrimento. E a grande alegria deles é justamente o seu sofrimento – porque somente os infelizes e sofredores procuram por igrejas, templos, e esse tipo de coisa.

Quando as pessoas estão alegres e radiantes, quando são jovens e saudáveis, quem vai querer saber de igreja? A vida é algo tão exuberante, é uma alegria tão grande – quem vai querer deixar toda essa exuberância, todo esse júbilo, para entrar nesses verdadeiros cemitérios chamados igrejas e templos. Imagine só, quem vai querer entrar num lugar assim: onde a tristeza é confundida com seriedade; onde uma cara fechada é sinônimo de espiritualidade; onde alguém que desate a rir será taxado de maluco; onde não se pode dançar; onde é proibido amar; onde você tem que ficar sentado ouvindo palavras mortas, sermões tão carcomidos e empoeirados que não despertam a menor emoção em seu ser, que não fazem o seu coração vibrar – sim, quem vai querer entrar num lugar desses? Entretanto, são espaços como esses, são todas essas igrejas e templos que, há séculos, vêm governando a vida das pessoas.

E, assim como todo místico verdadeiro, o que Zaratustra espera é que isso não dure para sempre. Algum dia, a inteligência do homem vai se rebelar.

A rebeldia é a única esperança. Um dia, o ser humano irá destruir todas essas aberrações chamadas de casas de Deus; pois só existe um único templo de verdade, e esse templo é a própria Terra, é este planeta com o seu céu coberto de estrelas – os outros templos, sem exceção, não passam de construções fajutas erguidas pelo homem. Da mesma forma que só existe um único Deus verdadeiramente vivo, e esse Deus é a própria vida que pulsa nas árvores, nos animais, nos seres humanos – os deuses que se encontram confortavelmente sentados nos templos são meros bibelôs manufaturados pelo homem.

Aliás, é de fato muito estranho que as religiões ainda afirmem que Deus criou o mundo, já que os seus próprios deuses são criados pelo homem. Elas dizem assim: "Deus criou o homem à sua imagem e semelhança". Mas a verdade é exatamente o contrário: foi o homem quem criou Deus à sua imagem e semelhança. É por isso que um deus chinês é diferente de uma divindade hindu, assim como um deus europeu é completamente diferente de uma deidade africana – as pessoas criam seus deuses à sua própria imagem e semelhança. E, nesse ponto, a estupidez chega a seu extremo absoluto: os homens criam essas imagens e, logo em seguida, ajoelham-se e prostram-se a seus pés. Você consegue pensar em algo mais idiota? Ah, sim, eles ainda começam a rezar!

Quando vemos alguma criança deslumbrada com seus brinquedos, a gente até entende; afinal, ela é uma criança, e crianças adoram seus brinquedos, elas amam seus bichinhos de pelúcia. Agora, um adulto fazendo isso é de estranhar. Mas a questão é que você é um adulto, mas não cresceu – você continua amando seus bichinhos de pelúcia. Só que, hoje, os seus bichinhos de pelúcia estão nos templos, nas igrejas, nas sinagogas. Mas não importa quanto você os venere, eles são apenas isto: bichinhos de pelúcia – eles cumprem a mesma função psicológica.

Se não estiver com seu bichinho de pelúcia, a criança se sente muito sozinha. Por exemplo, certa vez recebi a visita de um garotinho que tinha vindo com sua mãe da Grécia – a mãe do menino era uma *sannyasin*, e, quando estive na Grécia, eu e ele ficamos muito amigos. Bom, e adivinhe o que ele me trouxe de presente: um ursinho de pelúcia! E veja só o que ele havia dito para sua mãe: "Eu só vou embora da Índia se puder dar o ursinho para o Osho, senão eu não saio daqui – mamãe, o Osho vive sozinho, ele precisa de alguém para lhe fazer companhia".

E com você é a mesma coisa. Pois o que são os seus deuses? Eles são apenas isto: formas de consolo – porque, mesmo em meio à multidão, você se sente só. Você precisa de um bichinho de pelúcia no céu, um ursinho fofinho e celestial que estará sempre a seu lado. Ele é onisciente, onipresente, onipotente – pode fazer qualquer coisa. Sim, mas ele é só uma forma de consolo, e nada mais. Todos que acreditam nessa ideia de Deus, no fundo, ainda não permitiram a si mesmos tornarem-se pessoas adultas. Eles ainda não amadureceram psicologicamente; caso contrário, não teriam mais necessidade de nenhum Deus que funcionasse como um bichinho de pelúcia.

Na verdade, a própria vida, em si, já basta; você não precisa de mais nada. Pois a vida é algo tão maravilhoso, tão abundante, ela está sempre prenhe de canções, de flores, de pássaros a voar – e ela lhe dá a mais absoluta liberdade para crescer e para ser quem você é. Ela não lhe dá uma tábua com dez mandamentos, não fica criando confusão a respeito de como você deveria ser. A vida o aceita do jeito que você é; o amor e respeito que ela tem por todos os seres vivos é absolutamente incondicional.

Se é assim, por que então as pessoas ainda precisam de deuses? Por um motivo: elas são infelizes. Porque a estratégia é esta: não deixem que as pessoas sejam felizes, senão a religião vai desaparecer.

Em um de seus achados mais geniais, o filósofo inglês Bertrand Russell disse o seguinte: "Se o mundo inteiro for feliz, posso garantir que não haverá mais religiões". E há uma profunda verdade nisso que ele diz. As religiões querem que as pessoas permaneçam pobres, doentes, infelizes, eternamente angustiadas. Pois, com isso, evidentemente elas se tornam fracas, dependentes, e estarão sempre em busca de algum tipo de amparo – um amparo que, é óbvio, o sacerdote estará sempre pronto para oferecer. Ele está sempre de prontidão para interceder junto a Deus: "Senhor, este homem precisa de sua compaixão" – embora, diga-se de passagem, parece que nenhuma prece jamais foi atendida.

Mas até em relação a isso os sacerdotes são bem ladinos. Eles dizem: "Suas preces não são atendidas porque vocês não têm merecimento suficiente. Vocês não são dignos da graça de Deus, pois não passam de pecadores, que estão sempre atentando contra a fé". Obviamente, de acordo com o critério deles, é impossível viver sem cometer um pecado.

Por exemplo, no jainismo – uma das grandes tradições da Índia –, existem alguns princípios fundamentais. Um desses princípios fundamentais é o da "ausência de paladar" – coma, mas não aprecie o sabor. Ou seja, o ser humano fica numa situação realmente complicada. Afinal, ele conta com várias papilas gustativas na língua – a não ser que faça uma cirurgia plástica para remover essas papilas, ele vai sentir o sabor das coisas; não tem como ser diferente.

Quando uma coisa amarga entra em sua boca, imediatamente você sente o sabor amargo; e o mesmo acontece no caso de algo doce ou azedo. Isso ocorre independentemente da sua vontade – ou seja, mesmo sem querer, você já fez algo errado. E não teria como fazer de outro modo, pois o paladar é um sentido inerente ao corpo. Mas isso não importa: tudo que vem do corpo é considerado pecado e precisa ser combatido; em vez disso, aí está você, saboreando a vida através do corpo.

Eles tornaram as coisas impossíveis para o homem. Como resultado, todo mundo acaba sendo considerado indigno mesmo, não tem saída. E, se você é uma pessoa indigna, significa que todos os seus desejos e anseios também são, e devem ser condenados. Acontece que você tem uma matriz biológica; você nasceu de forma biológica, cada célula de seu corpo é pura energia sexual, é pura energia de vida.

Assim, é mais do que natural que você queira amar alguém, isso é parte da sua própria biologia – mas todas as religiões são contra isso: se você amar essa pessoa, irá para o inferno! Apesar disso, a sua própria biologia o impele a amar; e o resultado é este: você ama pela metade, com medo, com uma grande tristeza no coração, sabendo que está cometendo um pecado. Você é incapaz de desfrutar o amor com plenitude. E, como não consegue desfrutá-lo de forma plena, você sempre quer mais; e, como sempre quer mais, vai se tornando uma pessoa cada vez mais pecadora. Por isso, não é preciso nem olhar para a biografia de uma pessoa, seja ela quem for, para dizer que ela é uma pecadora, que é indigna de receber as graças de Deus – e essa é única razão pela qual suas preces não são ouvidas.

Agora, a grande realidade é esta: suas preces não são ouvidas simplesmente porque não existe ninguém para escutá-las, não há ninguém para atendê-las. O fato de um homem ficar rezando para um céu vazio só mostra que, psicologicamente, ele ficou estagnado em algum ponto de seu crescimento, só revela que ele é psicologicamente imaturo.

Após a Segunda Guerra, como já dispunham de meios eficientes para medir a inteligência das pessoas, os psicólogos decidiram realizar alguns estudos para saber qual seria, em média, a idade mental dos soldados. E eles ficaram estarrecidos com o resultado: a média da idade mental entre os soldados era de apenas 13 anos! E a grande questão é que o nível mental dos soldados daquela época, ainda hoje, não é inferior ao nível médio de inteligência de todo o resto da população.

Parece que, em geral, enquanto o corpo das pessoas continua a amadurecer ao longo da vida, a mente delas fica estagnada em torno dos 13 ou 14 anos de idade. De fato, pode ser que você já tenha 80 anos de idade, mas, quando se ajoelha diante de um deus invisível, você não passa de um garotinho de 13 anos – embora esteja se ajoelhando com o corpo, a sua psicologia também se curva.

As religiões causaram um mal imensurável nesse sentido. Ninguém até hoje se preocupou em perguntar por que a idade mental fica empacada por volta dos 13 anos de idade, mas a resposta é muito simples: essa é a fase em que meninos e meninas se tornam sexualmente maduros; e, assim que você se torna sexualmente maduro, a biologia não precisa mais que sua inteligência se desenvolva.

A menos que você faça um esforço nessa direção, sua idade mental permanecerá nos 13 ou 14 anos de idade. Pois, nesse ponto, a biologia já atingiu o seu potencial; você já é sexualmente maduro – e o tanto de inteligência que possui já é mais do que suficiente para conseguir procriar e ter filhos. Se quiser ser mais inteligente, então terá que se esforçar nesse sentido, terá que aprender a meditar, terá que fazer tudo para afiar a sua inteligência.

Mas os religiosos não querem que você seja inteligente, pois o ensinamento deles se baseia inteiramente na ideia da crença. E um crente não precisa ter nenhuma inteligência. A não ser que você aprenda a duvidar, a sua inteligência nunca irá se desenvolver – porque dúvida é sinônimo de investigação, de busca, de curiosidade; e a crença é justamente o oposto de tudo isso.

Em virtude dos sistemas de crenças que foram impostos ao homem, a sua idade mental média não passa dos 14 anos – e todos esses "meninos" e "meninas" de 14 anos são cristãos, judeus, hindus, muçulmanos. Agora, se a sua inteligência se desenvolver o mínimo que seja, os seres humanos começarão a perceber que tudo aquilo que costumavam chamar de religião não passa de pura superstição. Se a sua inteligência continuar a amadurecer, eles começarão a duvidar da existência de coisas como Deus, céu ou inferno; eles começarão a ter sérias dúvidas em relação aos sacerdotes e sua dita religiosidade; começarão a fazer perguntas sobre tudo. E nenhuma crença tem respostas para essas perguntas.

Por exemplo, acabei de lhe contar sobre um dos fundamentos do jainismo, que é o princípio da "ausência de paladar". Pois bem, certa vez perguntei a um monge jainista exatamente isto: "Se a ausência de paladar é um dos fundamentos da sua religião, se isso é algo superior, então por que a natureza dotou o homem de papilas gustativas?" – e o monge, claro, não teve resposta. A natureza nunca dá nada em vão.

Veja mais um exemplo desse tipo de princípio esdrúxulo. Ao caminhar, um monge budista só pode olhar, no máximo, até 1 metro de distância à sua frente; é proibido olhar mais adiante. Com isso, ele nunca caminha com a cabeça ereta, está sempre olhando para o chão. E qual é o motivo? Se ele caminhar com a cabeça ereta, pode ser que, de repente, veja o rosto de alguma mulher bonita. A questão é apenas essa. Olhando até 1 metro de distância à sua frente, o máximo que ele poderá enxergar será o pé de alguma mulher, e nunca o seu rosto.

Agora, se o amor entre um homem e uma mulher fosse realmente uma coisa errada, se fosse realmente uma depravação, por que a natureza lhes daria esse tipo de anseio? Isso é algo que qualquer pessoa com o mínimo de inteligência se perguntaria. Na realidade, se fosse assim, nem mesmo o próprio Buda teria nascido. É uma bênção que o pai de Buda não tenha sido um monge budista; caso contrário, teríamos sido privados da existência de um ser tão grandioso.

A natureza continuamente quer se reproduzir: em novas vidas, em novas formas... sim, em vidas e formas cada vez melhores e mais evoluídas. A natureza é um processo contínuo de evolução. E as religiões obviamente são contrárias a isso; pois, quanto mais evoluída é uma pessoa, menor é a possibilidade de que ela se torne vítima de qualquer estupidez religiosa.

O filósofo Bertrand Russell foi um dos homens mais inteligentes do mundo contemporâneo. Ele teve uma vida longa – chegou quase aos 100 anos de idade –, e, mesmo quando estava prestes a dar o seu último suspiro, ainda se mantinha jovem e inteligente como nunca. Ao longo da vida, ele foi sempre cultivando e amadurecendo a sua inteligência. E, como resultado, logo começou a duvidar de todo tipo de ideias absurdas que haviam lhe dito na infância. Ele nasceu em plena era vitoriana, um dos períodos mais conservadores e puritanos da Inglaterra – mesmo assim, anos mais tarde, foi capaz de escrever um livro chamado *Por que não sou cristão*.

Essa obra é um marco filosófico, e até hoje, mais de cinco décadas após sua publicação, ainda não foi refutada por ninguém ligado ao universo cristão. Nela, Bertrand Russell questiona cada um dos conceitos do cristianismo, e afirma de forma categórica: "Isso tudo é pura ficção, e somente pessoas ignorantes podem acreditar em algo assim".

Se a inteligência da humanidade evoluir, todos os templos ficarão vazios – sim, e a vida ficará imensamente mais bela e vibrante.

"Essa é a única esperança", diz Zaratustra.

> Um vidente, um querente, um criador, um futuro ele próprio e uma ponte para o futuro – e, ah, também como que um aleijado nessa ponte: tudo isso é Zaratustra.

Eis o que ele diz: "A única coisa que me mantém vivo é a esperança de que, um dia, essa noite sombria vai acabar; por mais longa que ela seja, um dia virá o amanhecer. Pois a cada noite segue-se uma nova alvorada. Essa noite tenebrosa na qual a humanidade está mergulhada não pode durar para sempre".

Mas, enquanto isso, ele descreve sua condição atual: como *um vidente*, pois consegue enxergar adiante; *um querente*, pois almeja o despertar do super-homem; *um criador*, pois fará tudo que for possível para criar o novo homem que vai suceder essa humanidade decadente; e, ainda... *um futuro ele próprio e uma ponte para o futuro – e, ah, também como que um aleijado nessa ponte*. Zaratustra é tudo isso.

E o que ele está dizendo é isto: "Eu sou o futuro, sim, pois consigo vê-lo. Para mim, é quase como se já fosse o presente. Já posso ver que a alvorada do mundo não está tão distante, e faço todo esforço possível para aproximá-la cada vez mais. Eu sou a ponte entre essa humanidade decrépita de hoje e o super-homem do futuro; sim, mas também sou um aleijado nessa ponte. Não posso ser o super--homem – posso ser apenas a ponte sobre a qual a humanidade atravessará em direção a uma nova era, a um novo universo, a uma nova existência muito mais bela e feliz". Sim, tudo isso é Zaratustra.

> E também vós vos perguntastes muitas vezes: "Quem é Zaratustra para nós? Como devemos chamá-lo?". E, tal como eu mesmo, vos destes perguntas como respostas.
> É ele um prometedor?

Tal como tantos outros, que prometeram muito e não cumpriram nada...

Ou é um cumpridor? Um conquistador? Ou um herdeiro? Um outono? Ou uma relha de arado? Um médico? Ou um convalescido? É ele um poeta? Ou um homem veraz? Um libertador? Ou um domador? Um bom? Ou um mau?
Eu caminho entre os homens como entre pedaços de um futuro: aquele futuro que enxergo.
E este é todo o meu engenho e esforço, eu componho e transformo em um o que é pedaço, enigma e apavorante acaso.

Ele afirma: "Só há uma coisa a se lembrar a respeito de mim – eu não lhes faço nenhuma promessa. Não estou proclamando que eu seja um messias, um salvador ou mensageiro divino. Só posso dizer que... *este é todo o meu engenho e esforço, eu componho e transformo em um o que é pedaço, enigma e apavorante acaso*".

Eu quero que o homem seja inteiro, íntegro, completo. E todo o meu engenho e o meu esforço estão voltados nessa direção. Quero reunir todos as partes que foram despedaçadas, e tornar o homem inteiro novamente. Sou contra todas as divisões, cisões e dualidades – quero que o homem seja simplesmente como uma criança, desfrutando a vida sem nenhum medo e com toda a sinceridade.

E como suportaria eu ser homem, se o homem não fosse também poeta, decifrador de enigmas e redentor do acaso?
Redimir o que passou e transmutar todo "Foi" em "Assim eu quis!" – apenas isto seria para mim redenção!
Vontade – eis o nome do libertador e mensageiro da alegria: assim vos ensinei eu, meus amigos! E agora aprendei também isto: a própria vontade é ainda prisioneira.

Até aqui, Zaratustra vinha ensinando a vontade de poder. Mas, agora, ele vai um pouco mais além. E afirma: "A própria vontade de poder pode se tornar uma prisão".

Você pode ser aprisionado por ela, ficar enredado em suas tramas; é preciso transcendê-la também. Primeiro, manifeste sua vontade de poder; em seguida, relaxe. Esqueça-se da vontade, não pense mais no poder – e seja apenas como uma criança brincando à beira-mar: inocente, cheia de encantamento, sem medo de nada, confiando totalmente na existência. Esta será a sua libertação.

Zaratustra dividiu a evolução da consciência em três estágios. No começo, está o camelo, que representa a forma mais baixa de consciência; é a consciência de um escravo, que tem um desejo intrínseco pela servidão, que está sempre pronto para se ajoelhar e ser carregado com o máximo de peso possível. Em seguida vem o leão, que representa a vontade de poder. Por fim, então, vem o terceiro e último estágio, que é o da criança – a forma mais alta de consciência é a inocência da criança. A inocência da criança é a única coisa faz de você uma pessoa verdadeiramente religiosa.

> Querer liberta: mas como se chama o que acorrenta até mesmo o libertador?
> "Foi": assim se chama o ranger de dentes e solitária aflição da vontade. Impotente quanto ao que foi feito – ela é uma irritada espectadora de tudo que passou.

A vontade liberta, mas ela não consegue esquecer o passado. Ou seja, mesmo que a vontade liberte o homem, ele ainda permanece íntima e secretamente sob o jugo das memórias dos tempos antigos de trevas e escravidão. Pois a vontade não tem a mínima condição de mudar o passado; não há o que ela possa fazer em relação a isso. A única forma de dissipar o passado é através da inocência da criança.

Por exemplo, vamos fazer um experimento bem simples – se você pensar retrospectivamente em sua vida, até quando consegue recuar no tempo? É bem provável que até os 4 anos, 3 anos de idade, no máximo. Até esse ponto, em que tinha 4 anos de idade, é possível se lembrar das coisas. Mas, e antes disso, o que acontece? Por que você não consegue se lembrar do que aconteceu nesses primeiros quatro anos? Afinal, você estava vivo, e com certeza passou por várias experiências.

A razão é muito simples: a inocência não coleciona memórias. A inocência permanece sempre intacta, sem nenhum arranhão, como uma folha de papel em branco.

É por isso que você consegue se lembrar de todo o seu passado, mas só até um certo ponto em que, de repente, não consegue mais seguir – e, geralmente, essa barreira está na idade de 4 anos, se for um homem, ou na de 3, se for uma mulher. Essa diferença se dá porque, em geral, as meninas amadurecem um pouco mais cedo do que os meninos. Por exemplo, enquanto as garotas se tornam sexualmente maduras aos 13 anos, os garotos só vão atingir a maturidade sexual aos 14 anos. Os meninos estão sempre um passo atrás; pois, em geral, as meninas são naturalmente mais centradas.

Quando estão esperando um bebê, as mães que já são mais experientes – que já tiveram mais de dois ou três filhos – sabem dizer muito bem se aquela criança que está crescendo dentro delas é um menino ou uma menina. Isso acontece porque, em geral, mesmo quando ainda estão dentro do útero, as meninas permanecem mais quietinhas, tranquilas; elas passam os nove meses de gestação bastante serenas. No caso dos meninos é o contrário; mal começam a se desenvolver, e já estão chutando aqui e acolá – eles começam a jogar futebol ainda na barriga da mãe! Parece que esse impulso para estar sempre fazendo alguma coisa é parte da natureza dos garotos. Para eles, sentar-se em silêncio por alguns momentos é algo quase impossível; eles são muito inquietos.

As meninas são mais centradas. Quem sabe, isso se deva ao fato de estarem intimamente mais conectadas com a natureza;

pois, assim como a natureza é a grande mãe, elas um dia também serão mães. As meninas conseguem entrar em meditação muito mais facilmente do que os meninos; elas são naturalmente mais calmas e serenas. No caso dos garotos, não; eles estão o tempo todo correndo por todo lado, eles nunca param. Todos os meninos amam a velocidade; não lhes pergunte aonde estão indo, pergunte apenas se estão indo a toda velocidade ou não.

Bom, mas retomando o nosso experimento, se você pensar retrospectivamente na sua vida, consegue recuar apenas até os 4, os 3 anos de idade, no máximo. Mas, e antes disso? O que aconteceu nesses primeiros anos? Eles não deixaram um traço sequer na memória. E a grande questão é esta: durante esses primeiros anos, você era tão inocente que não juntou uma memória sequer. Você vivia cada momento de forma tão plena, tão completa, que ele nunca deixava nenhum resíduo.

As memórias são feitas de momentos não vividos – elas são feitas de experiências incompletas, que ficam o resto da vida pairando à sua volta. Elas ficam o tempo todo pedindo para ser completadas; transformam-se numa espécie de sonho repetido, que fica continuamente importunando a sua mente: "É preciso fazer alguma coisa; essa experiência ainda está incompleta, não foi vivida totalmente". Por outro lado, a mente inocente vive cada momento de forma tão inteira, com tanta completude, que não deixa sequer um vestígio para trás. É como acontece com os pássaros, que voam pelo céu e não deixam rastros ou pegadas pelo ar.

Enfim, embora a vontade de poder o liberte, você ainda permanece sob o jugo das memórias do passado, ainda há cadeias por romper.

"Foi": assim se chama o ranger de dentes e solitária aflição da vontade. Impotente quanto ao que foi feito – ela é uma irritada espectadora de tudo que passou.

A vontade não pode querer para trás; não poder quebrantar o tempo e o apetite do tempo – eis a solitária aflição da vontade.
Querer liberta: o que inventa o próprio querer, para livrar-se de sua aflição e zombar de seu cárcere? [...]
Assim a vontade, a libertadora, converteu-se em causadora de dor: e em tudo que pode sofrer ela se vinga de não poder voltar para trás.
Isto, e apenas isto, é a própria *vingança*: a aversão da vontade pelo tempo e seu "Foi".
Em verdade, uma grande loucura habita em nossa vontade; e tornou-se maldição para tudo que é humano o fato de essa loucura haver adquirido espírito!
O espírito da vingança: meus amigos, até agora foi essa a melhor reflexão dos homens; e onde havia sofrimento devia sempre haver castigo.
Pois "castigo" é como a vingança chama a si própria: com uma palavra mentirosa, ela finge ter boa consciência. [...]

Alguém comete um homicídio – por conseguinte, a sua lei, suas cortes e sua polícia irão assassinar o assassino. Mas eles farão isso com todo método e organização; haverá um grande julgamento, será montado um verdadeiro espetáculo, afinal: "É preciso fazer justiça". Mas isso tudo não passa de baboseira e hipocrisia. Pois o que a sociedade realmente deseja é isto: vingança. Só que ela tenta camuflar essa vingança sob o manto de suas belas e nobres palavras de justiça.

Mas que tipo de justiça é essa? Um homem foi morto, isso é fato; mas mandar o assassino para a forca não fará com que o primeiro homem ressuscite. Ao mandar o segundo homem para a forca, o que acontece é apenas isto: em vez de um assassinato, agora são dois. É a isso que chamam de justiça!

Agora, caso ele não fosse morto pela justiça, será que alguém tem ideia do que ainda poderia ocorrer com esse homem? Pois ele ainda teria um futuro, poderia mudar. Talvez pudesse até se tornar um grande santo; quem sabe o próprio fato de ter cometido um homicídio provocasse uma grande transformação em seu ser.

Ao matá-lo, a sociedade simplesmente o priva dessa oportunidade; e ainda chama isso de justiça. Mas trata-se apenas de simples vingança – é vingança pura. Acontece que tudo é feito de acordo com um elaborado ritual, nos suntuosos templos da justiça, onde os serviçais da sociedade são muito bem pagos para ocupar o posto de juízes. Na corte, esses mercenários servidores da sociedade conduzirão uma cerimônia da mais alta pompa – chamada por eles de julgamento – até que, finalmente, aquele homem é mandado para a forca. E Nietzsche mostra quanto tudo isso, no fundo, não passa do tipo mais rasteiro e ordinário de vingança.

> Pois "castigo" é como a vingança chama a si própria: com uma palavra mentirosa, ela finge ter boa consciência. [...]
> E uma nuvem após a outra rolou sobre o espírito: até que finalmente o delírio pregou: [...]
> "A menos que a vontade finalmente redimisse a si própria e o querer se tornasse não querer –": mas vós conheceis, irmãos, essa cantiga fabulosa do delírio!

O que Zaratustra diz é isto: "A vida está constantemente transcendendo a si mesma". E a mesma regra se aplica em relação à vontade – é preciso que a vontade também transcenda a si mesma. A vontade também precisa se dissolver no silêncio – só então o leão poderá se tornar uma criança. Muitos já se perguntaram como seria possível um leão se transformar numa criança; afinal, eles parecem estar em polos opostos.

Mas esse tipo de questionamento só é feito por aqueles que não compreendem a dialética da vida. Na verdade, somente um leão pode se tornar uma criança; porque, para alguém ser inocente nesse mundo de mentira e enganação, é preciso ter uma coragem imensa – a coragem de um leão. Para alguém manter a sua confiança na vida, mesmo em meio a esse mundo de falsidades, essa pessoa não pode ser um covarde – isso só é possível para um leão. E a criança é pura confiança e inocência.

Um dos segredos da vida é este: quando se é uma pessoa que exala confiança e inocência, é muito difícil alguém enganá-la. Pois a sua própria inocência e confiança afastam o enganador.

Por exemplo, vou descrever uma situação que é bastante comum e pela qual você mesmo já deve ter passado; eu já presenciei algo assim inúmeras vezes, pois faz anos que viajo por toda a Índia, sempre esperando pelos trens nas plataformas das estações. Se você está aguardando pelo trem na estação e, por acaso, sente vontade de ir ao banheiro, ou de tomar uma xícara de chá, curiosamente você confia num total desconhecido que está sentado a seu lado e lhe diz: "Por favor, pode tomar conta da minha bagagem por um momento? Eu já volto". Pois é, já passou pela sua cabeça que você não faz ideia de quem seja aquela pessoa, e que ela pode roubar todas as suas malas?

Mas, de fato, isso nunca acontece; ninguém jamais rouba a sua bagagem. Deve haver alguma razão misteriosa por trás disso. A sua própria confiança se transforma em um escudo de proteção; você confiou naquele homem, e agora ele tem que lhe provar que realmente é confiável. Só que, na verdade, ele é um completo desconhecido, não tem necessidade alguma de lhe provar nada; ele pode simplesmente roubar sua bagagem e você nunca mais irá vê-lo de novo. Pode até ser que ele seja um ladrão, um criminoso; você não faz ideia de quem ele seja. Mesmo assim, quase todo mundo confia em desconhecidos que encontra nas plataformas de trem: "Por favor, pode dar uma olhadinha nas minhas malas? Eu volto num segundo" – e, até hoje, nunca ouvi ninguém reclamar que algum estranho tenha se aproveitado de sua confiança e roubado sua bagagem.

A sua própria confiança cria uma espécie de aura a seu redor, que acaba funcionando como um campo de proteção. A sua própria inocência impede que as pessoas o enganem. É mais fácil enganar uma pessoa que seja, ela mesma, uma enganadora; é mais fácil trapacear um homem que seja, ele mesmo, um trapaceiro. Agora, uma pessoa inocente, que confia, que não se preocupa se vai ser enganada ou não, essa pessoa jamais é enganada ou explorada. A própria aura da inocência funciona como uma proteção; a própria confiança funciona como um poderoso campo de força. O mundo, claro, vai chamar uma pessoa assim de louca; mas isso não importa.

> Eu vos levei para bem longe dessas cantigas fabulosas, quando vos ensinei que "a vontade é criadora". [...]
> Mas [...] A vontade já foi desatrelada de sua própria tolice?
> A vontade já se tornou seu próprio redentor e mensageiro da alegria?
> Desaprendeu o espírito da vingança e todo ranger de dentes? [...]

A menos que a vontade transcenda a si mesma, ela não conseguirá esquecer o passado. E, se você não consegue esquecer o passado, significa que está acorrentado a ele. O último ato da vontade deve ser o de transcender a si mesma, de ir além de si mesma.

Nesse aspecto, Zaratustra está de acordo com Buda. Eles apenas seguiram por caminhos diferentes – Buda chama esse estado de "ausência de desejo", e Zaratustra o chama de "ausência de vontade".

Quando isso acontece, você entrou em casa. Não há mais nada a desejar, não há mais nada a querer. Você alcançou a plenitude, a realização de todo o seu potencial. Sim, o seu próprio ser floresceu.

Assim falou Zaratustra.

Capítulo 8

O homem é um devir

O andarilho

E assim falou Zaratustra ao seu coração:

Eu sou um andarilho e um escalador de montanhas, eu não gosto das planícies e, ao que parece, não posso ficar muito tempo parado. E, seja lá o que ainda me aconteça, como destino e como vivência – sempre haverá uma caminhada e uma escalada de montanha: afinal, vivencia-se apenas a si mesmo.

Passou o tempo em que me podiam suceder acasos; e o que *poderia* ainda me tocar que já não fosse meu?

Ele apenas retorna para casa, regressa para mim – meu próprio Eu, e o que dele há muito tempo se achava no estrangeiro, disperso entre coisas e acasos.

E ainda uma coisa eu sei: agora me acho diante de meu último cume, e daquele que mais longamente me foi poupado. Ah, devo encetar meu caminho mais duro! Ah, comecei minha mais solitária caminhada!

Mas quem é de meu feitio não foge a esta hora: aquela que lhe diz: "Só agora segues o teu caminho de grandeza! Cume e abismo – juntaram-se agora num só!

Segues teu caminho de grandeza: tornou-se teu último refúgio o que até então era teu último perigo!

Segues teu caminho de grandeza; essa deve ser agora tua maior coragem: que não haja mais nenhum caminho atrás de ti!

Segues teu caminho de grandeza; aqui ninguém te acompanhará furtivamente! Teus próprios pés apagaram o caminho atrás de ti, e acima dele está escrito: Impossibilidade.

E, se todas as escadas te faltarem doravante, terás de saber como subir sobre tua própria cabeça: de que outra forma poderias desejar subir?

Sobre tua própria cabeça e além do teu próprio coração! O mais suave em ti deve agora se tornar o mais duro.

Quem sempre se poupou muito termina por adoecer do seu muito poupar-se. Louvado seja o que endurece! Não louvo a terra em que mel e manteiga fluem!

Olhar para longe de si é necessário, a fim de ver *muito*: – todo escalador de montanhas necessita essa dureza.

Mas quem, como homem do conhecimento, olha de maneira importuna, como poderia ver, em todas as coisas, mais do que suas razões exteriores?

Mas tu, ó Zaratustra, querias ver a razão e o pano de fundo de todas as coisas: então tens de subir acima de ti mesmo – para o alto, para além, até que tenhas inclusive tuas estrelas *abaixo* de ti!"

Sim, olhar do alto para mim mesmo e até para minhas estrelas: apenas isso eu chamaria de meu *cume*, isso me restaria como meu *último* cume!

Da visão e enigma

O homem, porém, é o animal mais corajoso: assim superou qualquer animal. Ao som de fanfarras superou também qualquer dor; mas a dor humana é a dor mais profunda.

A coragem também mata a vertigem ante os abismos: e onde o ser humano não estaria diante de abismos? O próprio ver não é – ver abismos?

A coragem é o melhor matador: coragem também mata a compaixão. Mas compaixão é o abismo mais profundo: quanto mais fundo olha o homem no viver, tanto mais fundo olha também no sofrer.

Mas coragem é o melhor matador, coragem que ataca: ela mata até mesmo a morte, pois diz: "*Isso* era vida? Muito bem! Mais uma vez!".
Mas há muita fanfarra num dito como esse. Quem tem ouvidos, que ouça. [...]

Assim falou Zaratustra.

Uma das coisas mais fundamentais a ser compreendida por todos aqueles que estão em meio a uma busca – de um caminho, de uma direção, de um sentido para a vida, enfim, que estão em busca de si mesmos – é isto: eles terão que se transformar em andarilhos. Eles não podem permanecer estáticos, ficar parados sempre no mesmo lugar. Eles têm que aprender a ser um processo, em vez de um evento.

A grande diferença entre o ser humano e todos os outros seres vivos, incluindo todos os animais, é que estes permanecem sempre os mesmos; eles não podem se tornar andarilhos. Os animais já nascem completos – ao longo da vida, eles não ficam mais evoluídos, só ficam mais velhos. Por exemplo, um cervo nasce como um cervo e morrerá como um cervo. Não existe um processo evolutivo entre o nascimento e a morte, não existe um devir, uma transformação.

O homem é o único ser na face da Terra – e talvez em todo o universo – que pode se tornar um processo, um movimento, uma constante evolução. É o único ser que, a cada dia, é capaz não só de ficar mais velho, mas também de ficar mais evoluído, de atingir novos patamares de consciência, novas esferas de percepção, novos níveis de experiência. É o único que conta, inclusive, com a possibilidade de transcender o seu próprio ser, de ir além de si mesmo – o que, por fim, levaria todo esse processo a seu desenlace final.

Assim, lembre-se disto: o homem não deve ser entendido como um "ser", pois a palavra "ser" passa uma ideia errada, como se o homem já estivesse completo, finalizado. O homem não é um ser, ele é um vir a ser.

O homem é um devir.

O homem é o único animal que não está completo. Mas, ao contrário de ser uma maldição, isso é precisamente a sua glória, a sua grande bênção. Ele nasce como um homem, sim, mas pode morrer como um Zaratustra, um Buda ou um Jesus Cristo – seres que transcenderam a sua humanidade mais baixa e alcançaram esferas inimagináveis, dimensões que podemos chamar de iluminação, de despertar, de divindade, não importa; independentemente do nome, estão todas no nível do super-homem. O homem é um devir, um vir a ser. E Zaratustra usa justamente a metáfora do andarilho para retratar essa profunda verdade em relação ao homem.

E assim falou Zaratustra ao seu coração:

Sim, e, obviamente, quando alguém como Zaratustra fala consigo mesmo, ele o faz de uma forma ainda mais autêntica e sincera do que quando fala com os outros. Ao se dirigir aos outros, ele ainda precisa ter um mínimo de condescendência, senão estaria falando uma língua que ninguém seria capaz de entender. É preciso que ele desça das alturas onde se encontra para os vales sombrios onde vivem aqueles a quem está se dirigindo.

Porém, ao falar consigo mesmo, ele pode fazê-lo a partir dos próprios cumes iluminados onde se encontra, sem nenhuma condescendência, sem a menor contemporização. Ele pode dizer exatamente o que quer, pois está falando ao seu próprio coração, e a ninguém mais; não há risco algum de que seja mal interpretado. Na verdade, o monólogo e o diálogo são duas coisas completamente diferentes.

O filósofo Martin Buber, por exemplo, que foi um dos pensadores judeus mais importantes do mundo contemporâneo, fez vários estudos a respeito da natureza do diálogo. De acordo com ele, o diálogo é a forma mais significativa de interação. O que ele talvez nunca tenha vislumbrado, contudo, é que o monólogo tem uma dimensão que nenhum diálogo é capaz de alcançar. Por isso, sempre que Zaratustra fala consigo mesmo, procure escutá-lo de uma forma ainda mais atenta e cuidadosa, pois ele está falando a partir do próprio âmago do seu coração – e, nesse caso, ele o faz sem a mínima complacência, sem a menor contemporização, sem preocupação alguma de que possa ser entendido ou não.

Ele está falando ao seu próprio coração, e as coisas que diz são as mais tremendamente significativas.

> E assim falou Zaratustra ao seu coração:
> Eu sou um andarilho e um escalador de montanhas, eu não gosto das planícies e, ao que parece, não posso ficar muito tempo parado.

O que ele diz representa o anseio mais íntimo e profundo de todos os seres humanos. Eles são todos andarilhos, embora ainda não tenham ousado iniciar sua jornada, nem se atrevido a escalar as mais altas montanhas. E talvez este seja um dos principais motivos pelos quais ainda sejam tão infelizes: o seu anseio mais profundo continua sempre por se realizar; eles permanecem atrelados às planícies.

E a razão pela qual se mantêm atrelados às planícies é basicamente esta: é mais confortável, mais conveniente, mais seguro, não se corre tantos riscos. Só que isso está em completo desacordo com o anseio mais íntimo da alma. Pois a alma quer voar nas alturas do céu, ela quer desbravar territórios desconhecidos, quer percorrer caminhos pelos quais ninguém passou, quer escalar montanhas que, até hoje, ninguém jamais escalou.

Isso faz parte da própria essência do ser humano; cada um de nós já nasce com esse anseio. Você pode até conseguir mantê-lo reprimido, mas permanecerá sempre triste, infeliz, sentindo que falta algo em sua vida. Você pode até se tornar uma pessoa respeitável, pode acumular todo o dinheiro, o poder e a fama imagináveis, mas, no mais íntimo de seu ser, ficará sempre algo por se realizar, algo que anseia ardentemente pelas estrelas.

Pois todo ser humano é um sonhador, um visionário, um apaixonado pela lua e pelas estrelas. Bem lá no fundo, cada um de nós é um lunático. Sim, pois a palavra "lunático" vem de *luna*, o termo em latim para "lua" – todos nós queremos chegar à lua. E a questão não é se vamos encontrar algo lá ou não; trata-se apenas de chegar até lá. A alegria está na própria jornada em si, e não na conquista do objetivo.

O objetivo não passa de uma desculpa para iniciar a jornada; pois, tão logo alcance esse objetivo, o andarilho imediatamente já começa os preparativos para a próxima jornada, para uma nova peregrinação. Aquela meta inicial já cumpriu seu propósito – todos os objetivos servem apenas para ajudá-lo a se manter sempre em movimento.

E o próprio movimento, em si, já consegue gerar uma alegria e um êxtase tão grandes, por um simples motivo: o movimento, em si, é a própria vida. O movimento é algo tão essencial que, tão logo você pare de se mover, significa que está morto. Você pode até continuar respirando, mas isso não significa que está vivo. Vida é sinônimo de movimento – é ele que nos traz todas as danças e todas as canções que a vida tem para oferecer.

Rabindranath Tagore foi um dos maiores poetas que já existiram, não só na Índia, mas em todo o planeta. E ele escreveu um poema bem singular, que é muito significativo no que se refere à compreensão do espírito andarilho do ser humano.

Nesse poema, Tagore diz que, há tempos, está em busca de Deus. Aliás, Deus talvez seja a justificativa mais perfeita e insuperável para se iniciar uma jornada de busca, pois você jamais conseguirá encontrá-lo; com isso, a jornada nunca terá fim, você permanecerá eternamente como um andarilho. Esta é a grande beleza de Deus – você pode ansiar por ele, mas nunca conseguirá encontrá-lo; ninguém jamais o encontrou. As pessoas que simplesmente renegam a Deus, de forma obtusa e ignorante, não têm consciência da psicologia profunda que está por trás da ideia de Deus. Elas não sabem que, ao renegar mecanicamente as noções de Deus, de paraíso, de vida após a morte, estão, no fundo, renegando a própria ideia de movimento na vida humana.

É o que fazem, por exemplo, os comunistas, que negam a existência da alma, que rejeitam e menosprezam a consciência, dizendo que ela não passa de um subproduto da matéria... O modo como Karl Marx define a consciência é este: um mero subproduto da matéria, e nada mais. Agora, a questão não é se ele está certo ou errado, isso não importa; a grande questão é que, se essa noção de Marx fosse aceita como verdade, ela destruiria todas as possibilidades de movimento que você tem na existência – ela negaria o seu direito inato de explorar o desconhecido e de vasculhar o incognoscível.

Enfim, no poema que mencionei, Tagore descreve a sua procura por Deus mais ou menos assim: "Já faz muitas e muitas vidas que estou em busca de Deus. De vez em quando, eu até conseguia vê-lo ao longe, junto a alguma estrela distante. Porém, no momento em que finalmente conseguia alcançar aquela estrela, inúmeras vidas já tinham se passado, e Deus já havia se movido para algum outro lugar. A busca, então, continuava. Mas eis que, um dia, para minha grande surpresa, cheguei a um local onde me deparei com um palácio magnífico – e, na entrada, havia uma placa enorme, com os seguintes dizeres em dourado: "Morada de Deus". A princípio, senti uma alegria incontrolável, por ter, enfim, chegado aonde queria – era uma emoção indescritível, e subi correndo a imensa escadaria que conduzia à porta do palácio".

Você pode imaginar o seu contentamento, o seu êxtase. E o poeta continua: "Mas, então, no momento exato em que ia bater à porta do palácio, um pensamento me deixou paralisado – fiquei ali, com a mão congelada no ar, sem bater à porta, com o seguinte pensamento: 'Mas, se esta for mesmo a morada de Deus, então será o meu fim. Toda a minha alegria está nesta jornada, todo o meu júbilo está justamente na busca por Deus. Se eu já tiver encontrado o Criador, se, quando a porta se abrir, Deus estiver diante de mim, o que é que eu vou fazer?'".

Então, tomado por um imenso pavor, ele tirou os sapatos e, segurando-os nas mãos, desceu de volta, silenciosa e vagorosamente, pelos degraus daquela magnífica escadaria. Seu medo era o de que, mesmo não tendo batido à porta, Deus pudesse ouvir o barulho de seus passos e, com isso, viesse pessoalmente abrir a porta – e Deus diria: "Mas aonde você vai? Eu estou aqui".

E o poeta prossegue: "Eu, então, fugi rapidamente daquela casa, correndo mais depressa do que jamais havia corrido antes. E, agora, estou novamente em busca de Deus. Como já sei onde ele mora, posso evitar aquele lugar e continuar procurando por todo o universo. Sim, minha jornada continua, minha aventura segue seu curso, o amanhã permanece fazendo sentido – sem falar que ainda tenho a sorte de saber que nunca mais chegarei até aquela casa de novo, nem por acidente. Pois, assim como sei onde é a morada do Criador, também sei que Deus é só uma desculpa para a jornada; o que realmente desejo é explorar o desconhecido".

Sim, Deus era apenas um nome; e o poeta compreende que nunca tinha refletido de fato sobre todas as implicações que esse nome envolve. Afinal, se pudesse, de fato, se encontrar com Deus, o que você faria? O que iria dizer? Com certeza, seria uma situação bem embaraçosa. Além disso, já não haveria mais um amanhã, você já teria atingido um ponto final, pois não existe nada além de Deus; Deus é o próprio além, é a suprema transcendência.

Sempre fui apaixonado por esse poema de Tagore; ele traz uma visão reveladora sobre a natureza do espírito humano. E o espírito humano não é nada mais do que um anseio – um anseio profundo pelo desconhecido, um anseio de saber mais, de ser mais, um anseio de navegar por mares nunca dantes navegados, de escalar montanhas que jamais foram escaladas, de alcançar estrelas que jamais foram alcançadas.

E a alegria não está em conquistar o objetivo; a suprema alegria está no próprio esforço que se faz, que é um esforço árduo, perigoso. Tão logo alcance determinada meta, será preciso arranjar uma nova desculpa para a jornada; caso contrário, isso seria o seu fim, seria um suicídio; você estaria cavando a sua própria sepultura.

Quando Zaratustra diz que é *um andarilho e um escalador de montanhas*, ele está falando sobre algo que diz respeito a cada um de nós. Ele está falando sobre algo que se refere à própria natureza do espírito humano.

> Eu sou um andarilho e um escalador de montanhas, eu não gosto das planícies e, ao que parece, não posso ficar muito tempo parado. E, seja lá o que ainda me aconteça, como destino e como vivência, – sempre haverá uma caminhada e uma escalada de montanha: [...]

Não aceitarei nenhum outro destino que não seja esse, pois qualquer outra forma de destino não significaria nada senão a morte. Só aceitarei um destino em que haja caminhadas e escaladas de montanha, um destino em que minha jornada possa sempre continuar, em que eu encontre cordilheiras cada vez mais altas e, diante de mim, brilhem estrelas cada vez mais distantes.

> [...] afinal, vivencia-se apenas a si mesmo.

Essa afirmação de Zaratustra é primorosa: *vivencia-se apenas a si mesmo*. Sim, e à medida que você prossegue em sua busca pela verdade, por Deus, por um sentido para a vida, percebe que todas essas coisas não passam de justificativas diferentes que se dá para a própria busca, pois você não conseguiria dizer que está simplesmente em busca de nada. Para isso, seria preciso ter um nível totalmente diferente de consciência.

Mas a realidade é esta: qualquer objetivo não passa de uma desculpa para iniciar a jornada – a própria jornada, em si, já é o objetivo. E, quando você compreende essa realidade, que a meta é a própria jornada, então já nem precisa mais de justificativas para a sua busca. Não precisa mais se preocupar com coisas como Deus, o sentido da vida, a verdade – você pode simplesmente prosseguir em sua jornada.

Mas isso, claro, pode ser um pouco difícil. Imagine se alguém lhe perguntar algo do tipo: "Mas você está em busca de quê?". Com certeza, vai parecer um pouco irracional da sua parte se você responder algo do tipo: "Sou só um buscador; o objeto da busca não importa, mas apenas a busca em si". Assim, para não ficar numa situação embaraçosa, você escolhe uma meta qualquer: você está em busca da libertação, da iluminação, da suprema verdade, esse tipo de coisas – são todas palavras bonitas e, sobretudo, bastante satisfatórias para a pessoa que lhe fez a pergunta. Com isso, nem ela nem você ficam constrangidos com a situação.

Agora, de acordo com Zaratustra, o que é que você encontra com toda essa busca, com toda essa jornada, com todo esse incansável escalar de montanhas? Você encontra apenas a si mesmo.

Evidentemente, se você nunca foi um andarilho, se nunca saiu em peregrinação, é bem possível que ainda não tenha se encontrado – pois todos os êxtases, alegrias e espaços desconhecidos que encontra pelo caminho é que vão ajudá-lo a descobrir a si mesmo. Pouco a pouco, você vai percebendo o quanto todos os supostos objetivos não passam de simples desculpas.

Até um dia em que, finalmente, pode dizer: "Eu não sou nada mais do que um anseio, um desejo pelo impossível". Conhecer-se a si mesmo é isso – o anseio pelo impossível.

O anseio pelo possível é só para as mentes medíocres, para aquela gente de classe média confortavelmente sentada na sala de jantar. O impossível está reservado apenas para as pessoas realmente grandiosas. Elas têm plena consciência de que ele não pode ser alcançado, e é por isso que sentem ser tão importante persegui-lo. Em vez de isso desanimá-las, o fato de saberem muito bem que o impossível nunca foi nem jamais poderá ser alcançado simplesmente lhes traz o maior entusiasmo e curiosidade.

É o anseio pelo impossível que, incessantemente, faz com que a consciência humana se eleve a patamares cada vez mais altos. Pode até ser que você nunca encontre nada – mas, um dia, irá se tornar aquilo que Nietzsche chama de super-homem.

> [...] afinal, vivencia-se apenas a si mesmo.
> Passou o tempo em que me podiam suceder acasos; e o que *poderia* ainda me tocar que já não fosse meu?

Zaratustra já não está mais suscetível a nenhuma forma de acaso – o que ele quer dizer com isso? Veja bem, as situações que chamamos de acasos, de imprevistos, de fatalidades, só acontecem em nossa vida porque, em geral, temos sempre um objetivo predefinido – e, se nos desviamos da rota por algum motivo, fracassamos em cumprir esse objetivo. Por exemplo, durante uma viagem, você decide pegar o trem das 11h; mas, por um motivo qualquer, se atrasa para chegar à estação e acaba perdendo esse trem. Pois é, que falta de sorte, foi um imprevisto. Agora, quando você não tem nenhum objetivo específico, a não ser a própria viagem em si, não tem como se desviar do caminho. Quando não está preocupado em pegar nenhum trem em particular, não tem como perder o trem.

Acasos e fatalidades só acontecem em nossa vida porque, no fundo, sempre queremos que ela seja de determinado jeito, que tudo aconteça de acordo com o planejado – mas, de repente, algo sai errado, aparece algum impedimento, algum obstáculo, acontece alguma coisa que não estava nos planos. Queríamos que as coisas fossem diferentes, mas a vida revela o contrário – é por isso que acontecem os chamados acasos.

E Zaratustra afirma: *Passou o tempo em que me podiam suceder acasos...* Sim, nada mais pode ser um acaso ou fatalidade para mim, pois aceito todas as coisas como elas são. O próprio imprevisto, para mim, é uma coisa perfeitamente boa. Se eu estiver seguindo por um caminho, ótimo; se me desviar desse caminho, está ótimo também – eu não tinha nenhum objetivo específico mesmo.

Realmente, isso é algo da mais absoluta profundidade: um ser que pode chegar a uma concordância tão grande com a vida, a um nível tal de harmonia e comunhão com a existência, que, aconteça o que acontecer, essa é a coisa certa. Ele não exige que as coisas aconteçam de determinada maneira, ele simplesmente está disponível e aberto para a vida – não importa o que aconteça, essa é a coisa certa; aconteça o que acontecer, é isso que ele estava querendo. Não existem acasos, imprevistos, fatalidades. Ele aceita todas as coisas assim como elas são[*].

---

[*] Essa ideia se liga a um dos conceitos centrais que perpassa toda a obra de Nietzsche: o *amor fati* – "amor ao destino". Trata-se da aceitação integral de todos os aspectos da sua vida, não importa quão desafiadores eles sejam; é um completo "sim" à sua vida, tal como ela se apresenta. Nas palavras do próprio Nietzsche: "Quero dizer o que desejo para mim mesmo e que pensamento, este ano, me veio primeiramente ao coração – que pensamento deverá ser para mim razão, garantia e doçura de toda a vida que me resta! Quero cada vez mais aprender a ver como belo aquilo que é necessário nas coisas: – assim me tornarei um daqueles que fazem belas as coisas. *Amor fati* [amor ao destino]: seja este, doravante, o meu amor! [...] E, tudo somado e em suma: quero ser, algum dia, apenas alguém que diz Sim!". (N. do T.)

Transcender os acasos significa que se chegou a um acordo profundo com a existência. A partir daí, não há mais possibilidade de fracasso, nenhuma frustração é possível. O seu silêncio e a sua serenidade não podem ser perturbados.

Buda nomeou esse estado de concordância com a vida como a experiência da "aceitação daquilo que é". Diante de qualquer situação, não importa qual seja o acontecimento, ele diz: "Tal é a natureza das coisas". Se você esperava que o resultado fosse outro, certamente ficará triste, frustrado, achando que a vida não foi bondosa com você. Agora, para Buda, a vida sempre é bondosa, a existência sempre é compassiva, pois, não importa o que aconteça, é assim que tinha que ser. Buda não tem nenhum outro desejo senão a própria vida.

"Tal é a natureza das coisas" – essa expressão usada por Buda é realmente magnífica. A palavra original usada por ele é *tathata*, e Buda a usava o tempo todo. Se um discípulo morria, Buda dizia: "Está perfeitamente bem, já tinha chegado a sua hora". E é assim mesmo; ninguém morre fora da hora, mesmo que em todas as lápides ainda se leia: "Este pobre homem faleceu antes do tempo". Ninguém morre antes do tempo; todas as pessoas morrem na sua hora, da forma exata que devem morrer. E Buda usava tanto essa expressão *tathata*, "tal é a natureza das coisas", que passou a ser chamado de Tathagata – aquele que acredita na natureza das coisas, na aceitação daquilo que é.

E um homem assim é imperturbável; nada pode alterar o seu silêncio, sua quietude interior. Ele aceita de bom grado a própria perturbação, acolhendo-a totalmente. Não há nenhuma resistência, não existe nenhuma aversão. Ele não consegue aceitar a perturbação em virtude de alguma razão específica, nada disso – a aceitação é total.

Quando se vive nesse estado de total aceitação, já não acontecem mais acasos e fatalidades em nossa vida. Na verdade, a vida se torna uma experiência completamente nova, em que não há mais frustrações, imprevistos, acidentes, onde tudo é exatamente como deveria ser. Você se torna uma pessoa centrada, serena, silenciosa. Não existe agitação alguma em seu ser. E somente a partir desse silêncio, dessa concentração e quietude, é possível alguém conhecer a si mesmo.

> [...] e o que *poderia* ainda me tocar que já não fosse meu?
> Ele apenas retorna para casa, regressa para mim – meu próprio Eu, e o que dele há muito tempo se achava no estrangeiro, disperso entre coisas e acasos.

Eu agora estou reunindo em mim todas as partes que haviam sido dispersas. Finalmente, estou voltando para casa.

Mas lembre-se disto: quando ele diz que volta para casa não significa que ficará sentado e acomodado no mesmo lugar. Sua casa é o mundo em peregrinação; o escalar de montanhas é seu lar. Ele já descobriu o seu anseio mais puro e genuíno – e é apenas isto: o desejo de transcender a si mesmo. É a isso que ele chama de "voltar para casa", de tornar-se um de novo: reunir todas as partes dispersas em uma unidade orgânica, inteira e completa.

> E ainda uma coisa eu sei: agora me acho diante de meu último cume, e daquele que mais longamente me foi poupado. Ah, devo encetar meu caminho mais duro! Ah, comecei minha mais solitária caminhada!

Até aqui, Zaratustra ainda estava com seus discípulos. Agora está completamente sozinho, e começará sua caminhada mais solitária – uma caminhada que, talvez, apenas comece, mas nunca tenha fim.

> Mas quem é de meu feitio não foge a esta hora: aquela que lhe diz: "Só agora segues o teu caminho de grandeza! Cume e abismo – juntaram-se agora num só!"

O que ele diz é isto: "Um homem da minha natureza, que está pronto para partir na mais longa das viagens, sabendo muito bem que vai sozinho e que essa jornada talvez nunca termine, este homem sente, no fundo do coração, que só agora realmente segue o seu caminho de grandeza. *Cume e abismo* – o mais elevado e o mais baixo – ambos juntaram-se num só, pois, agora, nada é elevado ou baixo demais para mim. Se eu cair no mais profundo dos abismos, isso será parte da caminhada; se alcançar o mais altaneiro dos cumes, também será parte da peregrinação. Sim, minha jornada não tem mais nenhuma meta ou objetivo. Cume e abismo tornaram-se um, eles *juntaram-se agora num só!*".

Quando uma experiência como essa acontece, significa que você integrou completamente o seu próprio ser: o seu eu mais profundo e o seu eu mais elevado – ambos são você, ambos são uma coisa só. Você manifesta em si toda a gama de cores do arco-íris, de uma ponta à outra.

"Segues teu caminho de grandeza: tornou-se teu último refúgio o que até então era teu último perigo!"

Aquilo que, a princípio, imaginava-se ser o maior perigo de todos tornou-se o seu grande refúgio: estar sozinho numa jornada que, no fundo, ninguém sabe se terá fim, se levará a algum lugar ou não – o grande perigo sempre foi esse. E é por isso que as pessoas permanecem na multidão. Elas nunca se atrevem a seguir seu próprio caminho, ficam sempre no meio de alguma multidão – são cristãs, hindus, muçulmanas, alemãs, inglesas, indianas, e por aí vai.

As pessoas estão sempre se agarrando a algum tipo de manada, seja ela uma nação, uma religião, uma ideologia política, seja uma organização qualquer. Tudo isso só para evitar o sentimento de solidão, de não fazer parte do grupo – pois, de algum modo, conseguimos convencer a nós mesmos de que, se milhões e milhões de pessoas acreditam em algo, é porque elas devem estar certas. Mas o grande problema é que todo mundo pensa exatamente assim.

Veja a história que o rei Akbar, que foi um dos grandes imperadores da Índia, conta em sua autobiografia, *Akbar Nama*. Certa vez, ele mandou construir uma suntuosa lagoa de mármore nos jardins do palácio, especialmente para receber alguns cisnes que seriam trazidos diretamente do Himalaia – esses cisnes eram considerados os mais deslumbrantes de todo o mundo. E um dos amigos do rei sugeriu: "Em vez de encher a lagoa com água, deveria enchê-la com leite, como uma forma de honrar ainda mais esses majestosos cisnes que está trazendo do Himalaia".

Essas aves raramente são vistas nas planícies; elas vivem no lago mais elevado do mundo, o lago Manasarovar. Na verdade, poucas pessoas já conseguiram chegar ao lago Manasarovar, pois ele fica escondido bem no meio do Himalaia, numa altitude superior à de qualquer outro lago no mundo. Talvez seja o lago mais sereno que existe, e apenas esses cisnes vivem por lá.

Bom, o soberano até gostou da sugestão de boas-vindas dada por seu amigo, mas havia um problema: onde eles arranjariam tanto leite? A lagoa era muito grande. O amigo, então, sugeriu que fizessem o seguinte: "Podemos mandar avisar por toda a capital que amanhã de manhã, sem falta, todos têm que trazer um balde de leite para a lagoa do rei. Os cisnes sagrados já estão por chegar, e nossa capital tem o dever de lhes dar as boas-vindas com essa oferenda".

Ao saber da sugestão, um dos homens mais sábios do reino, e que era bastante íntimo de Akbar, lhe disse: "Pois amanhã de manhã você terá uma grande surpresa".

"Como assim? O que você quer dizer?", perguntou Akbar.

E o homem disse: "Basta esperar um pouco e verá. Já não falta muito para a manhã chegar".

Dito e feito – quando Akbar chegou à lagoa de manhã, mal pôde acreditar no que via: pois, para sua grande surpresa, a lagoa inteira estava cheia, sim, mas de água!

Acontece que todos os habitantes da capital tinham pensado o seguinte: "Por que vou desperdiçar um balde de leite, se basta despejar um balde de água? No meio de milhões de baldes de leite, quem vai perceber que alguém jogou um balde de água? A água vai se misturar rapidamente com o leite". Pois é, só que todo mundo teve a mesma ideia! Não houve uma única pessoa sequer que levou leite. E ninguém percebeu que o truque não iria dar certo – pois, para que não fossem vistos, já que levavam apenas água nos baldes, todos eles foram até a lagoa de manhã bem cedinho, antes de o sol nascer, quando ainda estava escuro. Chegando lá, todos despejaram seus baldes de água e voltaram felizes para casa, achando que tudo tinha dado certo.

O sábio que era íntimo do rei já estava sentado à beira da lagoa quando este chegou pela manhã – e disse ao soberano: "Olhe só, aí está a sua lagoa cheia de leite... Meu amigo, você não compreende a mente humana".

Todos pensam exatamente da mesma forma – é a essência da manada. Quando alguém faz parte de uma multidão, pensa assim: "Um número tão grande de pessoas não pode estar errado". Acontece que todas essas pessoas pensam exatamente o mesmo: "Tanta gente assim não pode estar errada". Todo mundo pensa igual. Porém, mesmo estando no meio de uma multidão, a pessoa ainda se sente sozinha, sua solidão permanece intacta. Por que, então, as pessoas ainda teimam em continuar no meio de multidões? Por que têm tanto medo de estar apenas consigo mesmas?

Zaratustra diz: "Antes, meu maior perigo era estar somente comigo mesmo; porque, aí, você começa a refletir: 'Será que estou no caminho certo? O que estou fazendo é, de fato, aquilo que deveria fazer na vida?' – e não há ninguém a quem se possa pedir conselho". Sim, quando você está só consigo mesmo, começam a surgir mil e uma perguntas, e não tem ninguém para respondê-las.

É por isso que as pessoas adoram viver rodeadas de gente. Tem sempre alguém disposto a lhes dar algum conselho, não importa se essa pessoa sabe realmente alguma coisa ou não. Dar conselhos para os outros é uma alegria tão grande, é quase um esporte mundial. Na verdade, todos sabem que a coisa que mais se dá no mundo são conselhos, mas que ninguém os escuta. Mesmo assim, as pessoas continuam a dar seus sábios conselhos por aí, totalmente de graça.

No meio da multidão, a pessoa se sente acolhida, reconfortada. Rodeada de tanta gente, ela sempre pode pensar: "Tudo quanto estou fazendo deve estar certo, pois todo mundo faz isso também". Agora, quando você está só consigo mesmo, começam a surgir muitos questionamentos, e, com eles, uma grande escuridão a seu redor: "Essa ideia de Deus é real? O que estou fazendo da minha vida? Esse caminho que escolhi leva mesmo a algum lugar, ou estou apenas indo para lugar nenhum?".

Mas Zaratustra afirma: "Aquilo que antes representava o meu maior perigo tornou-se, agora, o meu último e grande refúgio. É algo que aprecio; é meu abrigo, meu lar. Sim, descartei todos os supostos objetivos, e fiz da própria jornada a minha meta – agora não há mais como eu me enganar".

> "Segues teu caminho de grandeza; essa deve ser agora tua maior coragem: que não haja mais nenhum caminho atrás de ti!
> Segues teu caminho de grandeza; aqui ninguém te acompanhará furtivamente! Teus próprios pés apagaram o caminho atrás de ti, e acima dele está escrito: Impossibilidade."

A não ser que você aceite o desafio do impossível, sua grandeza nunca poderá florescer ao máximo. Só o impossível é capaz de conduzi-lo ao máximo florescimento – só o impossível pode conduzi-lo à sua própria primavera, ao seu próprio lar.

Se alguém me perguntasse, eu diria que Deus é apenas outro nome para o impossível. Mas a ideia de Deus perdeu essa qualidade, pois você se acostumou demais com ela – você nunca pensa em Deus como algo impossível. Você começou a encarar Deus como algo possível de ser alcançado. Com isso, ele perdeu todo o propósito.

Nesse sentido, o melhor a fazer é trocar essa ideia de Deus pela palavra usada por Zaratustra: *Impossibilidade*. Aí está o seu lar, o seu refúgio, a sua jornada. É a impossibilidade que vai conduzir todo o seu talento, valor, integridade e individualidade à sua máxima grandeza. E não existe nenhuma outra façanha digna desse nome a não ser a glória de ser quem você é.

> "E, se todas as escadas te faltarem doravante, terás de saber como subir sobre tua própria cabeça: de que outra forma poderias desejar subir?"

É preciso que você transcenda a si mesmo; que deixe para trás tudo que já foi um dia; que, agora, caminhe adiante de si mesmo.

Tudo aquilo que você é, ou pensa que é, precisa ser deixado para trás – seus pensamentos, sonhos, fantasias, preconceitos, filosofias; enfim, tudo que compõe a sua personalidade atual. Você tem que deixar tudo isso para trás, assim como faz uma serpente, que descarta a pele velha e sai deslizando sem nem olhar para trás.

A menos que transcenda a si mesmo, você não conseguirá ter a experiência do impossível. Você não será capaz de viver a suprema busca, a suprema jornada; não será capaz de experienciar o mais puro anseio.

Lembre-se disto: você é apenas uma flecha, para a qual não existe alvo algum. E compreender que você é só uma flecha – que voa a toda a velocidade, sem alvo ou direção – trata-se da coisa mais difícil de compreender a respeito do seu próprio ser. Diante disso, as elucubrações dos religiosos não passam de brinquedinhos para crianças.

Zaratustra faz um desafio que só pode ser aceito por aqueles que são verdadeiramente corajosos.

"Sobre tua própria cabeça e além do teu próprio coração!"

Sim, você tem que transcender sua própria lógica e razão, tem que ir além do seu próprio amor.

"O mais suave em ti deve agora se tornar o mais duro.
Quem sempre se poupou muito termina por adoecer do seu muito poupar-se. Louvado seja o que endurece! Não louvo a terra em que mel e manteiga fluem!
Olhar para longe de si é necessário, a fim de ver *muito*: – todo escalador de montanhas necessita essa dureza.
Mas quem, como homem do conhecimento, olha de maneira importuna, como poderia ver, em todas as coisas, mais do que suas razões exteriores?
Mas tu, ó Zaratustra, querias ver a razão e o pano de fundo de todas as coisas: então tens de subir acima de ti mesmo – para o alto, para além, até que tenhas inclusive tuas estrelas *abaixo* de ti!"
Sim, olhar do alto para mim mesmo e até para minhas estrelas: apenas isso eu chamaria de meu *cume*, isso me restaria como meu *último* cume! [...]
O homem, porém, é o animal mais corajoso: assim superou qualquer animal. Ao som de fanfarras superou também qualquer dor; mas a dor humana é a dor mais profunda.
A coragem também mata a vertigem ante os abismos: e onde o ser humano não estaria diante de abismos?

Onde quer que você esteja – e não importa quanto tente enganar a si mesmo do contrário –, está à beira de um abismo. A verdade é essa: você está sempre à beira de um abismo. Todas as formas de consolo, todas as defesas que você usa para negar essa realidade não passam de meras ilusões. Pense bem, será que existe algum momento da sua vida em que você não esteja à beira de um abismo? A resposta é não – pois o momento seguinte pode ser justamente o momento da sua morte; e a morte é o maior de todos os abismos.

O próprio ver não é – ver abismos?

Quanto mais você enxerga a realidade, mais vê os abismos a seu redor. Uma pessoa cega pode ficar alegremente parada bem ao lado de um abismo, sem a menor ideia de que ele existe. Porém, basta um passo em falso, e ela já era. Ou seja, só um cego é capaz de estar à beira de um precipício sem temor. O próprio enxergar é ver abismos – o desvelar da visão é a visão dos abismos. Mas é aí que está: se você realmente quer enxergar as alturas de seu ser, terá que ver os abismos também.

Quando você não tem um objetivo predefinido, quando não se preocupa em chegar a algum lugar específico, quando a própria jornada é uma alegria em si mesma, quando a própria descoberta de novas esferas, dentro e fora de seu ser, já é uma bênção – daí, então, *cume e abismo* não fazem mais a menor diferença. Eles tornam-se um; eles são uma coisa só. E cada ser humano traz, em si, a coragem suficiente para isso; é preciso apenas despertá-la do sono profundo em que se encontra.

E, assim que a sua coragem desperta, assim que ela começa a rugir como um leão, você consegue sentir, pela primeira vez, toda a exultação da vida, toda a alegria e a dança da existência.

A coragem é o melhor matador: coragem também mata a compaixão. Mas compaixão é o abismo mais profundo: quanto mais fundo olha o homem no viver, tanto mais fundo olha também no sofrer.

Mas coragem é o melhor matador, coragem que ataca: ela mata até mesmo a morte, pois diz: "*Isso* era vida? Muito bem! Mais uma vez!"

Isso me faz lembrar uma pequena anedota. Na época da União Soviética, um agente da KGB chega no meio da madrugada a uma casa, bate à porta com toda a força e grita: "O Ginsberg está aí?".

Um homem logo abre a porta, e o agente do governo diz: "Sou da KGB. O Ginsberg está aí?".

"O Ginsberg? Ele está morto", respondeu o sujeito.

"Como assim, morto? Quem é você? Qual é o seu nome?"

"Meu nome? Eu me chamo Ginsberg."

"Por acaso você é doido ou o quê? Você acaba de me dizer que o Ginsberg está morto!"

O homem, então, soltou uma risada e disse: "Você chama isto de vida? Nem mesmo no meio da noite, em plena madrugada, se pode dormir em paz – é isso que você chama de vida?".

Pense bem: se, na hora em que você estiver para morrer, a morte aparecer e lhe perguntar: "Você gostaria de viver a sua vida de novo? Quer viver essa mesma vida que tem levado mais uma vez?". O que você acha que vai responder? Porque, da minha parte, não acho que nenhuma pessoa inteligente vá querer viver toda esta tragédia de novo – com exatamente a mesma esposa, o mesmo marido, o mesmo drama, os mesmos diálogos, a mesma miséria existencial.

Agora, no caso de alguém que, de fato, viveu a sua vida não como um perpétuo sofrimento, mas como uma contínua exploração de novas experiências: sempre em movimento, sempre em busca de algo melhor, sempre se desenvolvendo, sempre se recriando, sempre descartando todo o lixo que traz dentro de si, despertando o seu melhor – uma pessoa assim talvez possa dizer: "Muito bem, vamos lá – mais uma vez!".

Mas só alguém que viveu de forma intensa e total, que consumiu a chama de sua vida até o fim, em vez de levar uma existência morna, frouxa, indiferente – só uma pessoa assim estará pronta para viver a sua vida novamente, pois ela sabe que poderá criar algo totalmente novo. Sabe que poderá encontrar novos caminhos, escalar novas montanhas, alcançar estrelas que jamais foram alcançadas. Ela confia em si mesma. Ela conhece a sua própria coragem – e sabe que viver perigosamente é a única forma de viver*.

Mas há muita fanfarra num dito como esse. Quem tem ouvidos, que ouça. [...]

É preciso viver de tal forma que, se a vida lhe for confiada mais uma vez, ela não será uma repetição. Agora, a grande questão é esta: a sua vida já é uma constante repetição. Você nem precisaria de outra vida para repeti-la; esta mesmo já é uma repetição sem fim.

Por exemplo, ouvi falar de um homem que se casou nada menos que oito vezes. Essa história, claro, só poderia ter se passado na Califórnia, pois não se consegue achar pessoas mais idiotas em nenhuma outra parte. Afinal, um casamento já é mais do que suficiente para qualquer pessoa inteligente. Na verdade, para aqueles que são realmente inteligentes, não é preciso se casar nem uma vez. Imagine, então, oito vezes... Bom, mas o caso é que, cerca de dois meses após ter se casado com a sua oitava

---

* No livro *Vivendo perigosamente* (Alaúde), Osho define o que isso representa: "Viver perigosamente significa isto: sempre que houver alternativas, tome cuidado – não opte pelo conveniente, pelo confortável, pelo respeitável, pelo socialmente aceitável, pelo honroso. Opte por aquilo que faz o seu coração vibrar. Opte por aquilo que gostaria de fazer, apesar de todas as consequências". (N. do T.)

esposa, eis que o sujeito se deu conta de um pequeno detalhe: ele já tinha sido casado com aquela mesma mulher antes! Mas, como fora muito tempo atrás, não se lembrou.

Outra coisa de que ele se deu conta foi esta: embora tenha sempre buscado se casar com uma mulher diferente das outras, bastavam seis meses de matrimônio e, pronto, a história era exatamente a mesma. Ele não compreendia aquilo; pois ele tinha chegado até a viajar para outros países em busca de uma esposa diferente, mas era sempre a mesma coisa: ao cabo de seis meses, a nova esposa era igualzinha à anterior. Agora, o que ele nunca compreendeu, de fato, é que justamente *ele* é que era o mesmo – seu olhar era sempre o mesmo, e assim eram suas escolhas. Ou seja, sempre que encontrava uma esposa "nova", no fundo era uma mulher idêntica àquelas das quais já tinha gostado. Ele mesmo nunca mudava; só mudava de esposa.

E, nesse caso, de onde partiam suas escolhas? Sempre do mesmo lugar – o mesmo homem que escolheu a primeira esposa foi quem escolheu a segunda, e pelas mesmíssimas razões. No fundo, ele só se sentia atraído por certo tipo de rosto, por determinado tipo de penteado, de jeito de andar, de seduzir – enfim, por todo tipo de coisas estúpidas que, na essência, não fazem a menor diferença. E o resultado, claro, é que, uma vez após a outra, ele sempre caía na mesma armadilha – por nada menos que oito vezes...

Aliás, isso é algo que parece estar acontecendo na vida de muita gente hoje em dia. Na Califórnia, por exemplo, o tempo médio de duração de um casamento é de três anos. O mesmo tempo que, em média, uma pessoa se mantém no mesmo emprego, ou permanece na mesma cidade.

É realmente estranho – bastam três anos, e a pessoa já está completamente entediada com o emprego, com a esposa, com o marido, com a cidade, com os amigos. Ela, então, resolve mudar tudo – só para descobrir, alguns meses depois, que está vivendo as mesmas novelas de novo. E, passados três anos, a conclusão é sempre a mesma tragédia.

As três grandes tradições do Oriente – hinduísmo, budismo e jainismo – acreditam na ideia da reencarnação, segundo a qual uma pessoa não tem apenas uma vida, mas várias. Por sua vez, as três maiores religiões nascidas fora da Índia – cristianismo, judaísmo e islamismo – estipulam que temos uma vida só. Na verdade, as religiões ocidentais não compreenderam a psicologia profunda que está por trás desta noção defendida no Oriente: de que você terá muitas e muitas vidas; de que já teve inúmeras vidas no passado, e terá outras tantas no futuro. E a finalidade básica dessa ideia é esta: criar em você a sensação do mais profundo e absoluto tédio.

Procure imaginar: você já viveu um número incontável de vidas, sempre fazendo o mesmo tipo de coisas idiotas, uma vida após a outra, as mesmas imbecilidades que faz ainda hoje, e que certamente fará no futuro. Várias e várias vezes, por milhares de vidas, você estará ali, sentado numa mercearia, tomando conta da loja, brigando com sua esposa, com seu marido, reclamando da vida com todo mundo, queixando-se dos seus infortúnios... É sempre o mesmo filme, o mesmo roteiro, os mesmos diálogos, os mesmos atores.

O propósito da ideia de reencarnação no Oriente é este: lhe dar uma sensação bem clara do mais puro tédio. Pois, com isso, não tem como ficar protelando: se você quer mudar, mude agora! Caso contrário, você sabe que continuará girando em círculos, como se estivesse preso a uma imensa roda, que sobe e desce, sempre no mesmo lugar, sempre na mesma miséria e sofrimento...

Se você realmente quer mudar a sua vida, então não fique adiando para amanhã – a partir de agora, deste exato momento, comece a explorar novas possibilidades de viver, novas possibilidades de se realizar. E lembre-se disto: nunca seja repetitivo; procure sempre por algo novo, que tenha frescor, que traga vitalidade – pois não há outro objetivo senão a própria vida, a própria jornada. Por isso, tire o máximo de proveito dela. Torne a sua vida o mais viva possível. Faça o que puder para que ela seja o mais bela, encantadora e criativa quanto for possível. Lembre-se: você tem uma capacidade infinita para isso; ela apenas encontra-se adormecida.

Zaratustra vem para instigá-lo a ser um buscador do impossível, a ser um escalador de montanhas, a ser um andarilho que se aventura por caminhos que jamais foram trilhados e que, talvez, ninguém além de você jamais venha a trilhar.

Só uma vida com esse nível de vitalidade, de curiosidade, de busca pelo novo, pode ser considerada uma vida autêntica – se não for assim, significa que você está simplesmente vegetando. E não interessa que tipo de vegetal você é – por exemplo, se você é um repolho ou uma couve-flor, não importa; pois já ouvi dizer que a única diferença entre um repolho e uma couve-flor é que as couves-flores têm curso superior, e os repolhos não!

Para ser uma pessoa autêntica é preciso coragem; porque ser uma pessoa autêntica implica uma contínua superação de si, uma transcendência diária e incessante. Onde o pôr do sol o deixar, ali não deve achá-lo a alvorada; e, onde a alvorada o deixar, ali não deve encontrá-lo o pôr do sol.

Seja um peregrino da alma. Seja um viajante pelos recônditos mais íntimos e profundos da consciência.

Essa é a única religião verdadeira. Algo que raríssimas pessoas, como Zaratustra, apresentaram à humanidade; e, mesmo assim, foram todas completamente ignoradas ou mal interpretadas.

Será realmente uma bênção se você puder compreender este ser, Zaratustra, pois ele pode lhe dar o incentivo que falta para você empreender uma longa jornada – uma jornada que, por fim, o levará a conhecer a si mesmo.

Assim falou Zaratustra.

Capítulo 9
Elevar-se às alturas

Dos três males
Vou agora pôr na balança as três coisas mais ruins e sopesá-las humanamente bem. [...]
Volúpia, ânsia de domínio, egoísmo: essas três foram até agora as mais bem amaldiçoadas e mais terrivelmente caluniadas e aviltadas – essas três vou agora sopesar humanamente bem. [...]
Volúpia: um adocicado veneno apenas para o emurchecido, mas para os de vontade leonina o grande estimulador do coração e o veneravelmente reservado vinho dos vinhos.
Volúpia: a grande imagem de felicidade para uma superior felicidade e suprema esperança [...] para muitos que são mais estranhos a si mesmos que o homem à mulher: – e quem compreendeu totalmente *quão estranhos* um ao outro são o homem e a mulher? [...]
Ânsia de domínio: tição e açoite dos mais duros entre os duros de coração; o horrendo martírio reservado ao mais cruel; a sombria chama das fogueiras que vivem. [...]
Ânsia de domínio: ante seu olhar o homem rasteja, se curva, se submete e se torna mais baixo do que serpente e porco: – até que finalmente o grande desprezo grita de dentro dele [...]
Ânsia de domínio: que, no entanto, também sobe sedutoramente aos puros e solitários e até alturas que bastam a si mesmas, ardente como um amor que sedutoramente pinta purpúreas bem-aventuranças no céu da terra.

Ânsia de domínio: mas quem chamaria "ânsia" quando o que é alto desce, desejando o poder? Em verdade, nada há de malsão e sôfrego em tal desejar e descer!

Que a altura solitária não permaneça eternamente solitária e bastando a si mesma; que a montanha chegue ao vale e os ventos da altura cheguem às baixadas: –

Oh, quem encontraria o nome certo de virtude para batizar esta ânsia? "Virtude dadivosa" – assim denominou Zaratustra um dia o inominável.

E também aconteceu então – em verdade, pela primeira vez! – que sua palavra beatificasse o *egoísmo*, o sadio, inteiro egoísmo que brota de uma alma poderosa: –

– de uma alma poderosa, a que pertence o corpo elevado, o corpo bonito, vitorioso, animador, em redor do qual tudo se torna espelho [...]

Com suas palavras sobre o que é bom e ruim, esse prazer-consigo se protege como com bosques sagrados; com os nomes de sua felicidade, bane de sua presença tudo que é desprezível.

Bane para longe de si tudo que é covarde; diz: "Ruim – isso é covarde!". [...]

A desconfiança timorata vale pouco para ele, assim como todo aquele que prefere juramentos a olhares e mãos [...]

Menos ainda vale para ele o obsequioso fácil, o ser canino, que imediatamente se deita de costas, o humilde [...]

É-lhe odioso, e até mesmo nojento, quem jamais quer se defender, quem engole escarros venenosos e olhares maus, o ser demasiado paciente, com tudo tolerante, com tudo satisfeito: pois isso é maneira de servo.

Seja alguém servil ante os deuses e os pontapés divinos ou ante os homens e as estúpidas opiniões humanas: em *toda* maneira de servo ele cospe, esse bem-aventurado egoísmo!

Ruim: assim chama ele a tudo que se curva e é tacanho-servil, aos submissos olhos que pestanejam, aos corações oprimidos e àquela falsa maneira indulgente que beija com lábios amplos e covardes. [...] – oh, que terríveis peças pregaram desde sempre no egoísmo! E que precisamente isto fosse considerado e chamado virtude, pregar terríveis peças no egoísmo! E "sem-ego" – assim desejariam ser, com bom motivo, todos esses covardes [...] cansados do mundo! Mas para todos eles está chegando o dia, a transformação, a espada da justiça, *o grande meio-dia*: muita coisa será então revelada! E quem proclama o Eu sadio e sagrado e o egoísmo bem-aventurado em verdade também proclama aquilo que sabe e profetiza: *"Vê, ele está chegando, ele está próximo, o grande meio-dia!"*.

Assim falou Zaratustra.

Todos os mestres antes de Zaratustra, e mesmo os que vieram depois dele, enxergaram as coisas de forma bastante preconceituosa. Eles nunca reconheceram a multidimensionalidade inerente a toda experiência. Em vez disso, impuseram uma visão unidimensional, obtusa, condicionando a mente humana a ver tudo apenas de uma determinada maneira. Nesse sentido, uma das grandes contribuições de Zaratustra é que ele ajuda o ser humano a enxergar todas as coisas sob ângulos absolutamente novos, originais e, sobretudo, esclarecedores. Não à toa, algumas vezes você pode até ficar chocado, pois o que ele fala vai contra todos os seus preconceitos. É preciso que você tenha coragem suficiente para deixar todos os seus preconceitos de lado.

Sim, é preciso coragem para se compreender um homem com uma visão tão formidável, que não enxerga as coisas a partir de uma determinada ideologia preconcebida, mas olha para cada coisa tal como ela realmente é. Ele não impõe nenhum conceito, julgamento ou significado específico às coisas; pelo contrário, ele tenta descobrir se elas contêm, em si mesmas, algum significado. Zaratustra é extremamente objetivo, realista e lúcido. Ele não está obcecado com nenhuma ideia em particular, nem deseja apresentar qualquer tipo de doutrina filosófica ou religiosa.

Sua abordagem é completamente distinta e original. O que Zaratustra lhe ensina é isto: a enxergar com clareza. Em vez de mostrar o que você deve ver, ele simplesmente lhe ensina como ver com clareza.

Pois é a sua própria clareza de visão que irá lhe revelar a verdade. Zaratustra não vai lhe entregar a verdade de bandeja, como se fosse uma coisa que se encontra em qualquer esquina. Ele nunca permitiria que a verdade fosse assim tão barata. Porque tudo que é barato e fácil demais não pode ser verdadeiro. A verdade exige que você seja um jogador habilidoso e destemido, que esteja disposto a arriscar tudo que está em jogo em nome dela. Mas lembre-se: a verdade nunca poderá ser sua, você não tem como possuí-la. Pelo contrário – somente se estiver pronto para ser possuído pela verdade é que poderá chegar até ela.

As afirmações de Zaratustra são tão antagônicas ao que pregam todas as religiões e as supostas regras morais, que, se você não deixar a sua mente de lado, não será capaz sequer de ouvir o que ele tem a dizer, que dirá, então, de compreendê-lo. Zaratustra lança os mais puros diamantes para que você possa encontrá-los pelo caminho. No entanto, pode ser que você permaneça cego, que prefira manter os olhos fechados a tudo isso, simplesmente para que ninguém perturbe o sossego de suas crenças preconceituosas.

Acontece que Zaratustra está firmemente decidido a perturbá-lo, porque, se você não for incomodado, se ninguém perturbar a sua pasmaceira, você não conseguirá avançar e progredir, não terá nenhum estímulo para alcançar as estrelas mais distantes, nunca será atiçado pelo anseio de se tornar um super-homem. É preciso que você seja sacudido – e sacudido sem a menor piedade. Isso é algo que só mais tarde você terá condições de compreender, mas, um dia, irá compreender: que, na verdade, tudo que ele faz é por compaixão – a verdadeira compaixão.

Pois apoiá-lo em suas falsidades, ajudá-lo a manter as suas mentiras convenientes não é amor. Isso pode até fazer com que você se sinta bem, mas é muito destrutivo – é pura maldade. Isso aniquila todas as suas possibilidades de crescimento. E os ensinamentos de Zaratustra apontam numa única direção: o ser humano precisa transcender a si mesmo. Agora, por que ele iria querer transcender, se está tão à vontade onde se encontra? Todo o seu conforto precisa ser destruído; seu comodismo tem que ser destroçado; seus preconceitos têm que ser chacoalhados e extirpados pela raiz. Suas crenças, seus deuses e ideologias devem ser incinerados. É preciso que o ser humano seja deixado completamente nu, tal qual um bebê recém-nascido.

Somente a partir daí, desse estado de inocência e frescor, é que o super-homem – a única esperança que nos resta – poderá surgir e, enfim, tomar o lugar dessa forma repugnante e apodrecida de humanidade. Pois o fato é que, como vivemos mergulhados nessa condição atual da humanidade, acabamos nos acostumando com a sua podridão, acabamos nos habituando ao seu mau cheiro insuportável.

O escritor Khalil Gibran tem uma história que ilustra bem esse fato. É sobre a esposa de um pescador que, certo dia, sai do vilarejo onde vivia com o marido para vender seus peixes na cidade. Após vender todos os peixes, ela tomou o caminho de volta para casa, mas acabou cruzando com uma antiga conhecida pelas ruas da cidade. Elas tinham sido colegas de escola, mas essa amiga havia se tornado uma mulher muito rica, e já fazia anos que não se viam. Feliz por encontrá-la, a amiga milionária a convidou para passar ao menos aquela noite na casa dela. Na realidade, era um palácio belíssimo, com jardins maravilhosos, e ela tinha certeza de que sua velha amiga ficaria muito contente.

Então, antes de irem dormir, ela mandou que trouxessem muitas e muitas rosas do jardim e as colocassem bem ao lado da cama de sua convidada – a própria cama da hóspede foi colocada no imenso quarto da dona do palácio. Contudo, o tempo foi passando e a pobre mulher não conseguia dormir de jeito nenhum, só ficava se revirando na cama, para lá e para cá. E, como ela não dormia, sua anfitriã também não conseguia pregar o olho. Finalmente, a anfitriã perguntou: "O que se passa, minha amiga? Qual é o problema?".

A esposa do pescador, então, disse: "Você terá que me perdoar. Por favor, apenas me traga aqueles sacos de pano que usei para levar os peixes ao mercado; em seguida, borrife um pouco de água sobre eles e, depois de tirar essas rosas daqui, coloque-os ao lado da cama. Se eu puder sentir o cheiro de peixe, vou cair no sono imediatamente. O perfume dessas rosas é que não me deixa dormir".

E assim foi feito – as rosas foram removidas do quarto, os panos podres e sujos foram borrifados com água e, em pouco tempo, o quarto inteiro já estava fedendo a peixe. A hóspede ficou radiante: "Agora, sim, vou conseguir dormir perfeitamente. Estou acostumada é com esse perfume; a fragrância das rosas não me cai bem".

Pois é, assim como ela, estamos simplesmente habituados à fedentina da humanidade atual – essa é a razão pela qual não percebemos quanto ela é repugnante. Não enxergamos toda a sua feiura, toda a sua avareza, toda a sua falta de amor. Não vemos quanto seu comportamento é completamente estúpido, medíocre e desprovido de inteligência. Ao escutar Zaratustra, você pode tomar consciência de um modo absolutamente novo de enxergar a humanidade.

Zaratustra diz:

> Vou agora pôr na balança as três coisas mais ruins e sopesá-las humanamente bem. [...]

Gostaria que você reparasse bem na palavra usada por ele: *humanamente* – pois as chamadas doutrinas e filosofias espirituais têm avaliado as coisas segundo padrões bastante desumanos, antinaturais. Por isso, lembre-se bem do termo que ele usa: *humanamente*. Zaratustra é imensamente apaixonado pela humanidade. Ele não é seu inimigo; pelo contrário, é o melhor amigo que ela poderia ter. Ele só execra o estado em que vivemos hoje porque sabe que, na realidade, temos o potencial para ir muito mais longe, para alcançar estágios muito mais elevados. Não fomos feitos para permanecer nesse nível rasteiro de existência.

A aversão profunda que Zaratustra sente em relação à humanidade atual vem justamente do seu profundo amor por aquilo que ela poderá ser no futuro, pela chegada ainda distante do super-homem. Ele é total e categoricamente contra valores desumanos, que reneguem a sua humanidade; e todas as crenças esperam que você siga valores contrários ao que há de mais humano em você.

Se você analisar os textos sagrados dos mais diferentes credos, ficará surpreso: o que eles exigem de você é algo tão contrário à sua própria natureza, que, mesmo que quisesse, você nunca seria capaz de cumprir. Agora, o que certamente você não sabe é o verdadeiro motivo pelo qual lhe fazem tal tipo de exigências impossíveis; afinal, eles sabem muito bem que você nunca teria condições de cumpri-las. Mas, se é assim, por que então fazem esse tipo de exigência? O propósito oculto por trás de tudo isso é apenas um: fazer com que você se sinta culpado. E a única forma de fazer com que você viva cheio de culpa, mergulhado em autocondenações, é exigir que faça algo contrário à sua natureza, coisas que, não importa quanto tente, você nunca conseguirá realizar; você está sempre fadado ao fracasso.

Veja uma outra história que me contaram, sobre um homem que tinha ido a uma loja de brinquedos atrás de presentes para seus filhos. Ele já estava havia algum tempo na loja quando o vendedor se aproximou e, trazendo algo nas mãos, disse: "Esta é a última novidade no mundo dos brinquedos. É o quebra-cabeça mais desafiador que existe". O homem era um eminente professor de matemática e, claro, ficou imediatamente interessado naquele curioso objeto de madeira. Porém, ele tentava de um jeito, tentava de outro, mas não conseguia descobrir a solução do quebra-cabeça. Não importava quanto tentasse, o resultado era sempre um fracasso. Ele, então, disse ao vendedor: "Veja bem, eu sou professor de matemática na universidade e, mesmo assim, não consigo descobrir o segredo disso. Como é que você espera que crianças pequenas consigam solucionar um quebra-cabeça tão difícil?".

O vendedor soltou uma enorme gargalhada, e respondeu: "Mas esse quebra-cabeça não foi feito para ser solucionado. Ele foi criado como uma representação do estado em que se encontra a humanidade hoje. Seja o que for que você fizer, não importa quanto tentar, o enigma não pode ser resolvido. Trata-se do que há de mais moderno e contemporâneo em termos de compreensão da realidade humana".

No caso das religiões, o que elas sempre fizeram foi lhe dar quebra-cabeças que são básica e intrinsicamente insolúveis. E a única finalidade delas é fazer com que você se sinta culpado, frustrado, fracassado, infeliz, malsucedido, indigno, não merecedor. Elas querem destruir o seu orgulho, a sua dignidade – pois, quanto mais o seu orgulho e dignidade forem destruídos, mais você se tornará igualzinho a um camelo: sempre pronto para se ajoelhar e ser carregado com o maior peso possível. Estará sempre conformado e resignado com a sua triste sina de camelo – sim, esse é o seu destino; você não é um leão, e não vale a pena ficar sonhando que, algum dia, poderá ser forte como um leão.

Você nasceu para ser escravo – todas as crenças e ideologias políticas querem que você chegue a essa conclusão a respeito de si. Elas têm uma única intenção: fazer com que cada ser humano sinta que nasceu para ser um escravo, para se prostrar diante de ordens superiores, para venerar deuses fictícios, para ajoelhar e rezar diante de um altar imaginário.

A partir do momento em que você acredita nesse engodo de que é culpado, de que não tem nenhum valor ou merecimento, você perde todo o respeito e o amor que tinha por si próprio. E, se você não é capaz de amar a si mesmo, como pode esperar que alguma outra pessoa o ame? Na verdade, é quase sempre um choque quando alguém lhe diz: "Eu te amo". Você não consegue acreditar nisso. Na verdade, ninguém acredita – pelo simples motivo de que todos pensam assim: "Eu mesmo não consigo me amar, e agora chega essa pessoa dizendo que me ama. Coitada, isso só pode significar uma coisa: ela ainda não me conhece de verdade! Assim que realmente tiver me conhecido, esse amor todo vai simplesmente desaparecer".

As histórias de amor só conseguem ser grandes e memoráveis quando, por algum motivo, os amantes não concretizam esse amor; quando a sociedade, a família ou alguma outra coisa atravessam o seu caminho e o casal não pode ficar junto. Todas as grandes histórias de amor são sobre casais que não conseguiram ficar juntos. É algo curioso: não há uma única história de amor famosa que fale da vida dos amantes após o casamento. Todas terminam quando o casal de apaixonados se casa – elas dizem: "E, então, eles viverão felizes para sempre". Mas não ficamos sabendo de nenhum detalhe a mais; a história acaba ali.

Agora, de uma coisa tenho certeza: se, por acaso, os protagonistas das histórias de amor mais famosas e trágicas do mundo – como os casais das lendas orientais Laila e Majnu, Shirin e Farhad, ou Sohini e Mahival – tivessem conseguido ficar juntos, em pouco tempo já estariam diante do juiz para pedir o divórcio. Não haveria nenhuma grande história para contar sobre eles.

Todo o esforço que, há séculos, vem sendo feito no mundo visa a um único objetivo: fazer com que você odeie a si mesmo, com que nunca se aceite tal como você é. Obviamente, isso nunca é feito de modo explícito. As formas de atuação dessa gente são as mais tortuosas, desonestas e enganadoras possíveis. Mas Zaratustra deixa bem claro o quanto essa gente é dissimulada, o quanto eles têm arruinado a vida da humanidade, destruindo qualquer possibilidade de que esse planeta maravilhoso se transforme num verdadeiro paraíso – um paraíso vivo e real, aqui na Terra, e não em algum além imaginário.

> *Volúpia, ânsia de domínio, egoísmo*: essas três foram até agora as mais bem amaldiçoadas e mais terrivelmente caluniadas e aviltadas – essas três vou agora sopesar humanamente bem. [...]

Zaratustra cita mais uma vez a palavra *humanamente*. Isso é algo que ele nunca se esquece de lembrar: não tente impor a si mesmo padrões contrários à sua própria natureza humana, valores antinaturais que irão apenas deixá-lo estropiado, mutilado, que irão apenas cortar as suas asas, que irão apenas submetê-lo a um tal nível de escravidão psicológica, que será muito difícil você conseguir se libertar. Sim, porque a tendência é a pessoa se apegar a essa própria escravidão – pois é algo que parece ser mais seguro, mais conveniente, mais aceitável para a sociedade.

Quanto mais um homem tenta se disciplinar para seguir padrões antinaturais, para exibir virtudes que são contrárias à sua própria natureza humana, mais ele vai se tornando apenas isto: um hipócrita. No entanto, a multidão irá respeitá-lo, as pessoas irão olhar para ele como se fosse um santo. Afinal, nenhuma delas é capaz de ter a disciplina e as virtudes que ele tem; elas até tentaram, mas esse homem deve ser excepcional mesmo, pois ele, sim, tem tudo isso. Acontece que, muito provavelmente, o que esse homem tem é dupla personalidade. Ele tem duas caras:

uma que exibe para o mundo, e outra de uso privado, que ele vive em segredo. O ser real vive escondido, nos subterrâneos. Enquanto isso, na superfície, ele finge ter todas essas virtudes que são humanamente impossíveis.

E a primeira dessas supostas virtudes refere-se à sua capacidade de reprimir o prazer sensual – a volúpia é condenada por todas as religiões, sem exceção. Porém, quando se olha *humanamente* para a volúpia, para o prazer advindo dos sentidos... algumas coisas saltam à vista e merecem toda a atenção.

Uma delas é esta: se você renunciar ao prazer sensual, que é aquilo que os ditos santos e beatos lhe pedem que faça, ficará cada vez mais insensível, sua sensibilidade ficará a cada dia mais atrofiada. É o prazer que mantém os seus sentidos vivos, pulsantes, sempre em movimento. É por meio do prazer que a sua sensibilidade consegue se manter sempre no nível máximo. Se renunciar ao prazer sensual, você estará abdicando da sua própria sensibilidade. Você vai olhar para uma rosa, mas será incapaz de enxergar a sua beleza; vai olhar para a lua cheia no céu, mas será incapaz de ver o seu esplendor – pois, para enxergar a beleza, é preciso sensibilidade.

Se você não consegue ver a beleza de uma mulher, como poderá ver a beleza de um céu estrelado? Como poderá enxergar os encantos de uma flor? Se não estiver com todos os sentidos vivos e vibrando, nunca será capaz de realmente experienciar as alegrias da música, o prazer extasiante de uma pintura, de uma escultura, de um poema.

Você se tornará literalmente cego e surdo para tudo de grandioso que, ao longo da história, foi criado pelos maiores gênios da humanidade. Pouco a pouco, sua sensibilidade simplesmente vai definhando, até que, finalmente, um dia estará morta. E, a partir do momento em que todos os seus sentidos estão mortos, significa que você não passa de um cadáver ambulante.

Pois qual é a diferença entre um cadáver e uma pessoa que está realmente viva? A pessoa que está viva tem sensibilidade; todos os seus sentidos estão funcionando ao máximo. Ela consegue perceber as notas musicais mais sutis; ela é capaz de reconhecer a beleza mais profunda de uma obra de arte; ela pode sentir a imensa alegria de um grande poema. Mas tudo isso só é possível se ela também permitir que a sua experiência do prazer sensual se mantenha viva, que não seja reprimida por quaisquer condicionamentos.

E Zaratustra segue falando sobre isso que, até hoje, está entre as três coisas que foram *mais terrivelmente caluniadas e aviltadas*:

> Volúpia: um adocicado veneno apenas para o emurchecido, mas para os de vontade leonina o grande estimulador do coração e o veneravelmente reservado vinho dos vinhos.

Zaratustra é indiscutivelmente incomparável. Quando se trata de afirmar a verdade, ele o faz sem a mínima preocupação de se alguém irá escutá-lo ou não. Mesmo que seja algo que vá contra o mundo inteiro, ele sustentará essa verdade sozinho, mas permanecerá ao lado dela.

Ele afirma que a volúpia é *um adocicado veneno apenas para o emurchecido...* Sim, ela é um veneno só para os fracos. E a questão é que, há tempos, são os fracos que governam os fortes; são os ignorantes que estabelecem os padrões de vida que os inteligentes devem seguir. É a grande massa quem cria as doutrinas que todos devem abraçar, os mandamentos a que todos devem obedecer. Todas as regras morais e normas de conduta são criadas pelos frouxos e dementes, pelos fracos e imbecis.

Na verdade, pode até ser que essas regras sejam bastante adequadas para eles – e, de fato, são –, mas há algo de que eles se esquecem completamente: nem todos são ovelhinhas; também existem leões. E um leão não pode ser forçado a viver como uma ovelha. A única coisa que se pode fazer é colocá-lo numa jaula, é aprisionar o leão. E é justamente isso que todas as pessoas de natureza forte no mundo sentem: que estão aprisionadas – que foram encarceradas pelos fracos e medíocres, que foram enjauladas pela multidão. Pois não há dúvida de que as ovelhas são a grande maioria.

Agora, só porque estão em grande número, as ovelhas se acham no direito de impor um estilo de vida que pode ser adequado para elas mesmas, sim, mas que significa apenas escravidão e morte para os que são fortes. Na realidade, há uma distinção bem clara a fazer: a mesma coisa que para alguém pode ser um remédio para outra pessoa pode ser um veneno. Depende apenas de a quem essa coisa é oferecida*.

... um adocicado veneno apenas para o emurchecido, mas para os de vontade leonina o grande estimulador do coração e o veneravelmente reservado vinho dos vinhos. Zaratustra usa uma expressão de suprema importância: *veneravelmente reservado*. Ele transforma o próprio prazer em algo sagrado. Se, para você, o prazer é um veneno, não é culpa do prazer, mas, sim, da sua fraqueza. Seja forte! É isto que ele diz: seja forte! Porém, todos os autoproclamados líderes religiosos lhe dizem exatamente o contrário: seja fraco, seja manso; renuncie aos prazeres sensuais, renuncie a tudo que diz respeito aos sentidos. Acontece que, quanto mais você renunciar a eles, mais fraco se tornará, pois perderá todo contato com as forças restaurativas e rejuvenescedoras da existência. Perderá contato com a própria vida, pois é através dos sentidos que você está conectado à existência. Se você bloquear os seus sentidos, estará preparando a sua própria cova.

O que Zaratustra lhe diz é isto: se o prazer lhe cai como um veneno, significa apenas que você precisa se fortalecer.

---

* Em um dos aforismos do livro *A gaia ciência*, que antecede o seu *Zaratustra*, o próprio Nietzsche traz uma ideia semelhante: "O veneno que mata as naturezas fracas é um fortificante para o forte – e ele nem o chama de veneno". (N. do T.)

Você precisa aprender a disciplina que o ajudará a ficar mais forte. Pois não é ao prazer que devemos renunciar, mas à nossa fraqueza. Sim, todos nós devemos nos fortalecer ao ponto de poder apreciar o *vinho dos vinhos* sem sermos envenenados por ele, mas, pelo contrário, sairmos mais fortes, rejuvenescidos e revigorados.

A sensualidade tem sido condenada de tal forma, há tanto tempo, que os seres humanos se tornaram completa e deploravelmente fracos, insensíveis, desconectados da vida. Praticamente todas as raízes do seu ser foram arrancadas; deixaram apenas umas poucas raízes, para que você possa ao menos sobreviver em nome da propagação da espécie.

> Volúpia: a grande imagem de felicidade para uma superior felicidade e suprema esperança [...]

O prazer deve ser compreendido como um indício de que uma forma ainda maior de felicidade é possível. Tudo vai depender da sua própria maestria nisso, do modo como você usa a sua própria energia vital – se você não vai ficar frivolamente preso à esfera da volúpia. Pois o prazer sensual é apenas uma seta apontando na direção de prazeres ainda maiores, um prenúncio de que há formas ainda mais grandiosas de felicidade, satisfação e realização.

Se ficar preso à esfera da volúpia – ou simplesmente renunciar ao prazer –, é como se, durante uma jornada, você deparasse com uma seta no caminho, indicando que aquele não é o ponto final, e, solenemente, ignorasse o aviso e parasse ali. Não faça isso, siga em frente! Os renunciadores, claro, lhe dirão o contrário: "Destrua essa seta, apague esse sinal; ignore essa indicação". Agora, se você fizer isso, quem irá lhe mostrar que ainda há um longo caminho a percorrer, que ainda há uma longa jornada até que, finalmente, alcance a suprema alegria da vida?

O prazer é apenas o começo, não o fim. Porém, se você negar o começo, terá negado o fim. É algo tão lógico, tão simples de compreender – o problema é que, às vezes, a coisa mais óbvia é a primeira a ser ignorada. Enquanto isso, os beatos e censuradores continuam lhe dizendo: "Só se você renunciar aos prazeres do corpo é que poderá alcançar a bem-aventurança da alma". É uma lógica absurda.

Na verdade, o prazer dos sentidos funciona como um trampolim para se atingir a bem-aventurança do espírito. Ele é como uma escada por meio da qual se pode subir – se você retirar a escada, nunca poderá alcançar o nível mais elevado. A escada é algo a ser transcendido, e não renunciado! Lembre-se bem da diferença entre transcendência e renúncia.

Zaratustra dirá: "Transcenda o prazer, mas jamais renuncie a ele – pois, se renunciar, não haverá nada para transcender". Desfrute os prazeres que vêm dos sentidos em toda a sua variedade e da forma mais intensa possível. Desfrute-os ao máximo, até o ponto em que, de repente, você adquire consciência: "Muito bem, essa esfera do prazer sensual já se esgotou, e agora preciso ir mais além". Mas o prazer dos sentidos lhe mostrou o caminho. Você ficará grato ao prazer – e não contra ele. Pois sabe que ele não roubou nada de você; trouxe-lhe apenas dádivas.

> Volúpia: a grande imagem de felicidade para uma superior felicidade e suprema esperança [...] para muitos que são mais estranhos a si mesmos que o homem à mulher:

O prazer é uma ponte entre o homem e a mulher. Sim, porque não há dúvida de que eles são estranhos um ao outro.

Mas isso está longe de ser um infortúnio. Quanto maior é a distância entre o homem e a mulher, maior é a atração entre eles. Quanto maior é a diferença entre eles, maior é o impulso de se juntarem. Quanto mais estranhos eles são um ao outro, mais profundo é o seu intento de se compreenderem mutuamente.

O encontro entre um homem e uma mulher é uma jornada, uma exploração rumo ao desconhecido. Representa um esforço intenso de compreender o polo oposto, de entender as dialéticas da vida. É um enorme aprendizado. E, sem esse aprendizado, você nunca será capaz de alcançar níveis mais elevados de consciência, de alegria, de espiritualidade.

– e quem compreendeu totalmente *quão estranhos* um ao outro são o homem e a mulher? [...]

Só uma pessoa que viveu profundamente a experiência do prazer sensual pode compreender a enorme diferença que há entre um homem e uma mulher, a singularidade intrínseca a cada um deles. Não se trata de uma questão de igualdade nem de desigualdade – eles simplesmente são seres únicos. E, ao contrário dessa instituição caduca do casamento, a forma de relação mais legítima que pode haver entre eles é a de amizade.

Todo esse disparate do matrimônio, no fundo, é só para tornar o homem mais importante. A mulher se transforma numa sombra do marido. Por exemplo, por que uma mulher tem que assumir o sobrenome do marido após eles se casarem? Trata-se apenas de uma maneira sutil de deixar claro para ela que, a partir de agora, ela é secundária. Ela não tem mais uma identidade própria; a partir de agora, sua identidade é seu marido. Não é à toa que nenhum casamento consiga ser pacífico. Onde quer que exista algum desejo de um dominar o outro, haverá conflitos e hostilidade. Essa é uma das razões pelas quais os casamentos só criam um inferno[*].

---

[*] Em relação à questão do matrimônio, Nietzsche define de forma lapidar qual deve ser a essência de uma união consciente, quando, através de Zaratustra, afirma: "Matrimônio: assim chamo à vontade a dois de criar um que seja mais do que aqueles que o criaram. Reverência de um pelo outro, daqueles animados de tal vontade, chamo eu ao matrimônio. Que seja este o sentido

Ânsia de domínio: tição e açoite dos mais duros entre os duros de coração; o horrendo martírio reservado ao mais cruel; a sombria chama das fogueiras que vivem. [...]
Ânsia de domínio: ante seu olhar o homem rasteja, se curva, se submete e se torna mais baixo do que serpente e porco: – até que finalmente o grande desprezo grita de dentro dele [...]
Ânsia de domínio: que, no entanto, também sobe sedutoramente aos puros e solitários e até alturas que bastam a si mesmas, ardente como um amor que sedutoramente pinta purpúreas bem-aventuranças no céu da terra.
Ânsia de domínio: mas quem chamaria "ânsia" quando o que é alto desce, desejando o poder? Em verdade, nada há de malsão e sôfrego em tal desejar e descer!

Aqui, é preciso enxergar as coisas de forma bastante ampla, por todos os seus ângulos. Pois a ânsia de domínio criou apenas escravidão no planeta, destruindo a humanidade das formas mais variadas possíveis. Essa vontade de dominar é algo que arde no coração de cada pessoa. Mas Zaratustra não é a favor desse tipo de vontade – isso não passa de algo destrutivo e horrendo.

Por outro lado, existe um modo criativo e saudável de manifestar essa vontade, e a isso Zaratustra deu o nome de "vontade de poder", algo totalmente oposto à ânsia de domínio. A vontade de poder é um fenômeno absolutamente diferente. No entanto, as doutrinas religiosas e morais não fizeram essa distinção – para elas, só existe ânsia de domínio, e não há nada nela que possa trazer alguma contribuição positiva para a humanidade. Por sua vez, Zaratustra sabe que essa vontade carrega

---

e a verdade de teu matrimônio. [...] Assim aconselho a todos os indivíduos honestos; [...] Não apenas a vos propagar, mas a vos *elevar* – a isso, ó meus irmãos, vos ajude o jardim do matrimônio!". (N. do T.)

um potencial tão grande em si mesma, que ela pode se tornar a maior força criativa do planeta. Mas, para isso, não pode ser uma ânsia; na verdade, não poderia nem ser chamada de ânsia.

Ânsia de domínio: mas quem chamaria "ânsia" quando o que é alto desce, desejando o poder? Em verdade, nada há de malsão e sôfrego em tal desejar e descer! Sim, pois a vontade de poder, no fundo, representa uma grande transformação. Ânsia de domínio significa poder sobre os outros; vontade de poder significa poder sobre si mesmo. A vontade de poder não tem nada a ver com dominar os outros. Vontade de poder significa que o seu próprio ser torna-se, em si mesmo, cada vez mais poderoso, cada vez mais radiante, cada vez mais forte, cada vez mais integrado, cada vez mais parecido com um leão – você se torna cada vez mais um indivíduo.

A vontade de poder não tem nada a ver com o outro. Ela é o seu próprio exercício de elevar-se às alturas. É a sua própria disciplina para alcançar a potência máxima de seu ser. Ela não destrói ninguém; pelo contrário, ela pode ser uma tremenda inspiração para os outros. Aliás, não há como ela não ser um grande incentivo para os demais. Quando uma pessoa que costumava viver no mesmo nível de todos, como um zumbi em meio à multidão, de repente alcança patamares mais altos de consciência, isso pode despertar um grande ímpeto em você, no seu ser – uma vontade que, até então, estava adormecida, hibernando em seu interior –, isso pode lhe mostrar que, sim, você também é capaz de elevar-se às alturas, você também tem todo o potencial para isso.

A vontade de poder é simplesmente a vontade de ser quem você é – a vontade de ser livre, a vontade de criar, a vontade de atingir a imortalidade, a vontade de proclamar ao mundo inteiro: "Eu sempre estive aqui, e sempre estarei". É a vontade de eternidade.

Mas os religiosos e moralistas captaram apenas o lado negativo dessa vontade: jamais falaram de seu aspecto positivo. E, ao condenar o lado negativo, condenaram igualmente o aspecto positivo. Eles iludiram a humanidade inteira, apresentando-se como donos da verdade; eles nunca mostraram claramente que todas as coisas têm, em si, um aspecto positivo e um negativo. Eles condenaram o lado negativo da ânsia de domínio, o que foi correto, mas jamais enalteceram o aspecto positivo da vontade de poder, e aí está o engodo.

> Que a altura solitária não permaneça eternamente solitária e bastando a si mesma; que a montanha chegue ao vale e os ventos da altura cheguem às baixadas: –
> Oh, quem encontraria o nome certo de virtude para batizar esta ânsia? "Virtude dadivosa" – assim denominou Zaratustra um dia o inominável.
> E também aconteceu então – em verdade, pela primeira vez! – que sua palavra beatificasse o *egoísmo*, o sadio, inteiro egoísmo que brota de uma alma poderosa: –

Isso é algo realmente inédito; Zaratustra é indiscutivelmente o primeiro homem em toda a história da humanidade a beatificar e glorificar o egoísmo – *o sadio, inteiro egoísmo que brota de uma alma poderosa:*

> – de uma alma poderosa, a que pertence o corpo elevado, o corpo bonito, vitorioso, animador, em redor do qual tudo se torna espelho [...] Com suas palavras sobre o que é bom e ruim, esse prazer-consigo se protege como com bosques sagrados; com os nomes de sua felicidade, bane de sua presença tudo que é desprezível.
> Bane para longe de si tudo que é covarde; diz: "Ruim – isso é covarde!". [...]

Para Zaratustra, a única coisa ruim é a covardia, e a única coisa boa é a coragem. Todas as virtudes nascem da coragem; enquanto, da covardia, brotam todos os crimes, pecados e perversões.

A desconfiança timorata vale pouco para ele, assim como todo aquele que prefere juramentos a olhares e mãos [...]
Menos ainda vale para ele o obsequioso fácil, o ser canino, que imediatamente se deita de costas, o humilde [...]
É-lhe odioso, e até mesmo nojento, quem jamais quer se defender, quem engole escarros venenosos e olhares maus, o ser demasiado paciente, com tudo tolerante, com tudo satisfeito: pois isso é maneira de servo.
Seja alguém servil ante os deuses e os pontapés divinos ou ante os homens e as estúpidas opiniões humanas: em *toda* maneira de servo ele cospe, esse bem-aventurado egoísmo!
Ruim: assim chama ele a tudo que se curva e é tacanho-servil, aos submissos olhos que pestanejam, aos corações oprimidos e àquela falsa maneira indulgente que beija com lábios amplos e covardes.
[...] – oh, que terríveis peças pregaram desde sempre no egoísmo!
E que precisamente isto fosse considerado e chamado virtude, pregar terríveis peças no egoísmo! E "sem-ego" – assim desejariam ser, com bom motivo, todos esses covardes [...] cansados do mundo!

Zaratustra afirma que o egoísmo simplesmente faz parte da natureza humana. Contudo, os covardes fazem de tudo para que coisas como altruísmo e serviço ao próximo sejam consideradas virtudes, pois, com toda essa benevolência servil, são os próprios covardes que saem ganhando.

Por exemplo, se você for até a Índia, irá encontrar milhares e milhares de mendigos espalhados pelo país inteiro. E cada um deles irá lhe dizer: "Por favor, me dê alguma coisa. Doar aos necessitados é uma virtude, e você será imensamente recompensado por isso; Deus vai lhe dar em dobro". Agora, a própria existência de mendigos já deveria ser vista como um sinal inquestionável de que a nossa sociedade como um todo está doente; de que vivemos numa sociedade insana, que, entre outras coisas, continua produzindo crianças que ela mesma não tem como alimentar. É algo inacreditavelmente ilógico, irracional, que uma pequena parcela da sociedade acumule toda a riqueza disponível, enquanto milhões de pessoas são deixadas na miséria, morrendo de fome.

Para você ter uma ideia, mais da metade de toda a riqueza da Índia está concentrada apenas na cidade de Mumbai – em uma cidade só! E isso num país onde há quase 1 bilhão de pessoas vivendo na mais absoluta miséria, submetidas a um quadro de desnutrição total – alguém que consiga arranjar ao menos uma refeição por dia já é considerado uma pessoa de sorte. Há milhões de pessoas que sobrevivem apenas das raízes das árvores – como não têm dinheiro para comprar frutas, elas se alimentam de raízes. Na virada do século, quase meio bilhão de pessoas terá morrido de inanição somente na Índia. Nem estou me referindo ao resto do planeta, pois, daí, os números seriam ainda maiores; porque isso vai acontecer praticamente no mundo inteiro.

Enfim, dar esmolas está longe de ser uma virtude. A inteligência, sim, deveria ser considerada uma virtude; a responsabilidade, a capacidade de raciocínio, estas coisas é que deveriam ser consideradas virtudes. Dar esmolas aos mendigos só faz com que eles continuem a existir. Os mendigos de hoje geram os pedintes de amanhã. Esses mesmos mendigos se casam e, invariavelmente, têm muitos filhos – afinal, o fato de ter filhos acaba sendo economicamente rentável, pois essas crianças também logo estarão mendigando e ganhando esmolas. Quanto mais filhos você tiver, melhor para a sua profissão.

E Zaratustra diz: "O egoísmo sadio, que brota de uma alma poderosa, é a única virtude. Todo esse altruísmo servil é fruto apenas do desejo de covardes – de que alguém os ajude, de que alguém os proteja, de que alguém os alimente, de que alguém cuide de suas doenças; enfim, de que exista sempre alguém responsável por eles quando estiverem necessitados, famintos ou doentes. Mas ninguém é responsável por isso".

Uma sociedade realmente sadia irá evitar que existam pessoas que necessitem qualquer tipo de "serviço ao próximo", esse tipo de benevolência servil.

Nós podemos ter uma sociedade perfeitamente saudável. Podemos ter uma sociedade em que todos vivam confortavelmente, com abundância e saúde. Mas isso só será possível se todas as pessoas carregarem nos próprios ombros a responsabilidade que lhes cabe.

É isso que Zaratustra chama de egoísmo sadio. E, se, por acaso, você tiver muito para compartilhar, deve fazê-lo por alegria, e não por dever. O seu compartilhar deve ser um prazer, não uma obrigação. Trata-se de uma alegria, não de uma virtude.

> Mas para todos eles está chegando o dia, a transformação, a espada da justiça, *o grande meio-dia*: muita coisa será então revelada!
> E quem proclama o Eu sadio e sagrado e o egoísmo bem-aventurado em verdade também proclama aquilo que sabe e profetiza: *"Vê, ele está chegando, ele está próximo, o grande meio-dia!"*

Zaratustra se refere ao momento mais grandioso na vida da humanidade como sendo *o grande meio-dia* – quando o egoísmo será algo sadio e bem-aventurado; quando tudo aquilo que antes era condenado será redimido, e tudo aquilo que for humano e natural será declarado sagrado, será a nossa nova religião e espiritualidade. Sim, pois não há outra religião senão a própria natureza; não existe necessidade de nenhuma outra forma de religião a não ser a natureza.

> *"Vê, ele está chegando, ele está próximo, o grande meio-dia!"*
> Assim falou Zaratustra.

Capítulo 10

A seriedade é um pecado

Do homem superior, do riso e da dança
Qual foi, até agora, o maior pecado aqui na terra? Não foi a palavra daquele que disse: "Ai daqueles que agora riem!"?
Ele próprio não achou na terra motivos para rir? Então procurou mal. Até mesmo uma criança encontra motivos.
Ele – não amou o suficiente: senão teria amado também a nós, os risonhos! Mas ele nos odiou e escarneceu de nós, prometeu-nos muito choro e ranger de dentes.
Deve-se amaldiçoar quando não se ama? Isso – parece-me de mau gosto. Mas assim ele fez, esse homem intransigente. Ele veio da plebe.
E ele próprio não amou bastante: de outro modo, não se zangaria tanto por não o amarem. O que todo grande amor *deseja* não é amor: – deseja mais.
Evitai os intransigentes como esse! É uma espécie doente e pobre, uma espécie plebeia: eles veem a vida com maus olhos, lançam o mau-olhado a essa terra.
Evitai os intransigentes como esse! Eles têm pés pesados e corações carregados: – eles não sabem dançar. Como poderia a terra lhes ser leve? [...]
Esta coroa do homem que ri, esta coroa de rosas: eu mesmo a pus em mim, eu mesmo declarei santa a minha risada. Nenhum outro encontrei, hoje, forte o bastante para isso.

Zaratustra, o dançarino, Zaratustra, o leve, que acena com as asas, pronto para o voo, fazendo sinal a todas as aves, pronto e disposto, venturosamente ligeiro: –

Zaratustra, o profeta, o adivinho risonho, nada impaciente, nada intransigente, alguém que ama saltos e pulos para o lado; eu próprio me pus essa coroa! [...]

Ó homens superiores, o pior que há em vós é: não aprendestes a dançar como se deve dançar – indo além de vós mesmos! Que importa se malograstes?

Quanta coisa é ainda possível! Então *aprendei* a rir indo além de vós mesmos! Erguei vossos corações, ó bons dançarinos! Mais alto! E não esqueçais o bom riso tampouco!

Esta coroa do homem que ri, esta coroa de rosas: a vós, irmãos, arremesso esta coroa! Declarei santo o riso; ó homens superiores, *aprendei* a – rir! [...]

"Esta é a *minha* manhã, o *meu* dia raiou: *sobe, então, sobe, ó grande meio-dia!*" –

Assim falou Zaratustra, e deixou sua caverna, ardente e forte como o sol matinal que surge por trás de escuras montanhas.

Zaratustra tem toda a razão quando pergunta: *Qual foi, até agora, o maior pecado aqui na terra? Não foi a palavra daquele que disse: "Ai daqueles que agora riem!"?*

Sim – e é justamente isso que todos os seus chamados homens santos, importantes e respeitáveis dizem o tempo todo. Eles condenam o riso. E não fazem isso à toa.

Uma das maiores crueldades feitas contra a humanidade foi fazer com que os homens se tornassem sérios, graves, tristes e soturnos. E isso tinha que ser feito porque, se não fosse assim, seria impossível fazer com que o homem se tornasse escravo – escravo em todas as dimensões possíveis de escravidão: do ponto de vista espiritual, escravizado por alguma ideia fictícia de deus, de céu ou de inferno; psicologicamente, escravo de forças impostas à sua consciência, porque seriedade e sisudez são coisas antinaturais, que despedaçam a mente, tornando a personalidade esquizofrênica; e, por fim, escravo também do ponto de vista físico, pois alguém que não pode rir nunca poderá ser realmente saudável e inteiro.

O riso não é uma coisa unidimensional; ele abarca todas as dimensões do nosso ser. Quando você ri, o seu corpo, a sua mente e o seu espírito também riem – o ser inteiro participa da risada. Durante o riso, dissolvem-se as divisões, dissipam-se as separações, a personalidade esquizofrênica simplesmente desaparece. Isso, porém, vai contra todos aqueles que sempre quiseram dominar a humanidade: reis, sacerdotes, autoridades e toda sorte de políticos ardilosos. O único intento desses seres sempre foi fazer com que o ser humano se tornasse fraco, doente, incapaz – o lema deles é este: faça com que as pessoas sejam sérias, soturnas e infelizes, e elas nunca se rebelarão.

Tirar o riso do homem significa tirar-lhe a própria vida. A subtração do riso é uma castração espiritual. Por exemplo, você já viu a diferença entre um touro e um boi? Ambos nasceram idênticos, mas, em algum momento, os bois foram castrados. E, a menos que sejam castrados, é impossível usá-los como escravos para puxar carroças por aí. Você não consegue colocar um touro para puxar uma carroça – o touro é um animal tão poderoso, que é impossível mantê-lo sob controle; ele tem uma individualidade própria. O boi, por sua vez, é apenas um eco muito distante daquilo que um dia ele foi; ele não passa de uma sombra esmaecida de seu verdadeiro ser. Ele foi literalmente dilacerado.

E, com o intuito de se criar escravos no mundo, o ser humano foi igualmente castrado e dilacerado. Ao longo da história, a risada foi contínua e sistematicamente condenada como sendo algo infantil, como sendo uma coisa de gente louca e desvairada. Na melhor das hipóteses, é permitido que você sorria. Porém, a diferença entre esse sorriso consentido e o riso legítimo é a mesma que existe entre um boi e um touro. O riso verdadeiro é total. O sorriso socialmente aceito não passa de um exercício dos lábios; é apenas um maneirismo, uma afetação fingida de boas maneiras. A risada pura não conhece maneirismos e afetações, não respeita etiquetas – ela é selvagem, livre, solta, e aí reside toda a sua beleza.

No entanto, todos os poderes constituídos, sejam eles religiosos, sejam políticos ou econômicos, sempre concordaram num ponto: é preciso que o homem se torne fraco, taciturno, medroso – é preciso forçá-lo a viver numa espécie de paranoia perpétua. Só assim ele poderá se prostrar de joelhos diante de estátuas de pedra ou ídolos de madeira; só então ele estará pronto para se sujeitar servilmente a qualquer tipo de autoridade.

O riso traz a sua energia de volta para você. Cada fibra do seu corpo ganha vida de novo, cada uma de suas células começa a dançar. Zaratustra tem razão quando diz que o maior pecado cometido contra o ser humano neste planeta foi ele ter sido proibido de rir. As implicações dessa interdição são profundas, pois, quando você está proibido de rir, significa que, consequentemente, está proibido de se alegrar, está proibido de cantar um canto de celebração, está proibido de dançar só pela alegria de dançar.

Ao se proibir o riso, destrói-se tudo aquilo que é mais belo na existência, tudo aquilo que dá sentido à vida, que faz com que ela seja uma experiência viva e apaixonante. É a artimanha mais abominável e cruel usada contra a humanidade.

A seriedade é um pecado. E lembre-se disto: seriedade não é sinônimo de sinceridade, de integridade, de honradez – integridade é algo totalmente diferente de seriedade. Um homem sério não sabe rir, não sabe dançar, não sabe brincar. Ele está sempre controlando a si mesmo; ele foi educado de tal forma que se transformou no carcereiro de seu próprio ser. Por outro lado, um homem íntegro sabe rir de forma sincera, verdadeira, sabe dançar com sinceridade, sabe alegrar-se com autenticidade. Seriedade não tem nada a ver com integridade, com sinceridade e honradez.

A seriedade é simplesmente uma doença da alma, e só almas doentes podem ser convertidas em escravos. E aquilo que os poderes constituídos mais necessitam é de seres humanos que não sejam rebeldes, que estejam sempre prontos – e quase suplicando – para ser escravizados.

> Ele próprio não achou na terra motivos para rir? Então procurou mal. Até mesmo uma criança encontra motivos.

Na verdade, as únicas pessoas que você consegue encontrar rindo e gargalhando por aí são as crianças. Mas, nesse caso, com toda a indulgência e superioridade, os adultos conseguem perdoá-las por isso; afinal, elas ainda são ignorantes, primitivas, ainda não foram adequadamente civilizadas. Só que isso logo vai mudar – todo o esforço dos pais, dos professores e da sociedade é para fazer com que as crianças se tornem civilizadas, sérias, obedientes, é para fazer com que se comportem como escravos, e não como indivíduos independentes.

Você está proibido de ter opiniões próprias. Deve ser apenas cristão, hindu ou muçulmano; só pode ser comunista, fascista ou socialista. Você está proibido de pensar por si mesmo – está proibido de ser você mesmo. A sua única permissão é fazer parte de uma multidão. Acontece que fazer parte de uma multidão não é nada mais do que se tornar um mísero dente de uma engrenagem. É legítimo suicídio.

E Zaratustra lhe pergunta: "Ora, será que você não é capaz de encontrar nada no mundo que o faça rir, que o faça dançar, que lhe traga alegria? Até mesmo uma criança consegue achar motivos para isso". Mas o fato é que a sua mente foi entulhada com tantos preconceitos, que, hoje, seus olhos estão quase cegos, seu coração está praticamente morto. Você foi transformado num cadáver ambulante.

> Ele – não amou o suficiente: senão teria amado também a nós, os risonhos!

A realidade é que, na nossa sociedade, alguém que ria de forma total – que desate em sonoras gargalhadas – simplesmente não é respeitado. Você tem que estar sempre sério, com a aparência mais sóbria e grave possível, pois isso mostra que você, de fato, é uma pessoa sã, civilizada. Essa coisa de dar risadas é só para as crianças, os loucos ou os primitivos.

Não consigo nem imaginar, por exemplo, que uma figura como a que apresentam de Jesus tenha alguma vez soltado uma gargalhada na vida. Claro, pregado na cruz ele não consegue rir mesmo; para isso, seria preciso um homem muito mais grandioso – quem sabe, um Zaratustra –, pois já houve gente que foi capaz de rir na cruz. Mas experimente entrar em qualquer igreja e repare na imagem de Jesus pregado na cruz. Ele invariavelmente está sério, com o semblante grave, e toda essa seriedade e essa gravidade espalham-se pela igreja inteira; soltar uma risada ali parece ser algo realmente fora de contexto. Na verdade, não se encontra uma única menção a que Jesus tenha rido alguma vez na vida. Bom, mas o filho primogênito de Deus tinha que ser muito sisudo mesmo; afinal, ninguém jamais ouviu dizer que Deus tenha soltado alguma gargalhada também.

Esse Jesus dos cristãos nunca conseguiria rir por um simples motivo: ele está sempre cheio de expectativas – e essas expectativas, por sua vez, vão se transformar em frustrações. Mesmo quando já estava pregado na cruz, ele ainda ficou à espera de um milagre – que, do meio das nuvens, surgiria uma grande mão celestial que o tiraria da cruz, deixando claro para o mundo inteiro: "Não posso assistir a meu próprio filho ser crucificado. Eu o enviei para que ele os salvasse, mas eis que, em troca, vocês o tratam dessa maneira abominável. O comportamento de vocês é imperdoável".

Então, ao olhar para o céu e ver que nada acontecia, ele gritou do alto da cruz: "Pai, por que me abandonaste? Tu te esqueceste de mim?". Como é de esperar, um homem assim nunca será capaz de rir. Sua vida será uma repetição contínua de frustrações – ele tem expectativas demais.

As crianças, por sua vez, têm plena capacidade de rir – pois não esperam por nada em particular. Como não estão ocupadas esperando por algo, seu olhar é suficientemente claro para ver tudo que se passa a seu redor – e o mundo é cheio de coisas absurdas e ridículas das quais se pode rir. Há tantas escorregadas em cascas de banana, há tantas trapalhadas por aí, que uma criança não consegue deixar de ver tudo isso! São as nossas expectativas e suposições que funcionam como uma espécie de cortina para os nossos olhos.

A verdade é esta: como todos os poderes constituídos são contra a vida, eles não têm como ser a favor do riso. Pois o riso é uma parte essencial da vida e do amor. E todos esses religiosos, políticos e governantes são contra a vida, contra o amor, contra o riso, contra a alegria – eles são contra tudo que possa fazer da vida uma tremenda experiência de bênçãos e maravilhas.

Por causa dessa atitude absolutamente contrária à vida, eles arruinaram a humanidade inteira. Eles arrancaram tudo que existe de vivo no ser humano. E os ditos homens santos e virtuosos se tornaram os exemplos de conduta que todos devem seguir. Acontece que esses homens não passam de figuras deploráveis, são todos apenas pele e osso: sempre jejuando, se autoflagelando, torturando a si mesmos das formas mais variadas possíveis, buscando novas maneiras de infligir castigos e suplícios a seus próprios corpos. Quanto mais se martirizam, mais eles sobem na escala de respeitabilidade. Eles descobriram a escada perfeita, o modo infalível para alguém se tornar cada vez mais respeitável: basta você torturar a si mesmo, e as pessoas irão venerá-lo e reverenciá-lo por séculos e séculos. Mas o fato de você torturar a si mesmo significa apenas isto: que você é psicologicamente doente. A autoflagelação é uma doença psicológica. Não há nada a se venerar nessa atitude; trata-se apenas de uma forma lenta de suicídio. Porém, faz séculos que temos nos sujeitado a esse suicídio prolongado, e isso só acontece porque foi cravada em nossa mente a ideia de que o corpo e a alma são inimigos entre si. Quanto mais você torturar o corpo, mais espiritual você será – quanto mais permitir que o seu corpo se deleite, se alegre, ame e ria, menos espiritual você será. Essa dicotomia é a principal razão pela qual o riso desapareceu da face dos homens*.

Ele – não amou o suficiente: senão teria amado também a nós, os risonhos! Mas ele nos odiou e escarneceu de nós, prometeu-nos muito choro e ranger de dentes.

Já vi algumas pinturas de como eram as missas nas igrejas europeias na Idade Média. A função básica do padre era fazer

---

* Em outro trecho de *Zaratustra*, Nietzsche também alerta contra essa dicotomia entre corpo e alma, quando diz: "Uma vez a alma olhava com desprezo para o corpo: e esse desdém era o que havia de maior: – ela o queria magro, horrível, faminto. Assim pensava ela escapar ao corpo e à terra. Oh, essa alma mesma era ainda magra, horrível e faminta: e a crueldade era a volúpia dessa alma! [...] Que o vosso espírito e a vossa virtude sirvam ao sentido da terra, irmãos: e que o valor de todas as coisas seja novamente colocado por vós! [...] Sabendo purifica-se o corpo; tentando com saber ele se eleva; para o homem do conhecimento, todos os instintos se tornam sagrados; para o elevado, a alma se torna alegre". (N. do T.)

com que as pessoas ficassem aterrorizadas com o fogo do inferno e os suplícios que lhes seriam infligidos por lá. As descrições dos sacerdotes eram tão intensas, que muitas mulheres chegavam a desmaiar nas igrejas. Acreditava-se que o melhor padre era aquele que fazia o maior número de pessoas desmaiar – esse era um dos parâmetros para avaliar quem seria o sacerdote mais formidável.

A doutrinação religiosa se baseia num mecanismo psicológico muito simples: a projeção do medo numa ideia de inferno; e a projeção da ganância numa ideia de céu. Não há saída: aqueles que porventura se divertirem aqui na Terra serão lançados nas chamas do inferno. As pessoas, naturalmente, ficam com medo – imagine só, por causa de alguns simples prazeres e alegrias, desfrutados ao longo de uns meros setenta anos de vida, você terá que padecer no inferno por toda a eternidade!

Foi por essas e outras que Bertrand Russell abandonou o cristianismo e escreveu o livro *Por que não sou cristão*. Ele disse: "A primeira coisa que me fez tomar essa decisão foi a ideia absolutamente injustificada de que, por conta de meus pequenos pecados, posso ser punido por toda a eternidade. Se eu somar todos os pecados que já cometi de acordo com as escrituras, e incluir ainda os que cometi apenas na imaginação – mas não de fato –, até o juiz mais rigoroso não pode me mandar para a prisão por mais de quatro anos e meio. Ou seja, eu poderia até ser preso, mas não teria que sofrer por toda a eternidade só por causa desses simples pecados. Nesse sentido, que tipo de justiça é essa praticada pelos cristãos? Não parece haver a menor relação entre o crime e o castigo".

Em seguida, ele começou a analisar mais profundamente a teologia cristã como um todo. E Bertrand Russell ficou tão impressionado com a quantidade de coisas absurdas e estapafúrdias que encontrou, que chegou à seguinte conclusão: se ele continuasse sendo cristão, isso revelaria apenas a sua própria covardia.

Ele então renunciou ao cristianismo e escreveu uma de suas obras mais significativas, *Por que não sou cristão*.

Já faz décadas que esse livro foi publicado e, até hoje, não foi refutado por nenhum teólogo cristão. Na realidade, não há como ele ser refutado. Por exemplo, que argumento poderia ser usado para defender essa ideia de uma punição eterna no inferno? Como se pode justificar uma coisa dessa? Afinal, de acordo com o cristianismo, temos apenas uma vida. Se estivéssemos tratando do hinduísmo, talvez fosse até possível encontrar alguma justificativa – quem sabe, após viver milhões de vidas, uma pessoa consiga acumular tantos pecados que é possível se imaginar um castigo eterno. Mas, no caso de doutrinas como o cristianismo, o judaísmo e o islamismo, essa ideia de punição eterna é simplesmente ridícula. E um homem com a inteligência de Bertrand Russell não teria como engolir isso calado...

E, diante dos argumentos colocados por ele, o que fizeram todas as autoridades eclesiásticas e os grandes teólogos cristãos espalhados pelo mundo? Eles permaneceram em absoluto silêncio. O que eles fizeram foi excomungar Bertrand Russell, dizendo que ele estava condenado ao inferno. Mas isso não é um argumento; isso não refuta em nada o que ele disse.

Na verdade, se por acaso existir mesmo algum céu ou inferno, o inferno certamente será um lugar muito mais saudável do que o céu – porque, no céu, você só vai encontrar essas figuras cadavéricas que têm sido chamadas de santos, essas criaturas lastimáveis que não fazem nada além de torturar a si mesmas. Não é um local que valha a pena visitar.

Por outro lado, no inferno você vai encontrar todos os poetas, pintores, escultores, filósofos, místicos – enfim, você vai encontrar todas essas pessoas fascinantes cuja companhia será uma verdadeira bênção. Sócrates estará por lá; da mesma forma que o Buda Gautama também estará – uma vez que ele foi condenado ao inferno pelos hindus, por não acreditar em muitas das coisas escritas nos *Vedas*, que são a base de todo o hinduísmo. Outro que você vai encontrar por lá é Mahavira, que também foi mandado para o inferno por ter condenado o sistema de castas hindu. Por lá também estarão Bodhidharma, Chuang-Tzu e Lao-Tsé. Enfim, no inferno você vai encontrar todas as pessoas extraordinárias que contribuíram para o florescimento da vida – todos os grandes cientistas, místicos e artistas que fizeram desta Terra um lugar mais bonito.

Ao contrário de todos esses santos penitentes, que até hoje não deixaram contribuição alguma para a humanidade. Eles são o tipo de gente mais tola e estéril que existe. Há séculos, não passam de um fardo para as outras pessoas; eles são como parasitas, sempre sugando o sangue dos pobres seres humanos. A única coisa que fizeram foi torturar a si mesmos e, ao mesmo tempo, ensinar aos outros a arte de se autoflagelar – tal qual um vírus, saíram por aí espalhando sua doença psicológica.

Se o planeta hoje parece estar tão doente, e a humanidade, tão triste, a responsabilidade toda é desses santos decrépitos. No céu, você vai encontrar todas essas criaturas hediondas, todos esses censuradores que não sabem amar, que não sabem rir, que não sabem cantar, que não sabem dançar – todos esses condenadores que não permitem que a humanidade tenha nenhum prazer ou alegria, por menores que sejam. Uma gente doente para quem a dor é algo espiritual, e o prazer, um pecado da matéria.

Hoje em dia, a psiquiatria moderna já sabe perfeitamente bem que todos esses santos, na realidade, não passavam de pessoas esquizofrênicas. Ou seja, você não tem que venerá-los. Pelo contrário. Se você cruzar com algum deles por aí, leve-o imediatamente para um hospital psiquiátrico – esse tipo de gente precisa de tratamento. Eles estão longe de ser pessoas saudáveis; na verdade, sua própria existência é algo que causa náuseas. Apesar disso, há tempos têm sido eles os líderes da humanidade; os mesmos seres que têm feito a humanidade inteira sentir algum tipo de náusea – eles criaram uma atmosfera fétida e nauseante ao redor do planeta.

> Deve-se amaldiçoar quando não se ama? Isso – parece-me de mau gosto. Mas assim ele fez, esse homem intransigente. Ele veio da plebe.

E esses supostos homens santos eram absolutamente rígidos e intransigentes. Não estavam dispostos sequer a escutar os outros – eles tinham medo de escutá-los porque, bem lá no fundo, tinham consciência de suas próprias dúvidas a respeito de sua vida e de suas crenças.

Por exemplo, não consigo imaginar que alguém como Jesus não tenha guardado, em algum escaninho secreto da mente, uma dúvida do tipo: "Será que eu realmente sou o único filho de Deus?". É impossível que ele não tenha se questionado sobre isso... Na verdade, quando mais ele repete que é o único filho de Deus na *Bíblia*, mais tenho certeza de que essa repetição serve apenas para reprimir a sua própria dúvida. Inconscientemente, ele teme que, se não repetir o bastante, sua dúvida possa vir à tona. Essa repetição toda não é para convencer você; é para que ele possa convencer a si mesmo.

É um círculo vicioso: as pessoas tentam convencer os outros somente para que possam convencer a si mesmas. Quando Jesus vê que algumas pessoas estão convencidas de que ele é o filho de Deus, isso faz com que a sua própria dúvida seja reprimida ainda mais profundamente – ele mesmo é convencido pela convicção dos outros. Mas ele precisa ficar repetindo isso o tempo todo, pois qualquer intervalo mais longo pode ser perigoso – sim, porque nesse intervalo a sua dúvida pode emergir.

Mesmo aqueles que se vangloriam de ser os maiores crentes em Deus, no fundo, têm dúvidas profundas a respeito da existência de Deus. Na realidade, a crença só existe para que se consiga reprimir a dúvida; a única função da crença é essa. Por exemplo, você nunca diria que acredita no sol; você nunca subiria no topo de um telhado para gritar lá de cima: "Eu acredito no sol", "Eu creio na lua", "Eu acredito nas rosas".

Se fizesse algo assim, as pessoas simplesmente lhe diriam: "Desça logo daí e trate de arranjar alguma coisa útil para fazer. Por que está desperdiçando o seu tempo? Nós também acreditamos na existência do sol, da lua e das rosas. Qual é a questão? Ninguém precisa ser convencido disso".

No entanto, o Jesus dos cristãos precisa dizer a seus seguidores: "Gritem do alto dos telhados e anunciem a toda gente que o profeta pelo qual todos esperavam finalmente chegou. Convençam as pessoas de que seu mestre é o único filho de Deus, de que ele traz uma mensagem direta do Criador. Espalhem-se pelos cantos mais remotos da Terra e convençam a todos disso que lhes falo". Mas o fato é este: somente onde há dúvidas, onde existem suspeitas e desconfiança, é que se precisa de convencimento, de crença, de fé. Nesse sentido, eu sou um homem absolutamente sem fé – pois tudo aquilo que *é* não precisa de fé; tudo aquilo que *é* requer apenas o saber, e não a crença.

Todos os crentes, sem exceção, estão enganando a si mesmos. Nesse aspecto, os ateus estão em melhor situação do que os crentes, mas não muito, pois o seu ateísmo, no fundo, também é uma forma de crença – uma crença negativa. Pois, assim como os crentes não podem comprovar a existência de Deus, os ateus não podem provar que Deus não existe. Os crentes optaram por uma forma positiva de crença; e os ateus optaram pelo contrário – por ter uma mente mais propensa à negação, eles escolheram a crença negativa; a única diferença é essa. Agora, o fato que ninguém parece ser capaz de perceber é este: um homem que seja honesto consigo mesmo não pode ter nenhum tipo de crença.

A existência da dúvida é algo saudável, pois é essa dúvida que irá despertar em você o anseio para sair numa jornada de busca.

A dúvida, em si, representa uma indagação, uma investigação, um desejo de saber – ela irá conduzi-lo à verdade. E, assim que você conhece a verdade, essa questão de crença perde todo o sentido – não é preciso crer; você simplesmente sabe.

O fato é esse. Porém, apesar da realidade dos fatos, os supostos santos, teólogos e sacerdotes continuam sendo como sempre foram: absolutamente intransigentes. A intransigência deles chega aos limites da impossibilidade lógica – eles não estão dispostos sequer a escutar algo que vá contra as suas crenças; o que dirá argumentar.

Por exemplo, tanto no jainismo quanto no hinduísmo existem textos sagrados que, em direções opostas, professam o mesmo tipo de irracionalidade e desatino. Nas escrituras jainistas, encontra-se esta norma para os fiéis: "Mesmo que tenhas um elefante enfurecido atrás de ti, mesmo que a morte seja certa e possas salvar a tua vida entrando num templo hindu que esteja ao lado, é melhor que morras – é melhor que sejas morto por um elefante enlouquecido do que buscares abrigo num templo hindu". Veja a que nível de intransigência e extremismo se pode chegar!

E o mesmo tipo de norma disparatada aparece nas escrituras hindus; exatamente a mesma coisa: "Mesmo que possas salvar a tua vida, é melhor que sejas morto por um elefante enlouquecido do que buscares abrigo num templo jainista".

Imagine só, que tipo de pessoas religiosas são essas? Que tipo de textos sagrados são esses? Qual é o mal que um templo jainista pode causar para um hindu? E vice-versa, que mal um templo hindu pode fazer para um jainista? Pois o mal terrível é este: pode ser que você escute algo que vá contra a sua crença, e isso pode abalar a sua fé. Ou seja, é melhor morrer do que ter a sua fé abalada! Agora, a meu ver, uma fé que pode ser abalada simplesmente não tem o menor valor. E qualquer fé sempre será abalada, a não ser que ela consista no seu próprio saber – mas, daí, já não é algo que possa ser chamado de "fé".

Mas... *esse homem intransigente. Ele veio da plebe.* E a plebe vive no nível mais baixo de inteligência.

Por exemplo, já mencionei anteriormente que, agora mesmo, na cidade de Kanpur, dez associações cristãs abriram um processo contra mim, acusando-me de ter ofendido a sua fé – tudo porque, certo dia, eu disse que a *Bíblia* contém algumas passagens obscenas.

Em vez de checar o conteúdo da *Bíblia*, essas dez associações cristãs – que reúnem todos os cristãos de Kanpur – resolveram me processar. Diante desse nível de falta de inteligência, fico me perguntando se o ser humano realmente já conseguiu ir além do seu estado primitivo ou não. Pois as afirmações obscenas não são minhas – como eu disse, há centenas de trechos que poderíamos considerar pornográficos na *Bíblia*. Não é preciso nem que eu me defenda no tribunal; basta eu abrir a *Bíblia* aleatoriamente, em qualquer página, e ler.

Se essas pessoas tivessem o mínimo de inteligência, em vez de me processar, teriam me chamado para um debate. Mas inteligência parece ser algo bastante raro hoje em dia. E a plebe é isso, a multidão é isso – uma massa mentalmente atrasada, intransigente, desprovida de inteligência.

Há um momento em que Zaratustra diz: "No grande meio-dia, no auge da evolução humana, quando surgir o super-homem, quase como um deus, ele terá vergonha de suas próprias vestes, terá vergonha de ocultar qualquer coisa. Ele será como um livro aberto". Bom, mas, caso você cruze com Zaratustra por aí, não se esqueça de lhe dizer: "É melhor não deixar o seu super-homem ir até a Índia, pois os comissários de polícia indianos não permitirão que ele tenha vergonha de suas vestes e, de repente, resolva tirá-las!".

Esses pigmeus intransigentes, esses seres completamente desprovidos de inteligência não se cansam de tentar dominar a humanidade inteira. Pois os falsos moralismos defendidos por eles não estão só na *Bíblia* – por exemplo, há vários textos sagrados do hinduísmo que são repletos do que podemos chamar de pornografia, e nenhum devoto hindu levanta questão alguma a respeito disso. E não é só nas escrituras que há pornografia – se você for aos templos espalhados pelas cidades de Khajuraho, de Puri ou de Konarak, verá algumas esculturas tão obscenas que é quase impossível acreditar. Que tipo de pessoas, que tipo de mentes, que tipo de gente reprimida criaria tal tipo de coisa? São templos inteiros, decorados com milhares de estátuas das mais depravadas possíveis – é possível que você jamais tenha sequer imaginado tamanha pornografia.

Bom, mas pelo menos as pessoas ainda têm a permissão de fantasiar – ainda existe liberdade de sonhar! Pois liberdade de expressão já não existe mais em lugar nenhum. Enfim, se você for aos templos de Khajuraho, de Puri ou de Konarak, ficará estupefato; você não vai acreditar no que vê. Que tipo de mentes doentias, que tipo de gente terá feito aquelas esculturas? Você encontra todo tipo de sexo grupal, todo tipo de orgias e bacanais esculpidos nos templos. Devem ter gasto centenas de anos para construir todos esses templos, para esculpir toda essa pornografia. E não há um único devoto hindu que faça nenhuma objeção a isso. Porém, se você levantar alguma questão, vão acusá-lo de ferir os sentimentos religiosos de alguém – e, imediatamente, será expedido um mandado de prisão contra você pela justiça.

Ora, se por acaso eu disser algo errado, em vez de me processar, essas pessoas deveriam escrever artigos contra mim nas revistas, fazer pronunciamentos públicos, ou, quem sabe, me desafiar para um debate aberto, contradizendo o que eu tenha dito: "Não encontramos nada de pornográfico na *Bíblia*"; "Não há nada de obsceno nas escrituras e nos templos hindus". Na verdade, o fato de irem correndo para o tribunal revela apenas a sua própria fraqueza, só mostra que elas precisam sempre do suporte da lei, do governo, pois não têm argumentos que as sustentem.

Todo dia alguém abre algum processo desse tipo contra mim. Já faz décadas que isso acontece; são tantos processos que até já perdi a conta. Porém, em nenhum desses processos, por uma única vez sequer, eles foram capazes de provar alguma coisa contra mim – simplesmente porque tudo que eu havia dito estava escrito em seus próprios textos sagrados.

Ou seja, se eles acham que é preciso abrir um processo contra alguém, que seja contra as suas próprias escrituras e aqueles que as publicaram. Eles deveriam queimar essas escrituras em praça pública.

Veja outro caso desses que abriram contra mim, dessa vez na cidade de Shimla, capital do estado de Himachal Pradesh, por conta das afirmações contidas em um livro que publiquei há quase vinte anos. A audiência foi na corte do Tribunal Superior de Justiça, e a pessoa que me acusava disse que meu livro havia ofendido os sentimentos religiosos de todos os hindus do estado de Himachal Pradesh. Só que o juiz que conduzia aquela audiência deve ser um homem inteligente, pois, após ouvir a acusação, ele disse: "Veja bem, eu também vivo em Himachal Pradesh, e também sou hindu, mas não me sinto nada ofendido pelas afirmações que estão nessa obra. Desse modo, não fale em nome de todos os hindus que vivem em Himachal Pradesh. Fale apenas em seu nome; você não é um representante do estado inteiro. Eu também vivo aqui, e não me sinto ofendido. Aliás, esse livro foi publicado há quase duas décadas – onde é que você esteve esse tempo todo?".

Imagine só, esse livro já teve inúmeras edições, em praticamente todas as línguas do mundo. Bom, mas o juiz pediu para ver o exemplar que aquele homem havia levado como prova de acusação. Acontece que, ao notar que o livro tinha o carimbo da biblioteca pública de Shimla, o juiz perguntou ao homem: "O senhor é da biblioteca pública de Shimla?". "Não", respondeu o homem. Ao que o juiz replicou: "Então onde é que conseguiu este livro? Por acaso ele foi roubado? Pois está claro que este exemplar não lhe pertence". E o sujeito ficou completamente mudo. É bem provável que ele tenha roubado aquele livro!

Sim, aí estão os respeitáveis hindus, as honoráveis pessoas religiosas! Na verdade, esse meu livro fala unicamente sobre como transformar a energia sexual em energia espiritual. Nesse sentido, não acredito que nenhuma pessoa verdadeiramente religiosa poderia sentir-se ofendida por ele. Pelo contrário. Ela ficaria contente em poder ler algo assim.

E o juiz, além de inteligente, também foi bem paciente, pois o sujeito logo retomou a sua ladainha, dizendo sem parar: "Nossos sentimentos religiosos foram ofendidos, pois esse homem afirma que através do sexo se pode alcançar o *samadhi*, a iluminação". O juiz, então, lhe perguntou: "O senhor já experimentou fazer o que ele diz? Se ainda não o fez, em que está se baseando para afirmar que ele está errado? Experimente primeiro; daí, quem sabe, possa afirmar algo".

O sujeito não sabia como responder. E o juiz concluiu a audiência dizendo: "Além disso, o que tudo isso tem a ver com o hinduísmo? Não importa se você é hindu, cristão ou muçulmano, a energia sexual é apenas energia sexual; ela não tem nada a ver com religião. E, se alguém está dizendo que há uma forma de transformar essa energia em algo espiritual, você deveria ficar contente por isso, em vez de ficar zangado e exigir que essa pessoa seja presa".

Esse caso ilustra bem o que digo. No entanto, é muito raro encontrar um juiz com esse nível de inteligência, porque a maioria desses juízes também pertence à plebe, à multidão. E eles tomam todo cuidado para não emitir um veredicto que vá contra a vontade da multidão, que vá contra o partido político que está no poder.

> E ele próprio não amou bastante: de outro modo, não se zangaria tanto por não o amarem. O que todo grande amor *deseja* não é amor: – deseja mais.

O que todo grande amor deseja *não é amor* – sim, pois não há necessidade disso; ele já é um grande amor. Ele deseja mais; ele quer algo ainda mais elevado que o amor. E é isso que significa a prece, ou a meditação.

O amor é algo que realmente se aproxima muito da meditação, mas há um porém: a outra pessoa ainda está lá, ainda existe uma dependência do outro. A liberdade suprema ainda não é possível – ela é concebível, mas não possível. Somente na meditação, quando você está sozinho e transbordando de amor, a liberdade e o amor supremos podem se manifestar.

O que todo grande amor deseja *não é amor* – ele deseja algo mais. Ele já conheceu o amor; agora, quer transcender o próprio amor. Ele quer subir mais um degrau, quer se elevar ainda mais. E o amor é o último degrau – para além do amor começa o mundo da divindade.

> Evitai os intransigentes como esse! É uma espécie doente e pobre, uma espécie plebeia: eles veem a vida com maus olhos, lançam o mau-olhado a essa terra.
>
> Evitai os intransigentes como esse! Eles têm pés pesados e corações carregados: – eles não sabem dançar. Como poderia a terra lhes ser leve? [...]

No dia em que o ser humano não souber mais dançar, no dia em que não souber mais rir, no dia em que não souber mais brincar, significa que ele já não é mais um ser humano – ele despencou para os níveis sub-humanos e inferiores de existência. É a capacidade de brincar que o torna leve; é o amor que o deixa livre; é o riso que lhe dá asas – dançando com alegria, o ser humano pode tocar as estrelas mais distantes, pode descobrir os próprios mistérios e segredos da vida.

> Esta coroa do homem que ri, esta coroa de rosas: eu mesmo a pus em mim, eu mesmo declarei santa a minha risada. Nenhum outro encontrei, hoje, forte o bastante para isso.

Todos os grandes místicos sentem-se muito sós – as alturas em que vivem os deixam numa grande solitude. E não há como ser diferente – pois a plebe vive enfurnada em sombrias cavernas nos vales e baixadas; a multidão nunca sai de suas covas.

> Zaratustra, o dançarino, Zaratustra, o leve, que acena com as asas, pronto para o voo, fazendo sinal a todas as aves, pronto e disposto, venturosamente ligeiro: –
> Zaratustra, o profeta, o adivinho risonho, nada impaciente, nada intransigente, alguém que ama saltos e pulos para o lado; eu próprio me pus essa coroa! [...]
> Ó homens superiores, o pior que há em vós é: não aprendestes a dançar como se deve dançar – indo além de vós mesmos! Que importa se malograstes?

Pois é melhor fracassar numa coisa grandiosa do que triunfar em algo medíocre – ao menos você tentou alcançar a grandeza! Mesmo o fracasso em transcender a si mesmo já é uma grande vitória – sim, porque o próprio esforço, o próprio anseio de ir além de si mesmo já provoca uma profunda transformação em seu ser.

Sim, aprenda a... *dançar como se deve dançar – indo além de vós mesmos!* Esse é o principal ensinamento de Zaratustra; essa é a essência de tudo que ele fala. Zaratustra quer que você passe por uma profunda metamorfose – ele quer que você se torne realmente quem você é. Ele sabe quanto você ainda pode realizar, que você pode atingir a realização máxima de seu ser. Ele sabe que você tem todo o potencial para transformar a sua vida em uma celebração, onde todas as coisas se alegram, cantam, dançam e riem. Zaratustra declara ser ele mesmo o profeta que ri.

> Quanta coisa é ainda possível! Então *aprendei* a rir indo além de vós mesmos! Erguei vossos corações, ó bons dançarinos! Mais alto! E não esqueçais o bom riso tampouco!

Esta coroa do homem que ri, esta coroa de rosas: a vós, irmãos, arremesso esta coroa! Declarei santo o riso; ó homens superiores, *aprendei* a – rir! [...]

"Esta é a *minha* manhã, o *meu* dia raiou: *sobe, então, sobe, ó grande meio-dia!*" –

Assim falou Zaratustra, e deixou sua caverna, ardente e forte como o sol matinal que surge por trás de escuras montanhas.

Osho International Meditation Resort

Localização
Localizado na cidade de Pune, na Índia, a aproximadamente 160 quilômetros a sudeste de Mumbai, o Osho International Meditation Resort é um destino de férias diferenciado que se estende por mais de 40 acres em um arborizado bairro residencial.

Meditação
Uma programação diária e personalizada de meditações inclui tanto métodos tradicionais como revolucionários e especialmente o Osho Active Meditations™. As meditações acontecem no que talvez seja a maior sala de meditação do mundo, o Osho Auditorium.

Osho Multiversity
Sessões individuais, cursos e *workshops* que abordam temas diversos, como artes criativas, tratamentos holísticos da saúde, processos de transformação pessoal, mudança de vida e de relacionamento, transformação da meditação em um estilo de vida, ciências esotéricas e abordagem do zen nos esportes e no lazer. O segredo do sucesso do Osho Multiversity está no fato de que todos os programas são acompanhados de meditação, reforçando o entendimento de que os seres humanos são mais do que apenas a soma das partes.

Osho Basho Spa
O luxuoso Basho Spa possui uma piscina exterior cercada por árvores da floresta tropical. Todas as instalações – a *jacuzzi* espaçosa e singular, as saunas, a academia, as quadras de tênis – são complementadas pela belíssima paisagem dos arredores.

Cozinha
Diferentes áreas destinadas às refeições servem deliciosos pratos vegetarianos das culinárias ocidental, asiática e indiana – a maioria dos alimentos é cultivada de maneira orgânica especialmente para o *resort*. Pães e bolos são confeccionados na padaria do *resort*.

Programação noturna
É possível escolher entre diversos eventos – e dançar está no topo da lista! Há também sessões de meditação sob as estrelas, *shows* de variedades, *performances* musicais e meditações para o dia a dia. Pode-se também desfrutar da companhia das pessoas no Plaza Café ou da serenidade dos belíssimos jardins em uma caminhada noturna.

Serviços
É possível comprar todos os produtos de higiene básica na galeria. O Osho Multimedia Gallery oferece uma grande variedade de produtos do Osho. Há também um banco, uma agência de viagens e um *cyber* café. Para os que gostam de fazer compras, Pune tem diversas opções de lojas, que oferecem produtos tradicionais indianos e de grandes marcas internacionais.

Acomodações

Pode-se ficar nas elegantes acomodações do Osho Guesthouse ou, para estadias mais longas, contratar os pacotes de acomodação Osho Living-In. Também há uma grande variedade de hotéis e *flats* nos arredores do *resort*.

www.osho.com/meditationresort
www.osho.com/guesthouse
www.osho.com/livingin

Para mais informações, visite:

www.osho.com
Esse amplo *website* disponível em vários idiomas disponibiliza a revista e outros produtos que difundem as ideias de Osho: os livros, as palestras – em formato de áudio ou vídeo –, o arquivo de textos de Osho em inglês e hindu, e extenso arquivo de informações sobre o seu método de meditação. Também estão disponíveis a programação de cursos do Osho Multiversity e outras informações sobre o Osho International Meditation Resort.

Sites:
http://Osho.com/AllAboutOsho
http://Osho.com/Resort
http://Osho.com/Shop
http://www.youtube.com/oshoInternational
http://www.Twitter.com/Osho
http://www.facebook.com/Osho.International

Para entrar em contato com a Osho International Foundation visite www.osho.com/oshointernational ou escreva para oshointernational@oshointernational.com

Sobre o tradutor

Nascido em Belo Horizonte (MG), Lauro Henriques Jr. vive em São Paulo. Como jornalista, trabalhou em alguns dos principais veículos do país, tendo sido editor do *Almanaque Abril*, da revista *Superinteressante* e da *Revista das Religiões*, publicação da Editora Abril voltada para o universo da espiritualidade e do autoconhecimento. Tem oito livros publicados, um deles já traduzido para o espanhol. Entre suas obras estão a trilogia *Palavras de poder* (Alaúde) – que reúne entrevistas com grandes mestres da atualidade –, assim como o livro infantil *O segredo do anel* (Tordesilhinhas) e o livro de poemas em prosa *fragmentos do sol chuvoso* (Ateliê Editorial), que conta com prefácio de Jorge Mautner e apresentação de Ignácio de Loyola Brandão. Como tradutor, foi responsável por verter para o português o livro *Vivendo perigosamente* (Alaúde), também de autoria de Osho.

Compartilhe a sua opinião
sobre este livro usando as hashtags
#Torne-seQuemVocêÉ
#Osho
nas nossas redes sociais:

 /EditoraAlaude
 /EditoraAlaude
 /AlaudeEditora